地方高校创新创业教育体系构建与实践

——以长沙理工大学为例

刘朝晖　蒋加伏　周和平　李　平
付　果　柳　力　王　婧　编著

人民交通出版社股份有限公司
北　京

内 容 提 要

本书在分析创新创业教育实践现存主要问题的基础上，分析了长沙理工大学的创新创业教育体系构建重点举措和典型经验，介绍了主要学院创新创业工作具体管理措施及经验，并对中国国际“互联网＋”大学生创新创业大赛等典型赛事的组织举措和优秀作品示例等进行了展示。

本书可供从事创新创业教育的有关人员使用，亦可供高等院校的教师和学生等参考。

图书在版编目(CIP)数据

地方高校创新创业教育体系构建与实践：以长沙理工大学为例/刘朝晖等编著．—北京：人民交通出版社股份有限公司，2023.10

ISBN 978-7-114-18236-5

Ⅰ．①地… Ⅱ．①刘… Ⅲ．①高等学校—创造教育—研究—中国 Ⅳ．①G640

中国版本图书馆 CIP 数据核字(2022)第 175922 号

书　　名：地方高校创新创业教育体系构建与实践——以长沙理工大学为例

著 作 者：刘朝晖　蒋加伏　周和平　李　平　付　果　柳　力　王　婧

责任编辑：刘永超　师静圆

责任校对：赵媛媛　魏佳宁

责任印制：刘高彤

出版发行：人民交通出版社股份有限公司

地　　址：(100011)北京市朝阳区安定门外外馆斜街 3 号

网　　址：http://www.ccpcl.com.cn

销售电话：(010)59757973

总 经 销：人民交通出版社股份有限公司发行部

经　　销：各地新华书店

印　　刷：北京市密东印刷有限公司

开　　本：787×1092　1/16

印　　张：12.25

字　　数：245 千

版　　次：2023 年 10 月　第 1 版

印　　次：2023 年 10 月　第 1 次印刷

书　　号：ISBN 978-7-114-18236-5

定　　价：70.00 元

前言 PREFACE

深化高等学校创新创业教育改革，是国家实施创新驱动发展战略、促进经济提质增效升级的迫切需要，是推进高等教育综合改革、促进高校毕业生更高质量创业就业的重要举措。《国务院办公厅关于深化高等学校创新创业教育改革的实施意见》（国办发〔2015〕36 号）、《国务院关于推动创新创业高质量发展打造“双创”升级版的意见》（国发〔2018〕32 号）、《国务院办公厅关于进一步支持大学生创新创业的指导意见》（国办发〔2021〕35 号）等系列文件的颁布，为新时期高校创新创业教育提出了新要求，布置了新任务。

本书从学校、学院和赛事三个层面介绍了长沙理工大学在创新创业教育方面的工作举措与经验。 首先，分析了创新创业教育体系构建重点举措，并对“四融入、三层次、五位一体”的创新创业教育体系等典型经验进行了归纳，对学校未来创新创业教育的发展进行了展望；其次，对主要学院结合专业特色开展创新创业工作的管理措施和典型成效进行了介绍；最终，对中国国际“互联网 +”大学生创新创业大赛等主要赛事，介绍了赛事的发展概况和具体组织举措，并对部分获奖作品进行了案例展示。

本书由长沙理工大学刘朝晖教授主持编写，其中蒋加伏和周和平负责第 1 章、李平和付果负责第 2 章、柳力和王婧负责第 3 章。

由于时间和编者水平有限，书中难免有疏漏和不妥之处，真诚欢迎广大读者提出宝贵建议和意见，以便今后更好地修改和完善。

谨将本书献给所有支持我们工作的人们！

作　者

2023 年 8 月

目录 CONTENTS

CHAPTER 01 第1章

长沙理工大学创新创业教育体系构建与实践

深化高等学校创新创业教育改革，是国家实施创新驱动发展战略、促进经济提质增效升级的迫切需要，是推进高等教育综合改革、促进高校毕业生更高质量创业就业的重要举措。

学校 2008 年 7 月入选教育部第二批实施大学生创新性实验计划项目高校，开启了创新人才培养改革。在十余年的探索与实践中，学校以立德树人为根本任务，以增强学生的创新精神、创业意识和创新创业能力为目标，坚持将创新创业教育融入特色人才培养体系，融入教育教学改革，融入专业实践环节，融入育人文化；面向全体学生开展创新创业知识“普及教育”，依托专业课程开展创新创业“渗透教育”，面向科创班、创新创业团队等学生实施创新创业实践的“个性教育”；将第一课堂课程和第二课堂讲座、训练、竞赛、项目孵化五个教学环节紧密结合，以培养学生创新创业能力为目标，构建起了“课程、讲座、训练、竞赛、项目孵化五位一体”的创新创业教学体系。实践证明，上述“四融入三层次五位一体”创新创业教育体系能够激发学生的学习兴趣，使学生在掌握课程理论知识的同时学以致用，在实践中培养了创新能力，进而提高了综合素质，实现了知识、能力和素质的一体化培养，取得了显著的改革成果。学校创新创业教育体系等理论成果被人民日报、光明日报等媒体专题报道。学校入选“全国首批创新创业典型经验高校”，被评为“全国深化创新创业教育改革示范高校”“全国高等学校创业教育研究与实践先进单位”等，形成了“3 个国家平台、4 个省级基地”体系完备的双创培养平台。近五年，每年有超 3 万人次参加各级各类学科竞赛，获国家级奖励 796 项、省级 2101 项；在中国国际互联网 + 大学生创新创业大赛中成绩突出，获金奖 2 项、银奖 5 项、铜奖 20 项；学校位居中国高等教育学会“2012—2021 全国普通高校大学生竞赛排行榜”六轮总排行榜第 57 位（2021 年排名第 22 位）；培育了全国大学生创业典型人物切糕王子阿迪力、中国大学生年度人物邹勇松等一批创新创业代表，受到了党和国家领导人的亲切接见。这也是长沙理工大学对“高等学校如何才能培养出更多的创新创业型人才”这一时代的命题作出的积极有益的探索和尝试。

1.1 创新创业教育的重要性

推进创新创业教育要以习近平新时代中国特色社会主义思想为指导，全面贯彻党的教育方针，落实立德树人根本任务，立足新发展阶段、贯彻新发展理念、构建新发展格局，坚持创新引领创业、创业带动就业，支持在校大学生提升创新创业能力，支持高校毕业生创业就业，提升人力资源素质，促进大学生全面发展，实现大学生更加充分更高质量就业。同时，优化创新创业环境，大幅降低创新创业成本，提升创业带动就业能力，增强科技创新引领作用，提升支撑平台服务能力，推动形成线上线下结合、产学研用协同、大中小企业融合的创新创业格局，为加快培育发展新动能、实现更充分就业和经济高质量发展提供坚实保障。

纵深推进大众创业万众创新是深入实施创新驱动发展战略的重要支撑,大学生是大众创业万众创新的生力军,支持大学生创新创业具有重要意义。创新是引领发展的第一动力,是建设现代化经济体系的战略支撑,是深入推进供给侧结构性改革的重要途径。近年来,大众创业万众创新持续向更大范围、更高层次和更深程度推进,创新创业与经济社会发展深度融合,对推动新旧动能转换和经济结构升级、扩大就业和改善民生、实现机会公平和社会纵向流动发挥了重要作用,为促进经济增长提供了有力支撑。当前,我国经济已由高速增长阶段转向高质量发展阶段,对推动大众创业万众创新提出了新的更高要求。

随着大众创业万众创新蓬勃发展,创新创业环境持续改善,创新创业主体日益多元,各类支撑平台不断丰富,创新创业社会氛围更加浓厚,创新创业理念日益深入人心,取得显著成效。但同时,还存在创新创业生态不够完善、科技成果转化机制尚不健全、大中小企业融通发展还不充分、创新创业国际合作不够深入以及部分政策落实不到位等问题。纵深推进大众创业万众创新是深入实施创新驱动发展战略的重要支撑,打造"双创"教育升级版,推动创新创业教育高质量发展,有利于进一步增强创业带动就业能力;有利于提升科技创新和产业发展活力;有利于创造优质供给和扩大有效需求。大学生是大众创业万众创新的生力军,支持大学生创新创业具有重要意义,对增强经济发展内生动力也具有重要意义。

国家创新驱动发展战略为人才培养指出了新方向。深化高等学校创新创业教育改革,是国家实施创新驱动发展战略、促进经济提质增效升级的迫切需要,是推进高等教育综合改革、促进高校毕业生更高质量创业就业的重要举措。学校要把深化高校创新创业教育改革作为"培养什么人,怎样培养人"的重要任务摆在突出位置,加强指导管理与监督评价,统筹推进本校创新创业教育工作。成立创新创业教育专家指导委员会,开展高校创新创业教育的研究、咨询、指导和服务。落实创新创业教育主体责任,把创新创业教育纳入改革发展重要议事日程,成立由校长任组长、分管校领导任副组长、有关部门负责人参加的创新创业教育工作领导小组,建立教务部门牵头,学生工作、团委等部门齐抓共管的创新创业教育工作机制。

在新发展格局下,实现高质量发展需要大量创新创业者,创新创业教育在推动高校师生创新创业上起到了极为重要的作用。因此,高校强化创新创业教育、培养造就具有高度专业化水平的创新创业教师,对于创新驱动发展战略的实施和创业质量的提升,具有重要意义。学校制订深化本校创新创业教育改革的实施方案,明确责任分工。把创新创业教育相关情况列入本科、研究生教学质量年度报告和毕业生就业质量年度报告重点内容,接受社会监督。大力宣传加强高校创新创业教育的必要性、紧迫性、重要性,使创新创业成为管理者办学、教师教学、学生求学的理性认知与行动自觉。深入实施新一轮大学生创业引领计划，落实各项扶持政策和服务措施，重点支持大学生到新兴产业创业。及时总结好的经验、好的做法，选树学生创新创业成功典型，丰富宣传形式，培育创客文化，努力营造敢为人先、敢冒风险、宽容失败的氛围环境。

高等工程教育改革对创新人才培养提出新要求。清华大学邱勇在第一届国际工程教育论坛上指出，“工程教育要更加强化创新能力培养，让学生在解决实际问题中提升创新能力”，需要普遍提高大学生的人文素质、科学素质、创新精神和创业、实践能力。要广泛开展启发式、讨论式、参与式教学，扩大小班化教学覆盖面，推动教师把国际前沿学术发展、最新研究成果和实践经验融入课堂教学，注重培养学生的批判性和创造性思维，激发创新创业灵感。运用大数据技术，掌握不同学生学习需求和规律，为学生自主学习提供更加丰富多样的教育资源。改革考试考核内容和方式，注重考查学生运用知识分析、解决问题的能力，探索非标准答案考试，破除“高分低能”积弊。

全面贯彻党的教育方针，落实立德树人根本任务。近年来，我校创新创业教育不断加强，取得了积极进展，对提高高等教育质量、促进学生全面发展、推动毕业生创业就业、服务国家现代化建设具有重要作用。2020 年我校已建立健全课堂教学、自主学习、结合实践、指导帮扶、文化引领融为一体的高校创新创业教育体系，人才培养质量显著提升，学生的创新精神、创业意识和创新创业能力明显增强，投身创业实践的学生显著增加。学校坚持创新引领创业、创业带动就业，主动适应经济发展新常态，以推进素质教育为主题，以提高人才培养质量为核心，以创新人才培养机制为重点，以完善条件和政策保障为支撑，促进高等教育与科技、经济、社会紧密结合，加快培养规模宏大、富有创新精神、勇于投身实践的创新创业人才队伍，不断提高高等教育对稳增长、促改革、调结构、惠民生的贡献度，努力为服务湖南省“三高四新”战略、建设创新型国家、实现“两个一百年”奋斗目标和中华民族伟大复兴的中国梦提供强大的人才智力支撑。

1.2　创新创业教育实践现存主要问题

创新创业教育与国家战略发展方向一致，紧密围绕创新驱动发展等国家战略，满足社会与经济发展要求。创新创业教育与国家工程教育改革要求一致，坚持成果导向(OBE)工程教育理念，突出解决复杂工程问题的能力培养，符合“新工科”改革的要求。在知识经济的新时代，大学生的数量不断增加，那么随之而来的就是就业压力不断增加，而创新创业可以有效缓解就业压力。随着高校积极响应国家政策的号召，发展创新创业教育，大学生参与创新创业教育的人数逐年增加，积极性也有了很大的提高。但由于我国创新创业教育起步较晚、根基不够深厚，大学生在参与过程中表现出了很多不足之处，分析其原因，以便解决学生存在的问题，从而推动创新创业教育的稳步发展。

(1)地方高校对创新创业教育重视程度不够，难以覆盖全体大学生，创新创业活动对专业培养质量提升作用不明显。

创新创业意识主要是指人们在创造活动和实践中表现出积极、主动的态度和情感,要应用新思维去发现和开拓新领域,以满足人们对社会和对个人发展的需求。只有具备创新思维,才会有创新行动,只有进行创新活动和提升实践能力,才更有可能凸显自身的社会价值,并且在创业中取得成就。

由于长期实行"填鸭式"的应试教育,学生基本上都是被动接受书本知识或教师讲授的内容,导致学生即使进入高等院校后,虽然经过高校创新创业课程及活动的熏陶,大学生在创新创业意识上有了一定的提升,但很多学生的传统观念根深蒂固,仍然只重视学习考试成绩,轻视对新思想和新理念的接受。目前,大学生的创新创业意识比较薄弱,对发现新知识的主动性不够,对长期接受"灌输式"教育的学生来讲,主动发现问题、解决问题的意识不强,不善于创新。即使想创新也找不到创新点,这样就会使高校学生对创新创业的相关活动不感兴趣、参与度不够、参与积极性缺乏,难以覆盖全体大学生。且受传统观念影响,学生在自己将来的职业规划中,只想要一份安稳的工作,如公务员、教师编制等是学生首要考虑的就业方向。创业本身面临的困难是比较多的,因此不是学生优先选择的就业渠道。由此可见,大学生的创业意识有待提高。学生对创新创业缺乏热情,学校创新创业教育工作尚未达到预想的效果。

提升高校大学生的创新创业能力是高校开展创新创业教育的主要目的,高校在创新创业教育的资源配置、师资以及创新创业的宣传中做了很多努力。但是,有一个很大的共同点,即高校在创新创业教育的课程设置上大多是以选修课、讲座、活动、比赛等形式来进行的,创新创业教育与专业教育脱节,与实践教学结合不紧密,对专业培养质量提升作用不明显,学生对这样形式的课程自然会降低重视程度。很多高校把创新创业教育作为一种响应国家号召的权宜之计,创新创业教育意识不强,没有以发展的长远的眼光将创新创业教育彻底纳入学校的教育体系建设中,未能完全融入到人才培养全过程。由于这种思想的存在,高校的创新创业教育理念只是浮于教育体系之外,创新创业教育得不到内化,其发展自然会受到限制。

(2)地方高校创新创业教育体系亟待健全,创新创业教育理念和意识不强,缺乏专业师资队伍。

我国的创新创业教育发展处于起步阶段,创新创业教育体系亟待健全,缺乏专业师资队伍,难以发动教师广泛参与。首先,创新创业教师队伍中,具有专业背景、创业经历经验、与产业界联系紧密的创新创业专业教师严重缺乏,部分创新创业兼职教师有明确的主业,创新创业教育只是一种副业,与其未来职业发展关系不大,兼职教师的学科归属感不强,缺乏持久的内生动力。同时,相当多的专业教师未能正确认识到创新创业的重要性,忙于基金项目申报、科学研究、论文撰写等工作。教师的知识结构达不到创新创业教育的要求,大多数教师都集中在科研这一方面,也就是对理论知识的掌握更加到位,也善于总结、构建知识体系,但是缺乏创新创业的经验,虽然注重对学生创新思维和创新能力的训练,但缺乏引导学生尝试运用创新成果进行创业的能力。因此,对创业实践这部分内容很难给予学生准确详细的指导。其次,一些高校为了使创新创业教育顺利开展,会选择与创新创业相近的专业教师来承担教学,缺少科班出身的教师,这些中途转行的教师对创新创业的理解不够到位,可能会缺乏创新思维,教师的专业度会影响学生对这门课程的学习和理解。再次,部分高校也会引入在创业方面比较成功的人才对学生进行创新创业方面的指导,但很多成功人士的创业经验与当今大学生所面临的社会环境有所不同,真正能传授给大学生创新创业方面有价值的内容是比较少的。最后,受我国传统教育的影响,专业课教师的创新思维缺乏,创新创业意识同样不足,很难驾驭相关双创课程。因此,培养专业化的师资队伍是创新创业教育迫在眉睫的一件事。

创新创业教育体系不健全,创新创业教育理念和意识不强,缺乏专业化的师资队伍,导致学生的创新创业有关知识不能得到很好提升和完善。例如:创新思维如何培养、创业所需必要程序、企业如何运作、如何管理,这些都需要进行系统学习。理论知识是基础,学生在进行创新创业之前要对此进行必要的学习,但目前大学生对这些知识了解有限,也没有形成相关知识框架。在参与学校创新创业活动的过程中,绝大多数大学生展现的专业知识水平低,没有与专业知识学习结合起来。在高校所举办的创新创业活动中,报名的人数是比较可观的,但可选择的优秀作品却很少,学生作品中所体现的专业知识比较少,导致活动没有达到预期成效。一部分原因是大学生本身的创新创业能力不强,尤其在文科领域,写出的方案和论文体现创新的地方并不多,论文的撰写千篇一律,没有闪光点。另一部分原因是学生专业知识功底不够扎实,大学生在其专业课的学习过程中出现逃课、不认真听讲等一系列问题,导致学生的专业知识有限,理论知识没有达到一定高度,无法指导实践。最后,学生不能将自己的专业知识与创新创业理论相结合,主要体现在:学生在创新创业活动中不能将专业知识充分应用到作品或方案中、不能将所学专业知识进行创新性的思考、创新创业能力不足、学到的知识不能做到活学活用,是目前学生普遍存在的问题。

创新创业能力包括多方面的内容:一方面是基础知识的积累以及对知识的应用,另一方面,是学生创新创业的个人素质,包括心理承受能力、团队沟通能力、动手实践能力等。大学生自身素质对创新创业的成功起着关键性的作用。首先,大学生的心理素质有待提高。部分学生独立性不够,抗压能力、受挫能力不强,创新创业过程比较艰难,没有迎难而上的坚定意志,就无法成功。其次,沟通协调能力、团队合作能力、组织领导能力也需要加强。一些学生存在以自我为中心的问题,与团队的合作欠缺,难以开展相应工作。最后,最重要的就是动手实践能力,光说不做是学生普遍存在的问题,只有积极主动去实践才有成功的可能。尤其是在创新创业的过程中,只有计划不去实行,计划就只是一纸空文。在学生创新创业过程中,了解分析市场、发现问题、解决问题、把握机会，这些能力都是需要具备的，能力不是与生俱来的，而是可以通过教育、锻炼培养的，高校在开展创新创业教育的过程中，要给予学生自主学习探索的空间，从而提升大学生的综合能力。

(3)地方高校创新创业教育缺乏实践基地，保障体系不完备，缺乏有效的资源融合手段。

目前，高校举办的创新创业的相关活动，很少将学生在活动中或比赛中的研究成果转化为实际，学生目前研究成果的主要转化形式就是论文撰写或研究报告的发表，学生的创业计划也只是计划，真正能够将计划付诸实践的少之又少，主要原因还是高校缺乏实践基地，学生的研究成果没有可以试用或成果孵化的平台。那么，学生在此过程中虽然有创新思维，可是对学生之后的创业并没有太大的帮助。实践基地是为了增强学生的动手实践能力，将所学理论与实际相联系、相结合，例如，建立网络实践平台、创新创业实验室等校内实践基地，这些都有利于加强学生创新创业能力。然而，高校在网络的利用以及高水平创新创业教育中心的建立等方面还需要进一步提高。

学生对创新创业的了解不够，也缺乏创新创业的经验。首先，绝大部分学生学习的知识都是在校园内进行的，很少有机会到大型的企业或者某个部门进行系统的学习。因此，对创新创业的过程是比较陌生的，学生在校期间参与社会实践的机会比较少，不能了解到学校之外的真实世界，没有社会工作经验。其次，早期学校所开办的创新创业活动不能真正做到使学生体验创新创业的步骤。学生所写的创新创业计划很少能付诸实施，计划得不到实施只能停留在设想阶段。但对于学生来说，最重要的应该是将计划实行，在实践的过程中不断改进和完善，为之后的创业打基础。再次，大学生在创新创业中获取资源的途径比较狭窄，比如资金来源、客户资源等，学生的主要渠道都来自于学校，没有进行融资、商讨合作计划等经验，很难获得外部资助。最后，学生对管理、运营等一整套创业模式的了解程度不够，没有虚拟的平台让学生在这方面得到初步的锻炼。

地方高校科研创新、实践实训平台少，双创教育缺乏实践基地，还有很大一部分原因是创新创业教育缺乏社会力量的参与，地方高校与企业、公司的联系紧密度不够。经济的发展急需创新创业人才进行建设，同样，企业以及公司的发展也需要高素质创新创业人才。高校创新创业教育需要企业提供技术实践平台以及一定的资金支持。高校目前和企业的合作还没有达到这样的最佳状态，学生也很少有机会去公司、企业等地方进行实践，研究成果往往只能停留在想象阶段，主要由于学校创新创业教育意识不足、理念不清、重视不够，没有将创新创业教育上升到国家战略需求高度，对于人才培养的定位与方向存在偏差，缺乏开展创新创业教育的体制机制，不能把创新创业教育与专业教育很好地融合，更没有形成“校企合作、多维互动、分段递进”的创新创业人才培养体系。地方高校也普遍存在创新创业生态不够完善、科技成果转化机制尚不健全、大中小企业融通发展还不充分、创新创业国际合作不够深入、部分激励政策落实不到位、保障体系不完备等问题。同时,越来越多的大学生投身创新创业实践,也面临融资难、经验少、服务不到位等问题。因此,地方高校需要加强与其他社会力量的联系,借助他们的帮助,为学生提供优质的创新创业实践环境。

高校创新创业教育的开展对大学生提高自身创新创业能力以及今后自身的发展都有很大帮助。地方高校要坚持育人为本,提高培养质量。把深化高校创新创业教育改革作为推进高等教育综合改革的突破口,树立先进的创新创业教育理念,面向全体、分类施教、结合专业、强化实践,促进学生全面发展,提升人力资源素质,努力造就大众创业、万众创新的生力军。地方高校要坚持问题导向,补齐培养短板,把解决高校创新创业教育存在的突出问题作为深化高校创新创业教育改革的着力点,融入人才培养体系,丰富课程、创新教法、强化师资、改进帮扶,推进教学、科研、实践紧密结合,突破人才培养薄弱环节,培育学生的创新精神,增强创新创业意识能力。地方高校要坚持协同推进,汇聚培养合力。把完善高校创新创业教育体制机制作为深化高校创新创业教育改革的支撑点,集聚创新创业教育要素与资源,统一领导、齐抓共管、开放合作、全员参与,形成全社会关心支持创新创业教育和学生创新创业的良好生态环境,多方面共同合作加强创新创业教育,如此,大学生的创新创业能力才会提高,高校创新创业教育才会有更进一步的发展,才有利于进一步增强我国在国际上的竞争力。

1.3　创新创业教育体系构建与重点举措

1.3.1　创新创业教育体系构建

1)构建原则

(1)坚持立德树人原则。

根据《国务院办公厅关于深化高等学校创新创业教育改革的实施意见》(国办发〔2015〕36号)文件要求,全面贯彻党的教育方针,落实立德树人根本任务,并强调高等学校创新创业教育改革要以推进素质教育为主题,以提升人才培养质量为核心。创新创业教育要坚守为党育人、为国育才,把立德树人融入思想道德教育与创新创业活动之中。

(2)坚持全覆盖原则。

明确全体教师创新创业教育的主体责任,创新创业教育要覆盖全体学生。落实国家创新创业教育相关文件规定,面向全体、分类施教,为全体学生开设创新创业必修课和选修课,促进实验教学平台、科技创新资源向全体在校学生开放。

(3)坚持协同化原则。

创新创业教育涉及政府、企业、高校、教师、学生等多个主体,必须坚持多元主体协同的原则,充分整合资源,激发学生、教师与相关利益方的热情,建立良好的协调机制,实现创新创业教育的良性运行。

(4)坚持特色化原则。

结合学校的办学定位、优势与特色,在广谱化教育基础上,不断凝练本校特色。将学校的科学研究特长、专业特色、文化特色等融入创新创业教育,激励学生参与专业性创新创业活动,形成特色化的创新创业成果。

2)体系构成

(1)确立"一核三能"的创新创业目标体系。

高校创新创业教育体系是国家创新体系的重要组成部分,其目标体系包括一个核心能力与三个基本能力,如图1-1所示。

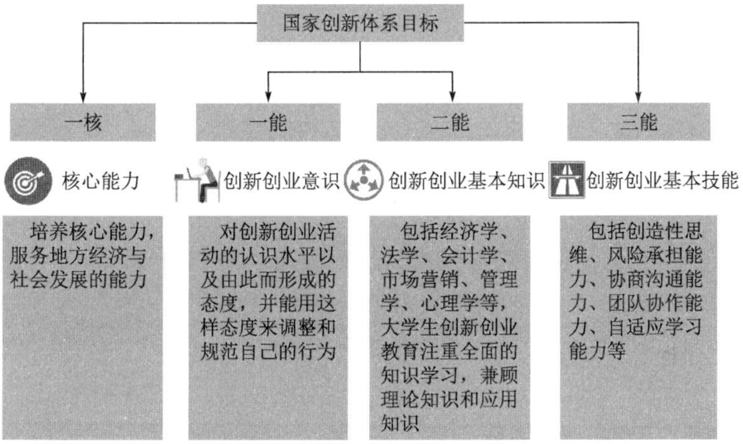

图1-1 "一核三能"创新创业教育目标体系

其中,一核:区域经济与社会服务能力,三能:创新创业意识、创新创业基本知识、创新创业基本技能。

创新创业意识是对创新创业活动的认识水平以及由此而形成的态度,并能用这种态度来调整和规范自己的行为。创新创业意识的培养在于激发大学生的创造性和创新精神,培育大学生的责任感、事业心和艰苦奋斗、顽强拼搏、不屈不挠的精神,增强大学生创新创业的积极性、主动性。

创新创业基本知识涉及多个学科,包括经济学、法学、会计学、市场营销学、管理学、心理学等,大学生创新创业教育应注重全面的知识学习,兼顾理论知识和应用知识。

创新创业基本技能包括创造性思维、风险承担能力、协商沟通能力、团队协作能力、自适应学习能力等,这些技能是促进创新创业活动成功的重要因素。

(2)创建"四融入、三层次、五位一体"的创新创业教学体系。

树立"四融入"创新创业教育理念:以"思创融合"为引领,以"专创融合、科教融合、产教融合”为路径，将双创教育融入专业人才培养体系、融入教育教学改革、融入专业实践、融入育人文化。

创立“三层次”创新创业培养体系：面向全体学生的“普及教育”，依托专业的“渗透教育”，面向科创班、创新创业团队等的“个性教育”，强化创新创业意识、塑造创新创业精神、提升创新创业能力，如图1-2所示。

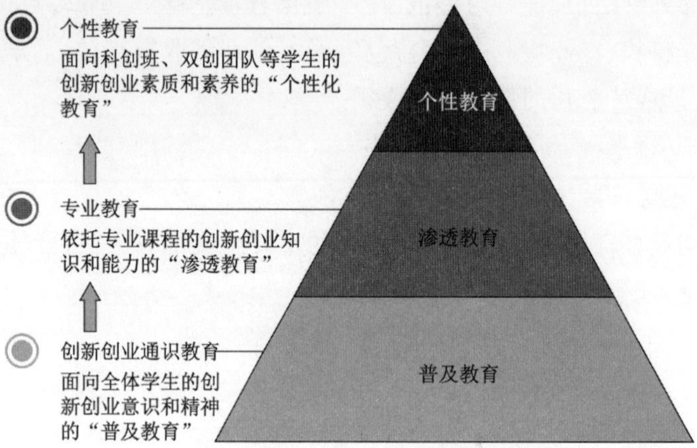

图1-2 “三层次”创新创业培养体系

建立课程、讲堂、训练、竞赛、成果孵化“五位一体”的创新创业（简称双创）教育教学体系：一是建设“1+X+Y”双创课程体系；二是举办创新创业教育“云鼎讲堂”系列讲座；三是构建国、省、校三级创新创业训练体系；四是建立各类各级学科竞赛体系；五是建设以大学生创业园为核心的成果孵化体系，如图1-3所示。

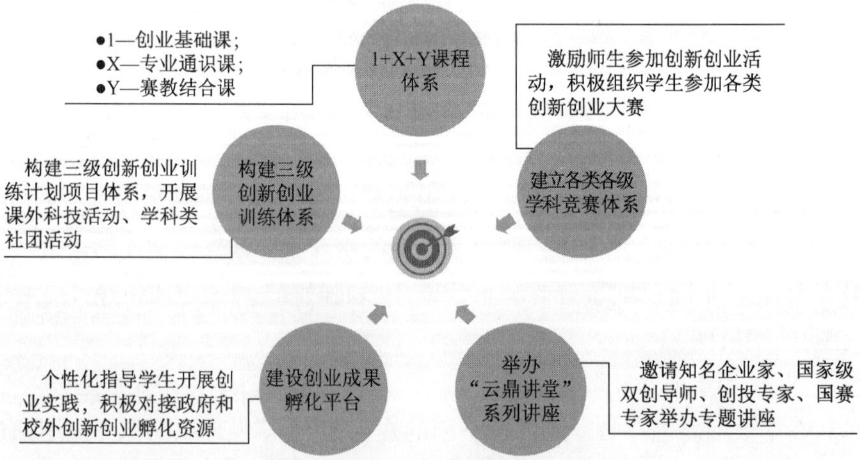

图1-3 “五位一体”创新创业教育教学体系

构建“双创基础+双创通识+赛教结合”的双创教育课程体系：建设国家一流3门、省级一流17门、校级双创课程38门的“云教学平台”，推进双创教育与课堂教育教学深度融合，强化双创意识与知识储备。

建设专兼融合的双创导师队伍：组建创新创业教研室，专职教师 18 人，校内兼职教师 560 人（3 人入选全国优秀创新创业导师人才库首批入库导师），外聘双创导师 382 人。

构建“教师学科交叉，学生专业互补”学习共同体：遵循“习学促进，做学结合”的培养理念和 CDIO（构思-设计-实现-操作）实践模式，强化双创能力与素质。遵循探索式、体验式学习理念，强化创业实践。形成了“双创课程、大赛锤炼、成果孵化”的双创成果培育模式。

（3）搭建“三维互联”的创新创业实践平台体系。

为满足大学生创新创业训练和实践需要，打造三大类双创平台，形成体系完备、三维互联、开放共享的创新创业能力培养平台。

虚实结合的实验实践平台：由 2 个国家级实验教学示范中心、2 个国家级虚拟仿真实验教学中心、6 个国家工程实践教育中心和 1 个国家大学生校外实践教育基地等实验实践平台构成，强化实践创新能力培养。

科创融合的科学研究平台：包括 4 个国家级、67 个省部级科研平台，促进学生进科研团队、进项目，提升科技创新能力。

助力孵化的创新创业培育平台：建设 3 个国家级、4 个省级双创培育平台、36 个省级双创教育中心（基地）和大学生创新创业园等，提升双创项目孵化效果。

（4）构建全要素协作的创新创业教育运行保障体系。

组建创新创业教育组织机构：成立创新创业教育领导小组和教指委，建立以创新创业教育学院为枢纽、各学院参与、多部门协同的组织机构，如图 1-4 所示。研究制订了创新创业教育实施、管理、激励、评价等 16 份相关文件，促进创新创业教育参与广泛、规范有序、持续发展。

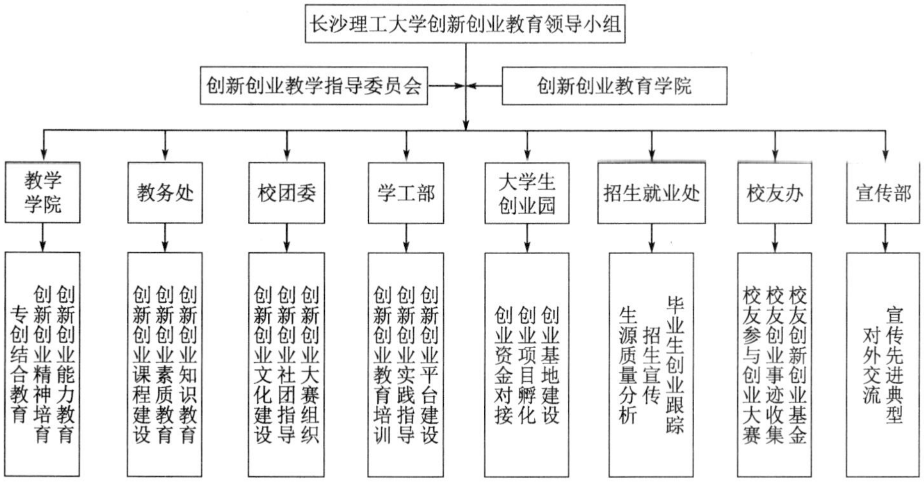

图 1-4　创新创业教育组织机构

构建"四联四促、四协四助"双创教育运行机制:建立"学校—学院—中心(基地)—项目团队"的"四级联动"运行机构。构建以赛促学、促教、促创、促建的赛学"四促互动"机制。作为中国高校创新创业教育联盟、众创空间联盟等组织发起单位,强化校校、校企、校地、校所"四方协同"体系。拓展资金渠道,助力创新创业实训条件建设;优化成果评价机制,助力创新创业导师成长;加大政策激励,助力师生参与;强化个性化指导,助力创新创业成果孵化的"四助支持"体系,如图 1-5 所示。

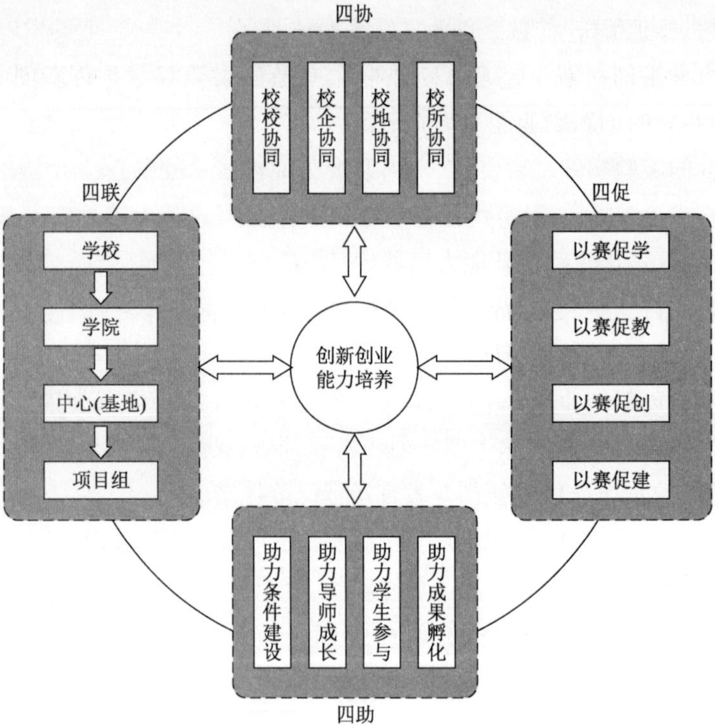

图 1-5 "四联四促、四协四助"创新创业教育运行机制

建立基于学习成果的创新创业能力培养质量评价。构建基于能力达成度的评价指标体系:将学生学习成果与导师的指导质量评价挂钩,促进其不断改进。将同行评价、学生评价、社会评价等结合起来,突出学生能力达成情况以及导师的创新创业活动开展与学生成果的关系。

1.3.2 重点举措

(1)把握总体指导思想,推动创新人才培养。

全面贯彻党的教育方针,遵循教育教学规律,落实立德树人根本任务。针对高等教育发展过程中产生的诸如专业划分过细、过分重视考试成绩、教学方法保守、政治思想工作与专业教育脱节等问题,顺应社会转型和技术发展所带来的创业浪潮及创业者群体大众化的现实，以创新创业教育作为突破口推动教育教学改革。形成以推进素质教育为主题、以提高人才培养质量为核心、以创新人才培养机制为重点、以完善条件和政策保障为支撑的生态体系，培养专业基础知识扎实、富有创新精神、敢于担当、勇于实践的创新创业人才队伍。

(2)夯实人才培养基础，凸显人才培养目标。

坚持“两好”(思想品质好、专业知识好)、“两强”(实践能力强、创新能力强)人才培养要求，培养“底色亮、实践强、有情怀、敢担当”的德智体美劳全面发展的高素质复合型专门人才，既强调适应服务社会的需要，更强调引领社会、行业的发展，把创新创业教育融入人才培养全过程。完善学校专业教学质量标准，将学生创新创业能力培养作为教学质量的重要组成部分。按照创新创业人才培养的客观规律，结合本校的办学宗旨和培养目标，提出具有本校特点和特色的创新创业教育质量标准。

(3)优化培养方案设计，强化双创教育政策措施。

坚持每年修订一次人才培养方案，设立创新创业3个必修学分，明确创新创业教育目标，通过创新创业教育促使学生掌握创业知识、锻炼创业能力和培养创业精神。学校为鼓励大学生创新创业实践，根据学生创新创业实际，进一步完善弹性教学与学籍管理制度，在我校现行的《学籍管理规定》中，允许学制为4年的本科生3~6年内(含休学)完成毕业总学分，5年制的本科生4~7年内完成毕业总学分。在专业最长学习年限内允许学生休学创新创业。学校新修订的《本科生转专业管理办法》逐步增加了成绩优秀和创新创业成果突出的学生调整专业比例，转出无门槛，转入有要求，为学生提供更大的专业选择权；近五年转专业学生总数达到1582人，休学创业学生数52人，建有创新创业成绩单学生总数38900人，根据《长沙理工大学创新创业奖学金实施办法》，获得创新创业奖学金学生总数376人。

(4)以工程需求为导向，强化工程科技认知。

由我国道路工程领域的著名学者、中国工程院院士郑健龙教授主讲公路工程文化，由我国桥梁工程领域的著名学者、973项目首席科学家张建仁教授主讲桥梁工程文化，由“长江学者”曾祥君教授主讲电气工程文化等等。通过这些生动而通俗易懂的工程文化教育课程，培养大学生对工程技术的认知和兴趣，帮助大学生树立基础的工程创新意识。面向全体学生开设工程认知课程，强调大工程的概念，了解工业界的技术需求，注重多种学科知识的普及教育和融汇交叉。《工程认知训练》是11门认知课程群的模块化组合，课程群涉及交通、土木、建筑、能源、制造、信息、生物、材料、经管、艺术等多个知识门类。设置《桥梁工程认知》《道路工程认知》《水利工程认知》《电气工程认知》《能源与动力工程认知》《制造工程认知》《信息工程认知》《经济与管理工程认知》《生物工程认知》《材料工程认知》和《陶艺制作》等实习课程，共开设41个教学模块，每个模块学时为0.5天或1天，0.5天计为1个教学单元。其中必修3个单元，选修7个单元。学生根据个人兴趣爱好，不受专业限制、不受学科限制、不受文理类别限制，可自主选修3个必修单元和7个任选单元来构建自己个性化的《工程认知训练》课程。通过《工程认知训练》共设置35个实践教学模块，注重培养学生理论联系实际的意识，通过让学生实际操作来强化学生的工程训练效果，发挥学生的潜力，提高学生的实践能力。

(5)加强教学创新，提升双创教师队伍建设水平。

基于创新创业的内在规律，创新创业课程教学注重问题导向、与市场与社会结合紧密、突破学科和学院界限、适度弱化以知识点为考核内容的闭卷考试方式。在教学中，逐步树立"学生中心"和"以学为主"的教学理念。对于学生能够自学完成的内容，教师应少讲或者不讲，给予其更多的自学引导和问题解答，充分介绍学术背景、理论方法和研究进展，引导学生积极思考，启发学生的问题意识，培养学生的批判性和创新性思维。强化学生的课外"作业"，要求所有课程都要布置课外"作业"。"作业"可以根据课程属性，采取不同形式，以尽可能满足学生创新素养的训练需要，如文献阅读、文献综述、专题(课程)论文、学年(期)论文或者报告会等。使学生了解学科进展、开拓研究思路、发现科学问题、学习科研方法，激发创新创业激情。

设立专门的创新创业教育教改立项，支持教师开展教学改革探索，立项创新创业相关教改项目总数52项，累计投入创新创业教改资金总计52万。注重教学方法创新，广泛使用启发式、讨论式、参与式教学，积极推广小班化教学，目前本校小班化率达到33%，积极探索混合式教学、翻转课堂，构建线上线下相结合的教学模式，改革考核内容和方式，其中，《大学生创业基础》作为公共必修课，全部教学班实施非标准答案考试。全校课程非标准答案考试率达35%。

学校建立了创新创业教育专兼职教师队伍，鼓励广大教师积极投身创新创业教育改革，在教授竞聘过程中专门设置"创新创业型"教授岗，岗位评审与考核中，指标计划单列，不注重考察科研成果、论文发表数量等指标，主要考察指导创新创业工作量及成果，在这方面表现突出者可直接评定教授职称，现有6人履职专职教授岗位。成立了创新创业教研室，定期召开教学研讨会。鼓励专创融合，支持专业教师结合本专业讲授创新创业类课程，专业教师参与创新创业教育的比例达到88.17%。出台相关政策，鼓励专业教师指导学生创新创业实践。聘请各行业优秀人才担任创新创业兼职导师、建有创新创业导师库128人，完善规范相应管理办法，实行动态调整，确保导师的专业指导性。

(6)完善双创课程体系，建设分层次课程群。

加强"1+X+Y"课程群建设。加强公共必修课《大学生创业基础》课程建设，投资引进创新创业教研系统，通过创新创业教研系统，实现了学生学习与考核的线上线下结合，增进了学习效果，提升了课程教学质量，实现了以教为主向以学为主、以课堂教学为主向课内外学习相结合、以结果评价为主向结果、过程评价相结合的教学转变。丰富选修“X”课程群：建设《创造力开发》《商业模式与价值创新》《创业营销》等 24 门创新创业教育专门模块课程，自主建设了《TRIZ 理论及应用》《创新创业能力提升与实践(“互联网＋”大赛训练营)》等 38 门创新创业教育在线开放课程，累计选课人数达到 7720 人，在线开放课程采用“翻转课堂”混合式教学模式，加强了学习过程中的深度探究、思辨、互动与实践，提升了教学质量。新建工程训练与创新创业融通“Y”课程群：为了强化创新创业实训，面向全校组织开展了创新创业实训课程建设，初步构建工程训练与创新创业融通的实践创新课程群。前期已经依托创新团队和创新创业竞赛建设的 28 门课程列入第一批创新创业实践实训课程并予以立项建设，进一步丰富了创新创业教育课程资源，选课人数累计达到 8920 人。自主编写了创新创业教育教材《大学生创新创业理论与实践》等教材 3 本，自主编写案例库总数 37 例。逐步构建了以创新为基础，创业为引领的创新创业课程群格局。加大专业性创新创业课程的开放力度，淡化专业，激发兴趣，提升能力。加大学校和学院两个层次的通识课程比例，各学院增加开设应用类和分析解决现实问题类的课程。课程体系体现“厚基础、强应用”，为学生的终身学习打下基础。开设实践导向的创新创业系列课程，结合社会和技术发展的热点开办相应的实践教学班，开设一批示范性创新创业实践课程，如围绕智能电网、新能源材料、智能建造、人工智能、互联网＋等前沿技术开设创新创业实践课程，聘请校外专家参与课程教学。

(7)强化专创融合，提升大学生创新创业能力。

完善创新人才培养组织模式。创新人才培养应与专业人才培养方案融合，与新工科新文科建设融合，与现代产业学院建设融合。鼓励学院以微专业、科创班等形式探索创新人才培养新模式。鼓励科研团队积极探索以跨学科、跨专业、“智能＋”为特征的学科竞赛组织形式，跨院系组建学生团队，实现学生和教师的跨学院互选。

加强专业特色课程建设。以专业核心课程为基础，组织创新活动、科技活动和学科竞赛，服务于高素质复合型人才培养。鼓励建设新生研讨课程、基于项目的课程、跨学科交叉课程、校企合作课程、学科前沿课程、荣誉学位课程等特色课程，激发学习兴趣，培养创新意识和创新精神。

增强实践教学体系创新内涵。在专业实验课中加大综合性、设计性、创新性实验项目数量，力争使其达到实验项目数量的 60% 以上。鼓励建设“探索性实验项目”，积极推进科教融合，引导教师将高水平的科研项目、工程项目成果融入教学内容，促进学生实践创新能力培养。进一步提高毕业设计(论文)选题来源于科研、工程实践、专业实践的比例，提高毕业设计(论文)的创新性考核要求。

优化教学评价与考核模式。构建以理论为基础，以实践创新为导向的教学考核体系。合理提升学业挑战度、增加课程难度、拓展课程深度。积极开展专业课程考核方法改革，丰富考核形式，切实加强课程学习的形成性评价与创新性成果要求(综合文献调研报告、项目设计与汇报、项目研究报告、专题报告、阶段性创新作品、课程论文等),突出对学生分析问题、解决复杂问题能力和创新能力的培养与考核,进一步提高课程教学质量。

(8)加强学科竞赛组织,发挥学科竞赛实践育人作用。

强化学科竞赛的人才培养实践平台作用。重视学科竞赛对培养和锻炼学生、塑造创新创业文化的重要作用,鼓励学生积极参与各类学科竞赛。重点抓好中国高等教育学会组织的“中国高校创新人才培养暨学科竞赛评估”中所列学科竞赛项目,特别是教育部组织的中国国际“互联网+”大学生创新创业大赛、中国大学生工程实践与创新能力大赛、团中央组织的“创青春”全国大学生创业大赛和“挑战杯”全国大学生课外学术科技作品竞赛。

发挥各类创新创业大赛的联动作用。建立健全中国国际“互联网+”大学生创新创业大赛与其他类别创新创业比赛的联动机制,并积极发动学生参加中国创新创业大赛、“创客中国”创新创业大赛、“中国创翼”创业创新大赛、“创青春”中国青年创新创业大赛等赛事活动。各学院通过凝聚科技服务产业代表性科研团队,建设高质量科技成果转化项目,培育大学生创新创业优秀项目,形成创新创业示范引领效应,带动广大师生积极参与创新创业实践,发动在校大学生积极参加各类双创竞赛。

(9)建设优质实践平台,加强双创实践训练。

学校高标准建设“大学生创新创业园”,独栋大楼整体建筑面积8068平方米,包括大学生创新创业展厅、创客空间、会议室、项目洽谈室和创新创业团队工作室等。孵化基地以完善和发展大学生创新创业教育基础保障条件为重点,以深化创新创业教育改革为主题,以提升大学生创新创业能力为目标,促进高等教育与科技、经济、社会紧密结合,加快培养规模宏大、富有创新精神、勇于投身实践的创新创业人才队伍。目前已有68个大学生创业公司和创新创业团队入驻,另有285个创新创业项目列入前期培育。创业园吸收约560名大学生创业就业,入园孵化初创企业年均营业额达到1.2亿元。以基地建设为牵引,发挥大学生创新创业园对深化学校创新创业教育改革的引擎作用。把创新创业园打造成学校创新创业教育的试验田,优质创新创业课程率先在创业园试讲,优质实践教学资源率先在创业园试用,引导性创新创业扶持政策率先在创业园实行。推动学校大学生创新创业园向专业化、精细化方向升级,为项目团队、初创期公司提供公共技术、法律政策、教育培训、管理咨询、融资投资等服务。

此外依托各教学学院专业实验室,建立了37个基础性、以创新实践为主要功能的创新创业基地(中心),且大部分已立项为省级创新创业实践平台。“十三五”期间,学校投入500余万元,建成了土木工程、电工电子、机械设计、数学建模、节能减排、设计艺术等18个校内大学生创新平台。学校认真推进实践教学平台开放制度,实验室的开放率达到98%以上。在学院的本科教学工作年度目标管理考核指标体系中重点考核“实验室开放时长”“开放范围广度”和“实践教学效果”这三项指标。学院创新创业基地依托各学院的专业实验室建设，有相对固定的活动场所，由就业创业专干负责管理，聘请专业教师担任创新创业导师，由学院大学生创新创业协会负责日常活动的组织和学生的动员。根据我们的探索经验，学院创新创业基地具有贴近学生群体、便于整合专业教学资源、更有利于向大学生群体辐射带动的优势，已经成为我校创新创业教育的重要基础资源，已服务大学生创业者 5672 人次，90% 以上的创新创业项目来自于基地的初期培育，成为优质创新创业项目的动力源。

在做好内部实训基地资源整合的基础上，我校积极拓展外部资源，先后与行业企业、科研院所等共建一批校外创新创业实践平台。一是灵活引进外部讲学团队。我校定期组织“职业与人生大讲堂”报告，该讲堂以“科学启迪、职业指导、创业教育”为主题，倡导榜样的教育力量和生动的表达沟通，是我校为丰富校园文化、引领学习风尚、导航职业人生、推动创新创业而精心打造的第二课堂高端教学平台。讲堂定期邀请企业高管、创业先锋人物、优秀校友来校做报告，并聘请他们担任大学生创新创业导师，为在校大学生提供精准的创业指导服务。二是积极对接社会资金和孵化器机构的支持。我校与中国风投、中大联合创投、重创科技等近 15 家投资机构建立良好合作关系，引导投资机构来校考察大学生创业项目，近两年来，这些投资机构与我校大学生创业项目达成投资意向近三千万元。此外，我校与湘能孵化器、长沙高新区创业服务中心、长沙市雨花区招商合作局、创野时空、阿里云创客等近 20 家创业孵化器机构建立了对接合作关系，近两年输送 38 个优质大学生创业项目入驻这些孵化机构进行深度孵化。三是通过校外大学生创业基地建设，加强产学研合作。为进一步推动创新创业教育与专业教育的融合，使创新创业更好地为行业发展服务，加强产学研的紧密合作，我校大力推进依托行业企业，建设大学生就业创业基地。一方面要引进来，企业代表参与课程和教学设计，甚至直接承担部分课程的讲授，或者担任企业导师，让行业企业深度参与我校人才培养工作。另一方面要走出去，通过教师调研和学生实习的方式，了解行业企业需求，把握创新创业机会。我校先后与中交二航局、中交疏浚集团、中广核、西藏电力等大型企业实施校企联合培养计划。此外，学校与中交集团、大唐电力、湖南交通科学研究院等 400 多个企事业单位签订人才培养合作协议，成立大学生就业创业企业基地，为大学生创新创业教育搭建了广阔的校外实践平台。

同时，学校充分利用实践基地，积极实施大学生创新创业训练计划，近五年，入选校级以上国创计划项目总数 1256 项，校级以上国创计划参与学生总数达到 6769 人。

1.4 创新创业教育典型经验与成效

高校创新创业教育体系是国家创新体系的重要组成部分，地方高校创新创业教育目标体系包括培养核心能力，即服务地方经济与社会发展的能力；着力提升大学生创新创业意识、强化创新创业基本知识和创新创业基本技能。

(1)创建“四融入、三层次、五位一体”的创新创业教育体系。

树立创新创业教育融入专业人才培养体系、融入教育教学改革、融入专业实践环节、融入育人文化的“四融入”双创教育理念;创立普及、渗透、个性化“三层次”创新创业培养体系;建立课程、讲堂、训练、竞赛、成果孵化“五位一体”创新创业教学体系;创建融入人才培养全过程的课堂教学、自主学习、融入实践、组织指导、文化引领融为一体的“四三五”创新创业教育体系。学校创新创业教育体系等理论成果被人民日报、光明日报等媒体多次专题报道。

(2)推进工程教育与创新创业教育的融通。

依托学校的优势学科体系,注重专业教育、全面工程教育和创新创业教育的协调融合,强调特色发展。全面工程教育致力于将工程思维和工程文化贯穿于教学的全过程,要求将工程思维贯穿整个教育和专业培养体系,覆盖从大学本科低年级到高年级的各个教育阶段。对不同层次和专业的学生进行工程通识教育,与产业界开展工程合作教育,为适应技术前沿发展与全球化要求推进课程改革,将创新创业教育有机融合,重视教师专业发展。将全面工程教育与创新创业教育融通,通过科学、技术和人文领域的整合,教育学生为不断变化的社会做出实质性的贡献。着眼于学生的全面发展,厚基础、强实践,让学生在技能和社会活动能力诸方面都得到发展,成为具有全球意识、创新精神和国际化视野的优秀工程师,成为社会需要的全面发展的人。

(3)打造创新创业课程的实践特色。

创新创业教育的本质是创新性实践和训练,没有实践教学的支持,创新创业教育将成无本之木。为此,我校瞄准智慧建造、智能电网、人工智能、新能源、新材料等社会新兴产业,重点建设了一批创新创业实践实训示范性课程。创新创业实践实训课程依托一个创新创业竞赛、创新创业团队或初创公司来开展教学组织。注重创新创业项目培育和创新创业人才培养的有机结合。认可教师在大学生创新创业教育实践指导中的教育与辅导作用,认可学生的自主、自发学习,把真正参与创新创业实践的大学生以及自主进行创新创业实践的学习活动纳入到教学工作体系中。注重教学实效,坚持目标考核的原则。将学生开展创新实验、发表论文、获得专利、取得软件著作权、获得竞赛荣誉和自主创业等情况纳入成绩评定和考核内容。充分发挥“互联网+”大学生创新创业大赛、中国创新创业大赛、“创客中国”创新创业大赛、“中国创翼”创业创新大赛、“创青春”中国青年创新创业大赛等品牌赛事活动作用,对各类赛事活动中涌现的优秀创新创业项目加强后续帮扶支持。

(4)构建多层级创新创业实践教学和项目孵化平台。

强化“园区+基地+实验室”的多层级创新创业实践教育教学平台,以学校为主体建设大学生创新创业园,以学院为主体建设大学生创新创业基地,以科研教师为主体建设大学生创新创业实验室。发挥大学生创新创业园对深化学校创新创业教育改革的引擎作用。把创新创业园打造成学校创新创业教育的试验田，优质创新创业课程率先在创业园试讲，优质实践教学资源率先在创业园试用，引导性创新创业扶持政策率先在创业园实行。推动学校大学生创新创业园向专业化、精细化方向升级，为项目团队、初创期公司提供公共技术、法律政策、教育培训、管理咨询、融资投资等服务。发挥学院基地的基础组织作用，利用科研平台和教师资源，建设学院大学生创新创业基地，推行引导性政策，吸纳大学生自觉参与创新创业实践。发挥科研教师对大学生创新创业教育的启蒙作用，由科研骨干教师牵头建设大学生创新创业实验室，整合科研团队的科研条件和力量，吸纳学生开展创新性学习和实践，探索研究生和本科生的合作学习模式，注重科技成果转化，实现创新引领创业。

(5)建设"1 + X + Y"创新创业课程体系。

着力构建"《大学生创业基础》必修课 + 创新创业公共选修课程群 + 创新创业实践创新课程群"，涵盖三个层次的课程体系：面向全体学生的创新创业知识"普及教育"，依托专业课程的创新创业文化"渗透教育"，面向科创班、创新创业项目团队学生的创新创业实践"个性教育"。重点建设一批创新创业实践实训课程，此类课程依托创新创业竞赛、创新创业团队进行教学组织，将创新创业项目培育和创新创业人才培养有机结合，鼓励多学科、多专业学生的交叉与融合培养。以构建和培育创新创业项目为抓手，突出"实践教学为主导，多学科交叉融合，科学灵活的评价机制"，以达成强化创新创业意识、塑造创新创业精神、提升创新创业能力的人才培养目标。

(6)系统培育创新创业文化。

建设"四个一工程"创新创业文化培育体系。在各基层教学单位，设立一名就业创业专职辅导员，建设一个院级大学生创新创业基地、成立一个院级大学生创新创业协会，每个行政班级设置一名创新创业班委。强调文化载体的人本作用，以组织建设为保障，动员学生自发、自觉参与创新创业教学和实践。

(7)建设以项目培育为核心的创新创业人才培养机制。

按照分层培养的原则，先在院级创新创业基地进行培育，然后通过遴选机制选拔优秀项目团队进入学校创业园进行重点孵化，对达到一定规模的创业公司实施项目毕业制度，并选送到高新区或校外专业孵化器进行加速孵化。在我校学生创新创业团队中，涌现出了切糕王子、羽创易高、塞伯睿机器人、圣雷熙电气等一批创业项目，并获得了良好的经济效益和社会效益。中央电视台、湖南卫视、光明日报、人民日报、中国教育报、新华网、人民网、湖南日报、潇湘晨报等主流媒体对学校创业典型进行了专题报道。

(8)创新创业实践平台建设高质量发展。

学校建设的大学生创新创业园和众创空间，已经成为孵化创新创业项目、吸纳创新创业人才、汇聚创新创业资源的实践平台。2020 年 3 月,我校大学生众创空间被国家科技部评定为“国家备案众创空间”。2018 年 9 月,我校大学生创新创业园经过省科技厅的评估与考察,被认定为“湖南省众创空间”,标志着我校创业园被列入省级科技创新平台建设行列。经过本次省级众创空间的认定后,我校大学生创新创业园将同时承担四个省级创新创业平台的建设任务和服务功能,其他三个省级平台分别是由省发改委引导建设的“湖南省大众创业万众创新示范基地”,由湖南省教育厅引导建设的“湖南省高校大学生创新创业孵化示范基地”,由湖南省人社厅引导建设的“省级创业孵化基地”。这些创新创业教育实践平台的建设,进一步支撑了我校创新创业教育改革,对提升我校大学生创新创业园的建设水平和全面提高教育教学水平及人才培养质量发挥了积极作用。

(9)大学生创新创业竞赛成效显著。

我校积极组织学生参加全国、省部级科技创新竞赛,如“互联网 +”创新创业大赛、“挑战杯”竞赛、机械设计大赛、电子设计大赛、数学建模比赛、结构设计大赛等科技竞赛等。“十三五”期间,我校学生在省级、国家级各类科技竞赛中,共计获奖 1472 项。其中“挑战杯”竞赛中,我校近三年来共获得国家级奖项 15 项,省级奖项 38 项,多次荣获全国“高校优秀组织奖”。在 2022 年 2 月,中国高等教育学会发布了《2021 年全国普通高校学科竞赛评估结果(本科)》,我校竞赛成绩位列中国高校创新人才培养暨学科竞赛总排行榜第 57 名,2021 年年度排名 22 名。

(10)大学生创新创业公司蓬勃发展。

依托创新创业竞赛,学校每年组织约 1200 个以上项目参与竞赛,其中每年遴选 60 个项目进行重点资助与培育。目前,大学生创新创业园有 68 个创业项目入驻孵化,其中有 34 个项目以公司化运营,并有 5 个初创公司年营业额超过 4000 万元,另有 285 个创新创业项目列入前期培育。此外依托各教学学院专业实验室,建立了 37 个基础性、以创新实践为主要功能的创新创业基地。我校“切糕王子”阿迪力创业的故事已经成为激励当代大学生积极投身创新创业实践的时代典范。创业园内涌现出了一批科技含量高、市场发展潜力大、创新创意能力强的创业项目,如切糕王子、精锐云电力、纳威尔科技、易高设计、云就业、小百文化、麦粒软件、比盟云科技等。学校创新创业园吸收约 600 多名大学生创业就业,入园孵化的公司年均营业额超过 2 亿元。

(11)创新创业教育社会影响显著。

党和国家领导人对我校的创新创业成果给予了充分肯定。原省委书记杜家毫、原省委副书记乌兰、原常务副省长谢建辉、原副省长蔡振红、原副省长张剑飞、原省人大常委会副主任李友志等湖南省领导先后到我校考察和指导创新创业工作。

中央电视台、人民日报、人民网、新华网、光明日报、中国教育报等国家级主流媒体对学校创新创业典型进行了专题报道一百余次,如图 1-6 所示。光明日报以“高校教育要厚植创新创业文化”(2015.9.7)、“让创新的基因在校园流淌”(2016.11.10)为题对我校创新创业教育进行了专题报道。如图 1-7 所示。

图 1-6 中央电视台报道我校创业典型

图 1-7 光明日报专题报道我校创新创业教育

1.5 创新创业教育发展展望

坚持“四个融入”的育人理念,深度结合“四新”建设,重点围绕创新创业教学改革、课程教材建设、教学资源整合,以“思创融合”为引领,以“专创融合、科教融合、产教融合”为路径,优化校内外资源配置,健全产教协同育人机制,对接国家创新驱动发展战略,交通、电力、水利、轻工等行业需求和湖南“三高四新”发展战略与使命任务,建设问题导向型、项目引领型创新创业教育教学模式,构建以创新创业为导向的新型人才培养模式。

(1)加强创新创业教育课题研究。

深度结合“四新”建设,开展以问题为导向、项目为引领,推进“思创融合”“专创融合”“产教融合”,加快构建以创新创业为导向的新型人才培养模式的教学研究,重点开展四个方面的专题研究。一是聚焦服务国家战略需求、服务湖南“三高四新”战略定位和使命任务,针对国家创新驱动发展战略和湖南优势产业链群、战略性新兴产业建设等战略需求,研究培养创新创业人才服务国家和区域经济发展的方法与路径。二是研究理工类高校创新创业人才培养标准和体系,使创新精神、创业意识和创新创业能力成为评价人才培养质量的重要指标。三是开展“思创融合”“专创融合”“产教融合”人才培养模式研究,打通一级学科或专业类下相近学科专业的基础课程,开设跨学科专业的交叉课程,探索建立跨院系、跨学科、跨专业交叉培养创新创业人才的新机制,促进人才培养由单一的学科专业型向多学科交叉融合型转变。四是开展人才评价体系研究,合理设置创新创业学分,完善创新创业学分积累与转换制度,提高学生开展创新实验、发表论文、获得专利和自主创业等情况折算学分的权重,将学生参与课题研究、项目实验等活动认定为二课堂学分。未来五年内,完成构建以创新创业为导向的新型人才培养模式相关的省级以上教研教改课题30项,校级60项,培育省级教学成果奖2项,力争获得国家级教学成果奖1项。

(2)提升创新创业课程建设水平。

以问题为导向、项目为引领,深度结合“新工科”“新文科”建设,推进“思创融合”“专创融合”“产教融合”课程建设。根据学校人才培养定位和创新创业教育目标要求,调整专业课程设置,挖掘和充实各类专业课程的创新创业教育资源,在传授专业知识过程中加强创新创业教育。完善依次递进、有机衔接、科学合理的创新创业教育课程体系。

依托长沙理工大学交通、电力、水利、轻工等行业优势和我校43个国家一流专业建设点,聚焦交通运输类、电气信息类、机械类、能源动力类、材料类等与湖南省先进制造业紧密相关的学科专业,建设一批面向全国特别是本省域高校创新人才培养的专创融合在线开放课程、线下课程、线上线下混合式课程、社会实践课程、虚拟仿真课程。五年内面向全国特别是本省域高校的创新创业教育,结合“新工科”“新文科”建设,建设“思创融合”“专创融合”“产教融合”课程200门,其中,在线开放课程50门,线下课程70门,线上线下混合式课程60门,社会实践课程10门,虚拟仿真课程10门。

(3)加大创新创业教材建设力度。

深度结合“新工科”“新文科”建设,依托长沙理工大学交通、电力、水利、轻工等行业优势,推动教师将智能交通、智能电网、智能建造、智能制造等国际前沿学术研究成果、行业精尖技术和实践创新经验集成转化成创新创业人才培养的高质量教材，反哺教学。依托学校43个国家一流专业建设点，聚焦交通运输类、电气信息类、机械类、能源动力类、材料类等与湖南省先进制造业紧密相关的学科专业，推动创新创业人才培养模式改革，建设一批“思创融合”“专创融合”“产教融合”的特色教材。重视创新实验和实践教学环节的教材建设，注重理论与实践结合，突出创新性与综合性，助力学生创新创业能力培养。五年内计划编写并出版“思创融合”教材5部、“专创融合”教材30部、“产教融合”教材10部，编写行业精尖技术和实践经验的教材5部，编写并出版创新人才培养暨学科竞赛案例集5部，力争25部教材获省(部)级以上规划教材立项。

(4)强化创新创业师资培训。

依托学校交通、电力、水利、轻工等学科优势和专业特色，结合“四新”建设，培养一批专兼结合的创新创业课程教师和创新创业指导教师。实施校外创新创业导师专项人才计划，聘请校友创业者、企业家、风险投资人等各行各业优秀人才，担任校外创新创业导师，校外创新创业导师数量与在校学生人数比例不低于1:200。将提高学校教师创新创业教育的意识和能力作为岗前培训、课程轮训、骨干研修的重要内容，建立相关专业教师、创新创业教育专职教师到行业企业短期访问研修制度。五年内结合创新创业教育教学和竞赛活动，围绕全面提升创新创业师资的教学水平、教研能力、指导能力目标，开展面向全国特别是本省域的专兼职教师及相关专业导师的创新创业教育专题培训。每年面向全国特别是本省域高校举办的各类创新创业教育专题培训活动不少于2次，每次培训参加学校不少于5所，实现新进教师创新创业教育相关培训全覆盖。今后五年将面向全国特别是本省域高校举办各类创新创业教育专题20次，培训创新创业指导教师5000人次。

(5)优化创新创业教育资源配置机制。

加强校院、校校、校地、校企合作与协同机制建设，全面有效统筹校内外创新创业教育教学资源，用好用足用活政府创业支持政策、行业企业资源、省域科技园区创业孵化条件、校内外创新创业导师力量、投融资机构资本等资源，发挥我校交通、电力、水利、轻工等行业优势，加强校内外创新创业资源集成互补，协同高效，推动我校创新创业教育特色差异化发展。

(6)健全创新创业人才培养协同机制。

加强与交通、电力、水利、轻工等行业企业合作，共同优化创新创业课程体系和训练体系。共同建设200门“思创融合”“专创融合”“产教融合”创新创业课程，其中省级以上一流课程不少于50门，编写出版50本校级以上规划教材；强化创新创业实践训练，新增100个校企合作创新创业实践训练基地；以问题为导向、项目为引领，新增立项校级以上大学生创新创业训练计划项目3000项，新增5000门次专业课程实施课程考核改革(每门课程1个学分设置1个创新实践项目)；大学生参与学科竞赛和创新创业训练率达到100%，建设期内获得学科竞赛国家级奖项数累计达到1300项以上，学科竞赛成绩在“全国普通高校学科竞赛评估结果”榜单中的年度排名保持“20强”；扩大校内外双创导师规模，新增校内双创导师数量不低于600人，新增校外双创导师数量不低于300人，开展创新创业师资专题培训不少于5000人次。

(7)提升服务区域大众创业万众创新能力。

推进学校大学生创业园等校内创新创业实践平台建设，面向域内高校开放。筹资3000万元，扩建创客空间5000平方米，新增创新创业团队工位300个，培育200个示范性大学生创新创业团队。以市场化机制促进社会资源与大学生创新创业需求更好对接，加大对大学生创新创业团队扶持力度，助力大学生创新创业项目落地发展，提升初创企业生存率，提升社会服务能力。对接湖南省“三高四新”战略定位与使命任务，依托学校创新创业平台，发挥“1+4”创新创业孵化平台示范功能，提升学校科技成果转化能力，创业园在孵大学生创业公司不少于50个，帮扶初创公司融资超过3000万元，在孵及新培育“高新技术企业”达到10个以上，带动500名大学生创业就业，学校孵化大学生创业公司年产值达到1.2亿元以上。

CHAPTER 02 第2章

部分学院创新创业教育工作经验

2.1 土木工程学院

通过多年的建设,学院已发展成为师资力量雄厚、专业设置齐全、学科建设成绩显著、科研水平先进、科研成果突出的教学科研实体,土木工程学科在全国高校第四轮学科评估中获得 B+。

学院师资力量雄厚。现有教职工 185 人,专任教师 160 余人,其中教授 41 人、副教授 45 人,博导 28 人、硕导 111 人,博士学位教师 118 人;拥有国家级教学团队、全国黄大年式教师团队、教育部科技创新团队、湖南省自然科学基金创新研究群体 2 个;拥有国家"973 计划"项目首席科学家、国家级教学名师、国家"四青"学者 2 名,"新世纪百千万人才工程"国家级人选 3 名,全国师德标兵、国务院政府特殊津贴专家 5 名;拥有交通运输行业中青年科技创新领军人才、湖南省科技领军人才 3 名,交通运输部青年科技英才 5 名,湖南省"121 人才工程"人选 12 名;拥有全国徐芝纶力学优秀教师、湖南省教学奉献奖获得者等一大批专家学者。

学院设土木工程、工程力学、智能建造、城市地下空间工程 4 个本科专业(其中土木工程先后入选国家一流本科专业、国家级特色专业、省级重点及教育部"第一类特色专业建设点"专业,工程力学入选国家一流本科专业建设点);拥有"土木工程"博士后科研流动站、"土木工程"一级学科博士学位授权点、"土木水利"专业博士学位授权点、"力学"一级学科硕士学位授权点;拥有湖南省"国家一流"建设学科、省部级重点学科;拥有国家级土木工程实验教学示范中心、国家级虚拟教研室、"南方地区桥梁提升技术"国家地方联合工程实验室、桥梁工程安全控制教育部重点实验室、桥梁与建筑绿色建造和维护湖南省重点实验室等 13 个省部级以上教学科研平台。

近年来,学院紧密围绕桥梁、岩土与隧道、建筑、智能建造等领域的关键技术问题开展了大量研究,承担了大量的国家、省、市及横向科研任务,并取得了丰硕的成果。在完成国家级和省部级等重大科研项目的过程中,学院教师主持获得了 60 余项国家级和省部级科技进步奖,其中作为第一完成单位获得国家科技进步二等奖 2 项,千余篇论文在国际一流和国内权威期刊上发表。学院年均科研进院经费超过 5000 万元。

面向国家战略和行业动态,基于"习学促进、做听结合"教育理念,学院系统设计"厚基础、宽架构、辅项目,强化创新与实践能力"人才培养模式,构建了与时俱进的人才培养方案和课程体系,打造了普惠与尖培兼顾的赛学融合平台——土木工程大学生科创中心,形成了"师生学习共同体"文化育人与科研育人的长效机制,培养了一大批具有国际视野、家国情怀的复合型高级工程技术人才和行业精英。

2.1.1 学院创新创业工作管理措施

2009 年,土木工程学院成立土木工程大学生创新训练中心,并于 2014 年正式立项成为湖南省省级大学生创新训练中心。其建设以培养大学生创新精神与实践能力为核心,以大学生科技立项和学科竞赛为主要载体,以学生课内外科学研究及发明创造活动为主线,在创新型人才培养的理念、方法、模式、机制等方面进行多方位的探索与试验,努力构建特色鲜明的土木类创新人才培养示范体系。经过 7 年的建设,中心创新人才培养成效显著,并于 2018 年成功立项成为湖南省省级土木工程大学生创新创业教育中心。

(1)践行"三全育人"理念,加强学院创新创业导师队伍建设。

践行"三全育人"(全员育人、全程育人、全过程育人)理念,加大创新创业教育师资队伍的建设经费投入,提高土木工程创新创业教育专职教师比例,确保创新培训稳步、有序地开展。加强双师型指导老师的培养,选送指导教师到企业培训;加强对年轻教师的培养,通过传帮带等优良传统指导培养年轻教师,采用"一对一"的方式,即一个老教师指导一个年轻教师,在基本理论和工程实践能力等方面进行指导;通过校企合作方式,聘请优秀企业人才加入指导教师团队,面向全校学生开设高水平的创新辅导课或专题讲座。构建一支以专业教师、工程技术人员、高级技术工人组成的优势互补的创新创业教育指导教师团队。

(2)实施两阶段创新创业教育。

创新创业教育中心对大学生创新能力分阶段培养,骨干创新人才与普及人才共同发展。实施创新能力培养的分层次、不间断递进式培养。

初级创新创业教育阶段:以一、二年级本科生为主,以《工程认知训练》课程为导向,依托先进成图等学科竞赛,吸引有创新积极性的学生,通过校内学科竞赛,提高学生的创新意识,初步认知土木工程结构形式,了解结构设计、结构模型的制作方法,同时结合 BIM 技术了解工程管理、成本分析和安全质量管理等方面的知识。

高级创新创业教育阶段:以三、四年级学生和一年级研究生为主,以大学生科技立项、"挑战杯"大学生课外科技作品、大学生创新性实验项目、设计院或施工企业 BIM 项目等为依托,以综合设计和自主创新能力训练为目标。运用 BIM 技术,通过对土木工程全寿命周期项目的创新训练,实现土木大类学科交叉融合,初步具备设计院的 BIM 创新结构设计和工程结构的改造加固研究的基础能力,并及时将这些工程实践融入到本科毕业设计(论文)中去,以训练学生的工程实践创新能力。

(3)构建大学生创新创业教育支持体系。

①建设创新创业教育课程体系。

创新创业教育中心已经建有《工程认知训练》《结构创新设计与实践》《力学实践》

《先进成图技术》等创新实践类课程，实训内容注重工程认知、BIM 技术、力学基础理论与工程结构设计相结合。对初级训练阶段的学生主要开展土木工程识图、三维建模、材料力学性能等基础性专题实训，夯实其基本理论与基础，提高学生学习力学理论课程的积极性与兴趣。对高级训练阶段的学生结合 BIM 技术开展结构力学、结构设计原理、有限元软件分析等专题实训，增强学生的综合应用能力，强化终身学习能力。同时积极辅以竞赛实践项目，做到以赛促学，以赛促教，引导学生自主研究，充分挖掘学生的创新潜能。创新创业教育课程体系需打破传统以“老师为主”的被动接受知识的教育模式，向以“学生为中心，老师指导”的实践型和创新型的人才培养模式转变，通过动手实践，并辅以竞赛项目让先进成图、BIM 技术、力学基础理论与工程结构创新设计结合更为紧密。

②加大创新创业教育软硬件投入。

主动对接新工科背景下土木工程行业产业对人才的需求，汇聚校内外资源，建设分类清晰、查阅方便、有序编排、精全新颖的数字资源库（含工程图片库、动画库和视频库），并加以科学引导学习利用，加强 BIM 软件配套，共享学科专业平台资源，进一步扩大学生受益面。进一步完善硬件条件，持续打造舒适、整洁的环境，增强“结构仿真计算与三维构型显示”的友好性、智能性和吸引力，推进省级新工科项目“结构创新与实践能力培养的‘识-仿-实’平台建设”。增加硬件台套数，建成建筑面积超 1000m^2，能同时容纳 400 人以上完全开放的高质量实训平台。完善满足学生仿真需要的开放机制，为学生创新创业实训提供高质量的服务与条件，每年吸引本校学生 2000 人和省内其他高校学生 200 人以上使用高质量实训平台，力争累计训练学生数达 50000 人·天/年。

③辅竞赛项目推动创新创业教育。

辅竞赛项目就是实践以赛促学、以赛促教、赛学融合促发展。创新创业教育中心组织开展系列大学生学科竞赛活动，如中国国际“互联网＋”大学生创新创业大赛、大学生结构设计竞赛、全国周培源大学生力学竞赛、“挑战杯”大学生课外科技作品竞赛、先进成图技术与产品信息建模创新大赛、工程实践与创新能力大赛、基础力学实验竞赛等，众多的竞赛项目能培养学生的创新思维能力、实践动手能力和团结协作精神。每年组织竞赛项目认知实习、宣讲会、成果展览会，调动学生参与学科竞赛的积极性，扩大参与各类学科竞赛的人数，确保每年各类赛事参赛的学生人数在 1000 人以上，以学科竞赛丰富学生课余生活，培养了学生的创新精神。

④构建产学研合作创新创业教育平台。

充分发挥高校人才和科技的优势，积极开展校企合作项目的拓展和申报，已汇聚四川路桥建设集团有限公司、湖南路桥建设集团有限责任公司、中建五局、湖南省第六工程有限公司、保利长大建设有限公司等 29 家企业，吸引企业深度介入大学生创新创业教育的全过程，培养工程实践创新能力突出的土木特质人才；鼓励学生参与校企合作项目，促进土木工程创新创业教育回归实际工程。一是积极走产、学、研相结合的路子，促进科技成果尽快向生产力转化；二是采取“请进来”“走出去”的办法，积极深入到企业中去，了解、发现并帮助企业解决生产、技术与管理中存在的问题，培养学生在生产中发现问题的意识和解决问题的能力，提高创新创业意识与科研兴趣。

土木工程大学生创新创业教育中心作为学院核心的创新创业教育机构，经过多年摸索，形成以下有效运行与管理模式：

(1)形成示范创新创业教育实训模式。

以学生为中心，为满足学生实训需求，积极扩充实训场地，改善实训环境，实训面积已由成立之初的500m²扩充到2019年的超1000m²。同时，进一步规范创新创业教育中心功能分区，提高场地利用效率，充实实训师资，打造流程范式，从保障条件、实训范式与效果等方面形成了具有全国性示范作用的创新创业教育实训模式，如图2-1所示。

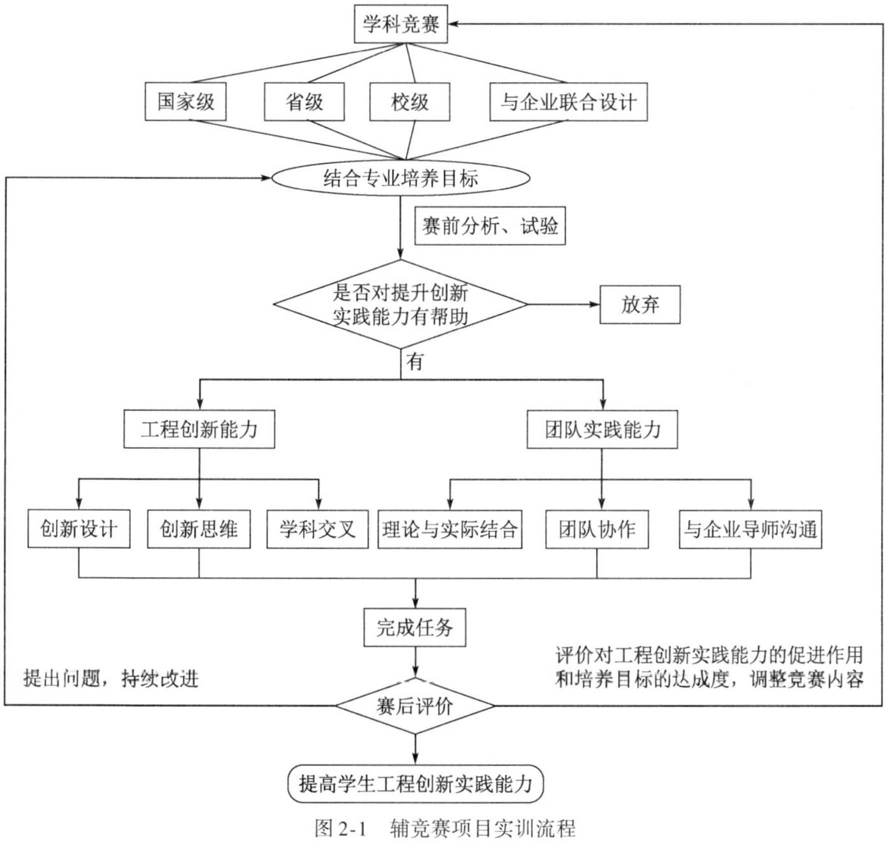

图2-1　辅竞赛项目实训流程

(2)完善创新创业教育校内学生的准入和退出机制。

创新创业实践训练面向全校学生开放，实现学科交叉，采取项目管理模式进行运作，学生可以自带项目，经评审批准后进入中心；省级以上大学生研究性学习与创新性实验项目团队、学科竞赛团队，经申请批准后进入中心。中心将为大学生提供开展创新创业教育活动所必需的场地、仪器设备条件，并配备专业指导教师。在规定时间内未达到项目要求或未取得实质进展的作退出处理。

(3)优化训练目标考核评价指标体系，加强信息共享与管理。

建立创新创业训练目标考核评价指标体系，研究主要观测点及评价办法(激励与约束结合，以激励为主)，体现创新创业教育导向。完善土木工程创新训练网站和公众号，公布创新创业教育中心的全部实践活动，包括培训时间、内容、各类创新项目申报情况、学术研讨活动、仪器设备现状等，加强信息共享与管理。

2.1.2 学院创新创业工作成效

通过探索与开展创新创业教育实践活动，开设创新实践项目，辅以学科竞赛，实施创新创业教育课程体系改革等，提高了土木大类本科生的创新实践能力，培养了一批具有创新精神和实践能力的高素质人才。

近五年来，土木工程大学生创新创业教育中心实训的学生在各类科技竞赛活动中，获得国家级等级奖150余项，省级等级奖600余项，大学生创新创业教育成效显著。如：在全国大学生结构设计竞赛中，近7届分获第3、5、1、1、4、10、2的优异成绩，近7年总体成绩位居全国第一；在2017年第十一届全国周培源大学生力学竞赛中，获“理论设计与操作”团体赛一等奖，总成绩仅次于清华大学；在2019年全国首届大学生桥梁设计大赛中，包揽冠亚军；在2021年中国大学生工程实践与创新能力大赛中获桥梁设计项目金奖(冠军)，连续3届获全国大学生先进成图技术与产品信息建模创新大赛团体一等奖；并在湖南省和全国“互联网+”大学生创新创业大赛中均取得突破，成绩稳步提高。

土木工程大学生创新创业教育中心根据新工科、新需求，拟进一步完善创新创业教育样式(如强化企业协同、点面互动培养、突出创新创业教育成果展览、加强评点反馈)，并使之覆盖全体土木工程专业及相关理工科专业大学生，从而形成与专业融合的具有全国性示范作用的创新创业教育实训模式，并不断持续改进。在2021年我院共组织参加学科竞赛15项，共获得省级等级奖101项，国家级等级奖35项，其中国家级一等奖9项。近四年来我院负责的学科竞赛成绩逐年上升，由三年前的年均不到十项国家级等级奖，到2021年超30项国家级等级奖，获奖学生数和参训学生数大幅提升，指导教师参与大学生创新创业教育和学科竞赛指导的积极性得到提升。

2.2 汽车与机械工程学院

长沙理工大学汽车与机械工程学院现有教职工113人，其中教授22人、副教授38人，博士72人，研究生导师68人，专任教师96人；拥有“新世纪百千万人才工程”国家级人选1人、Elsevier中国高被引学者1人、国务院特殊津贴获得者2人；拥有“芙蓉学者”3人、湖南省杰出青年基金获得者3人、湖南省湖湘青年英才3人、湖南省海外教学名师1人。

学院设有汽车工程系、机电工程系、智能制造系、测控技术与仪器系4个系和机械基础教学中心、实验中心,以及载运工具运用工程研究所、质量可靠性和维修研究所、轻量化新材料研究所、智能交通与车路协同技术研究所4个研究所。学院拥有车辆工程、机械设计制造及其自动化、汽车服务工程、材料成型及控制工程、测控技术与仪器、智能制造工程6个本科专业,其中,车辆工程、机械设计制造及其自动化、测控技术与仪器为国家一流专业建设点,汽车服务工程专业为国家级特色专业。机械设计制造及其自动化和车辆工程专业分别于2013年和2014年通过国家工程教育专业认证。学院拥有"汽车工程"湖南省虚拟仿真实验教学中心,"汽车工程"湖南省高等学校实践教学示范中心,长沙理工大学/中联重科湖南省优秀实习基地,"机械工程""智能汽车"湖南省大学生创新创业教育中心,"机械类专业"湖南省校企合作创新创业教育基地,"先进装备与智能制造技术"湖南省研究生培养创新基地。学院现有本科生2000余人、研究生320余人。近年来大学生获得年均100余项省级及以上学科竞赛奖和多项专利,连续六年学院毕业生一次就业率保持在96%以上。

1985年学院获得我校首个硕士学位授予权,2002年获得国家科学技术进步奖一等奖,2005年获得博士学位授予权。现有机械工程湖南省"十二五"重点学科,验收为优秀。拥有载运工具运用工程博士学位授予权,机械工程一级学科硕士学位授予权,以及机械工程、交通运输工程、项目管理等工程硕士学位授予权,在机械设计及理论、机械电子工程、车辆工程、机械制造及其自动化、先进工程材料及成型加工技术、检测技术与自动化装置、载运工具运用工程等方向招收硕士研究生。

学院拥有"工程车辆安全性设计与可靠性技术"湖南省重点实验室、"机械装备高性能智能制造关键技术"湖南省重点实验室、"工程车辆轻量化与可靠性技术"湖南省高等学校重点实验室、"共建绿色汽车"湖南省协同创新中心、"道路灾变防治及交通安全"教育部工程研究中心、"公路工程"教育部重点实验室,确立了"机械装备高性能智能制造技术""复杂机械结构优化方法""复杂机电系统可靠性与健康管理""车辆安全与智能化技术"四个稳定研究方向。近年来,学院承担国家自然科学基金项目50余项,国家重点研发计划项目3项。获国家科技进步奖一、二等奖各1项,全国优秀学术成果一等奖1项,主持获省部级科技奖20余项,省级教学成果奖一、二等奖各1项。出版学术专著22部,获发明专利授权500余项,发表学术论文1000余篇,被SCI/SSCI收录300余篇,年均科研经费2000余万元。

学院按照学校建设特色鲜明的全国百强高水平教学研究型大学的需要,不断提高人才培养质量,加强学科建设,增强科研能力,与时俱进,乘势而上,积极承担起为地方社会经济发展服务的责任,积极开展重大科学技术攻关和科技服务,为科技进步和社会经济的发展贡献力量。

2.2.1 学院创新创业工作管理措施

(1)开展跨学科 CDIO(构思、设计、实施、运作)科创实验班,发挥引领示范效应。培养知识系统宽厚、创新能力优秀、实践应用突出,能适应现代产业迅猛发展变化的高层次拔尖创新实践人才与行业精英。打造一支以汽机学院为主体、辐射全校的跨学科跨专业的学生科创团队,形成"创新设计—制作实物—竞赛获奖/项目立项—发明专利/论文—本科毕业设计实物展"的大学四年全覆盖培养模式,力争科创班年均 30 个国家级学科竞赛奖、学生署名第一的发明专利/论文、毕业设计实物的学生科创成果。科创班按照"自愿参加、动态调整"的原则从汽机学院现有全部专业中选拔 30 人,并划拨专项经费建设了工一 B114 房间,用于科创班学生的日常学习卡座、发明创造实物制作与演示场地。根据科创班学生来源,组建跨学科跨专业导师队伍,科创班指导教师分为 CDIO 学业指导教师(团队)和专项竞赛指导教师(团队),学业指导教师(团队)对学生在校四年期间实行纵向指导,专项竞赛指导教师(团队)在专项学科竞赛期间对学生进行横向指导。

(2)打造车队品牌和基础赛事文化,夯实竞赛获奖基数。进一步打造方程式赛车队、节能车队和智能车队三支车队作为学院学生自主创新实践人才培养特色平台。代表性 CRT 方程式赛车队成立于 2011 年 9 月,团队秉承"严谨触摸理想,用心成就未来"的队训,将设计、研发、仿真、实验、制造、测试的整个流程贯彻到团队每年的工作中,矢志不移,砥砺前行,车队先后获得了数十项国家级赛事奖励,并受到湖南经视、长沙晚报、潇湘晨报的采访及报道。开展成图训练营、三维数字化大赛训练营和 ROBOT 系列比赛训练营等多个基础竞赛训练营,利用师生业余时间,开展基础班集中授课培训,利用寒暑假集中时间段开展精英竞赛班的高阶培训,全面提升学生专业基础知识和创新思维能力。

(3)共建一流创新创业实践基地,保障竞赛软硬件环境。学院多方筹措充分保障学科竞赛软硬件投入资金,在工科一号楼和创新创业学院大楼打造创新实践基地,包含 CDIO 科创班、三支车队工作区、创新实践加工中心等基础硬件设施,学院创新实践团队入驻创新实践基地,提供工作空间和加工实践条件,并安排专任教师集中指导竞赛学生操作实验和加工设备,确保人员和设备安全运行,实现了机械制造环节的主要核心工艺加工全覆盖,足不出户就能实现发明创造样机的制造与测试。

(4)开展博士创新论坛和朋辈课堂,传承学科竞赛精神。邀请学院博士根据自身科研特色方向,结合学科竞赛内容开展科技创新论坛,引领学科竞赛纵深前沿发展;邀请学科竞赛成绩突出的同学开展朋辈课堂,分享学科竞赛知识、参赛技巧、实战经验,树立竞赛模范典型,每年 9 月份开学评选的"未来工匠"中专门设置了科创竞赛类工匠,并广泛宣传,在学院学生群体中做好竞赛制度传承和引领示范工作。

(5)对标三大赛事,积极寻求面和点上的突破。中国"互联网+"大学生创新创业大赛、"挑战杯"全国大学生课外学术科技作品竞赛和"挑战杯"创青春中国大学生创业计划大赛三大赛项,对参赛作品的要求逐渐往高、精、专的方向发展。学院改革创新创业院级比赛开展模式,聚焦科研团队指导竞赛模式,开展创新创业训练营计划,集中打造和培育项目。学院进一步凝练聚焦学院方向,按学院现有研究方向优化团队,面向湖南省"三高四新"战略中国家重要先进制造业高地产业链,打造1~2支有影响力的标志性团队,力求近五年在三大赛项上有新的突破。

(6)强化清单赛事,打造标志性竞赛团队模式。进一步落实项目清单责任制,形成竞赛负责教授/博士+导师团队的联合指导模式,重要比赛安排2位责任教授联合指导与组织院赛,充分挖掘现有赛事获奖潜力,尤其是参赛队伍偏少的排行榜赛事,如2022年新增参加中国大学生机械工程创新创意大赛铸造工艺设计赛和过程装备实践与创新赛等赛事,并取得多项国家级奖项;围绕项目清单内竞赛结合学院专业特点和现有团队基础,打造学院标志性竞赛团队模式,逐渐形成以成图大赛、三维数字化大赛、智能车和金相大赛为基础,以机械创新设计大赛、工程能力大赛、机械工程创意大赛和ROBOT系列比赛为专业特色,互联网+、挑战杯赛事为科研引领,全面纵深推进,力争每年清单项目内国奖获奖数量达到50项以上。

2.2.2 学院创新创业工作成效

汽机学院瞄准学校"办优质本科、建一流学科、创百强大学"的发展目标,落实学校党代会提出的"培养专业基础知识扎实、实践能力强,富有创新意识和创新能力,兼具国际视野的高素质复合型人才"的人才培养方向,以一流本科专业建设为抓手,立足"四个服务",培养具有'家国情怀、国际视野、创新思维、工匠精神'的高素质应用型专门人才与行业精英,以"鼓励创新、彰显个性,培养'厚基础、宽口径'工程科技人才"为导向,全方位推进"三三四"人才培养模式综合改革,借鉴书院模式开办匠心学堂,动员师生广泛参与到学科竞赛中,唤醒学生主体发展意识,引导学生主动成长,促进学生全面成长成才。

学院完善学科竞赛责任制管理体系,围绕创新型复合型人才,系统化开展学科竞赛,落实赛项"学院-领导-导师"责任制;加大前期配套投入和支持,预拨竞赛组织费用到相应负责学院,建立指导老师校内及校外的培训、交流和学习机制;整合统筹大学生创新实验项目和创新实践+立项工作的开展机制,引导学生瞄准重要赛事议题选题申报,推进学生项目成果向各类学科竞赛赛事的转化。加强学科竞赛组织过程质量管理,提高创新实践育人质量;提高对专项赛事组织工作,创新实践基础能力提升实验室和学生自主团队的支持力度和配套,重视各类学科竞赛校级比赛质量,建立专项竞赛培训体系和课程;对"重资产、高消耗"型学生竞赛,设立专项赛事举办和参赛资助,从软硬件上确保学生竞赛项事参与的全覆盖。突出学科竞赛在各类评先评优的权重，营造全员参与氛围；提高学科竞赛成绩，尤其是国家级奖项，在学院年度教学目标考核、教师评先评优和教师职称评定中的权重；提高学科竞赛成绩在学生研究生推免过程中的权重，设立学科竞赛研究生推免专项，进入竞赛专项推免的学生，参评时不限制学生提供获国家级奖项的数量。

学院认真贯彻落实竞赛责任单位和责任导师制度，学院分管院领导牵头，竞赛责任导师从“选拔—培训—参赛”全程指导，成效显著。以 2021 年为例，汽机学院组织承办校级学科竞赛 9 项。学院全年获得学科竞赛奖共计 93 项，其中国家级奖项 38 项，省级奖项 55 项；本科生作为第一作者授权发明专利 4 项，授权实用新型专利 6 项。

2.3 电气与信息工程学院

学院成立于 2003 年，经过多年的发展，学院已拥有从本科至博士后科研流动站的人才培养体系，办学特色鲜明。电气工程学科在第四轮学科评估中获得 B^-，电气工程及其自动化和电子信息工程专业为“双万计划”国家一流本科专业点，均通过国家工程教育专业认证。

学院设有电气工程及其自动化、电子信息工程、自动化、轨道交通信号与控制、智能电网信息工程和机器人工程等六个本科专业。电子信息工程、自动化专业为湖南省特色专业。学院现有电气工程一级学科博士学位授权点、博士后科研流动站和交通信息工程及控制二级学科博士学位授权点；有控制科学与工程一级学科硕士学位授权点；有交通信息工程及控制、电路与系统两个学科方向硕士学位授权点；有能源动力、电子信息、机械等三个工程领域专业学位硕士授权点。电气工程学科入选为教育部“卓越工程师教育培养计划”，2013 年首次通过工程教育专业认证，2019 年通过复评。

学院教学科研队伍实力雄厚，现有教职工 150 人，其中教授 26 人、副教授 55 人，博士(后)学位 90 人，海外留(访)学教师 54 人；拥有国家级人才工程人选 8 人、“芙蓉学者”特聘教授等省部级人才工程人选 15 人、“湖湘学者”特聘教授 8 人；拥有全国高校首批黄大年式教师团队——“智能电网协同创新育人教师团队”、湖南省科技创新团队——“新能源电力系统安全监控创新团队”、湖南省优秀研究生导师团队——“智能电网故障监控研究生导师团队”。

近年来，学院主持承担了包括国家杰出青年科学基金项目、国家重点研发计划项目、国家自然科学基金重点项目、国家重大研究计划培育项目、国家自然科学基金面上及青年项目和湖南省科技重大专项、湖南省杰出青年基金在内的纵向、横向科研项目 600 余项，年科研经费突破 8000 万元；学院教师获省部级及以上科研成果奖 60 余项，其中国家科技进步奖一等奖 2 项、自然科学二等奖 1 项、国家技术发明奖二等奖 2 项、国家科技进步奖二等奖1项、省级科技进步奖23项;获发明专利120余项,发表科研论文1000余篇,已被SCI、EI和ISTP三大国际检索收录800余篇;学院获省优秀教学成果奖5项,公开出版专著13部,出版教材30余本。

学院具有优秀的教学和研究平台,包括“电网输变电设备防灾减灾”国家重点实验室分室、“机器人视觉感知与控制技术”国家工程实验室“电力机器人技术”分室、“大数据驱动的能源互联网”国际科技合作基地、“基于分布式光储的能源互联网运行与规划”国际合作联合实验室、“电网安全监控技术”教育部工程研究中心等5个国家级学科研究平台;有“智能电网运行与控制”“可再生能源电力技术”“电力特种机器人”等3个湖南省重点实验室;有“清洁能源发电与智能电网”湖南省2011协同创新中心、“智能电网运行与控制”湖南省高等学校创新团队等省部级以上学科科研平台;有“电力生产与控制”虚拟仿真实验教学中心、“能源系统与动力工程”实践教学示范中心、“长沙理工大学—湖南省电力公司检修公司”“本科教学工程”大学生校外实践教育基地、“长沙理工大学—湖南华自科技有限公司”工程实践教育中心、“湖南省电力公司实习基地”电气工程专业校企合作人才培养基地等5个国家级教学平台;有“湖南省电动交通与智能配网工程技术研究中心”“电气信息类专业”湖南省校企合作创新创业教育基地、湖南省普通高校“十三五”专业综合改革试点专业——电气工程及其自动化、“电力系统运行与控制”湖南省高校产学研合作示范基地、“电力系统安全运行与控制”湖南省高等学校重点实验室、“湖南省电子信息类专业大学生创新训练中心”“电工电子技术实验中心”湖南省基础课示范实验室等省部级以上教学平台;有中央与地方共建的分布式发电及电力系统综合实验室、智能控制与智能信息处理实验室、检测与控制技术实验室、电力拖动实验室、电力电子实验室、电工电子技术实验室等优秀实验平台,建设有《电路》《电力电子技术》《电子技术基础》《电力系统分析》《电力系统继电保护》等湖南省一流课程。

学院聚焦电力行业,立足学校实际,凝练特色,逐步确立了以“厚基础、宽口径、高素质、强技能”为目标的人才培养定位,构建了基于铸造国内一流的电气信息类工程人才的“弱电与强电相结合、课内与课外相结合、学院与企业相结合、传承与创新相结合”的人才培养体系,立足“过程育人、文化育人、科技育人、实践育人”,打造了“立足基层电力公司开展的与专业实习紧密结合的暑期社会实践活动”品牌,建设有“心情驿站”(湖南省首批特色成长辅导室)、“网络E家”微平台(2016年湖南省网络文化精品项目)、“智能电力设备监控技术创新团队”(2014年全国“小平科技创新团队”)。

2.3.1 学院创新创业工作管理措施

(1)抓队伍,全员育人。

领导重视,激发动力。学院成立了科技创新工作领导小组,主要由学院党政领导和骨干教师组成，为不同层面课外科技项目和活动确定方向、制定规划、营造氛围、协调实施、提供服务。科技创新领导小组经常开展研讨活动，研究相关问题，制定了电气信息类大学生课外科技创新能力培养计划，具体规定和相关激励措施，对项目进展情况进行督促和交流。每次赛事，学院党政领导亲自带头组织学生参与项目。

创新机制，形成合力。学院建立了大学生科技创新专家小组和指导教师队伍，聘请一批包括院长在内的高级职称或博士学位的教师等建立课外科技创新活动的校内外评审专家和指导教师队伍。评审专家负责项目的选拔、考核、点评，保证体系的实施质量；指导教师负责学生选题、立题、方案构思、技术指导、项目制作等。近几年来，学院把同专业背景的教师、研究生、本科生党支部组织到一起，开展师生“双联双学”活动，通过学术交流、创新结对、学风探讨，大大促进了大学生科技创新活动的开展。

保障到位，释放潜力。学院每年在行政事业费预算中单列大学生课外创新经费，每年至少保证5万元支持，分别用于投入校园电子创新大赛专项经费和支持全国各类科技创新大赛经费补助；学院给科技创新活动指导教师另外计算工作量，学生所获的成果也作为教师业绩。

(2)搭平台，全过程育人。

搭建竞赛平台，激发创新创业兴趣。学院建立院—校—市—省—国五级竞赛体系，以“电苑杯”校园电子设计大赛、走进实验室、科技立项等院级大学生科技创新竞赛活动为基础，认真组织创新活动的积极分子和优秀学生参加校级以上的各类竞赛活动，并为他们配备有经验的带队教师进行专门指导，通过组织参加竞赛激发学生的创业兴趣。

搭建培训平台，提高创新创业素质。创新创业文化氛围的重要标志之一就是报告和讲座，学院建立实践技能及技术普及、培训和各类专题讲座的课外培训研讨平台。通过专家讲座和获奖学生的经验交流，学生将创新思路和方法与专家、老师和同学进行互动交流与研讨，以此提高学生的创业素质。

搭建校内实践平台建设。学院组织了一支创新意识强、动手能力强的师资队伍，成功申报大学生电子实训基地。科普基地使用面积200平方米，除首期投入的资金外，学院每年投入5万元。张一斌教授更是多年利用每周末义务为同学上课，每年近千学生受益。

强化校外资源与共建。几年来，学校和华能自控、邦普科技、源点教育等数家产学研合作单位签订了合作协议，并开展了多期“暑期社会实践团暨华自班社会实践”。学院更是走出了“暑期三下乡”社会实践的新路径，先后与新化供电公司、新宁供电公司签订合作协议，让学生有了更多的工程实践体会，让创新思维的转化更加理性和科学，提升了创业技能。

(3)创品牌，全方位育人。

学院通过严格的课堂考勤提高到课率，依托职业大讲坛、创新讲座、科技沙龙等活动,满足学生的求知欲、表现欲和创造欲。

培育先进典型,激发创新创业热情。学院通过全员发动(在老师群和各年级学生群发布)、学生主动(学生自己创意,并按兴趣自由组建团队)、教师推动(指导教师对项目的实施进行指导和督促),针对性地做好赛事组织工作。通过学院选拔赛后,学院对于有基础、有潜能、有特色的项目进行重点培育和推荐。

加强校企合作,助力学生创新创业。校企合作是培养创新创业人才的必要途径。学院聘请了青年创业企业家湖南三兴精密工业股份有限公司董事长彭富国先生为学校第一位大学生创新创业导师,同时在我院设立了学校第一笔大学生创新创业奖学金。

2.3.2 学院创新创业工作成效

近年来,电气与信息工程学院在中国国际"互联网+"大学生创新创业大赛、"创青春"大学生创业竞赛、全国大学生电子设计竞赛、人工智能+大赛等学科竞赛中获得较好的成绩,具体获奖信息如表2-1所示。

电气与信息工程学院具体获奖信息　表2-1

序号	竞赛名称	获奖等级	主办单位	年份(年)
1	第七届中国国际"互联网+"大学生创新创业大赛:核芯科技——核电站RCV滤芯自动更换机器人	国家级三等奖	教育部	2021
2	第七届中国国际"互联网+"大学生创新创业大赛:同创智慧——全球高压漏电防治开创者	国家级三等奖	教育部	2021
3	第七届中国国际"互联网+"大学生创新创业大赛:湘荣电力——新型地下电网故障检测"千里眼"	国家级三等奖	教育部	2021
4	第七届中国国际"互联网+"大学生创新创业大赛:湘能智联——国内领先的电力绝缘子智能清扫供应商	国家级三等奖	教育部	2021
5	第六届中国国际"互联网+"大学生创新创业大赛:新睿科技—地铁杂散电流一体化监控和防治领跑者	国家级三等奖	教育部	2020
6	第四届中国"互联网+"大学生创新创业大赛:新锐智能——国内领先的地铁杂散电流监控和抑制一体化解决方案提供商	国家级三等奖	教育部	2018
7	第三届中国"互联网+"大学生创新创业大赛:高空高压输电线路螺栓紧固机器人	国家级二等奖	教育部	2017
8	第三届中国"互联网+"大学生创新创业大赛:精锐云电力——智能电网故障预警服务专家	国家级三等奖	教育部	2017
9	第二届中国"互联网+"大学生创新创业大赛:精锐云电力路灯智能管理系统	国家级二等奖	教育部	2016
10	第一届中国"互联网+"大学生创新创业大赛:电力互联网故障自愈控制系统	国家级一等奖	教育部	2015

续上表

序号	竞赛名称	获奖等级	主办单位	年份(年)
11	全国大学生电子设计竞赛:三端口 DC-DC 变换器(指导教师:范必双、李玲)	国家级一等奖	全国大学生电子设计竞赛委员会	2021
12	全国大学生电子设计竞赛:三相 AC-DC 变换电路(指导教师:范必双、李玲)	国家级一等奖	全国大学生电子设计竞赛委员会	2021
13	全国大学生电子设计竞赛:A 题(指导教师:贺科学、贺慧勇)	国家级二等奖	全国大学生电子设计竞赛委员会	2021
14	全国大学生电子设计竞赛:三端口 DC-DC 变换器(指导教师:王文、李玲)	国家级二等奖	全国大学生电子设计竞赛委员会	2021
15	全国大学生电子设计竞赛:简易电路特性测试仪(2017 级学生李新阳、冯海光;指导教师:贺科学)	国家级二等奖	全国大学生电子设计竞赛委员会	2019
16	全国大学生电子设计竞赛:电动小车动态无线充电系统(2016 级学生邓紫妮;指导教师:范必双)	国家级二等奖	全国大学生电子设计竞赛委员会	2019
17	全国大学生电子设计竞赛模拟电子系统设计专题邀请赛:简易电子负载(2016 级学生毕岚溪、廖茂桤、李冠金;指导教师:贺科学)	国家级一等奖	全国大学生电子设计竞赛委员会	2018
18	全国大学生电子设计竞赛模拟电子系统设计专题邀请赛:数字多用表(2016 级学生庄晓洋;指导教师:马钧)	国家级二等奖	全国大学生电子设计竞赛委员会	2018
19	全国大学生电子设计竞赛:微电网模拟系统(2014 级邹智强、郭扬铮、蔡志强;指导教师:范必双)	国家级一等奖	全国大学生电子设计竞赛委员会	2017
20	全国大学生电子设计竞赛:远程幅频特性测试装置(2016 级学生李丽婷;指导教师:贺科学)	国家级一等奖	全国大学生电子设计竞赛委员会	2017
21	全国大学生电子设计竞赛:调幅信号处理实验电路(2015 级学生卢琳玟;指导教师:范必双)	国家级二等奖	全国大学生电子设计竞赛委员会	2017
22	全国大学生电子设计竞赛:远程幅频特性测试装置(2015 级学生张义桢;指导教师:席燕辉)	国家级二等奖	全国大学生电子设计竞赛委员会	2017
23	全国大学生数学建模竞赛:“FAST”主动反射面的形状调节 A 题	国家级一等奖	全国大学生数学建模竞赛组委会	2021
24	中国高校智能机器人创意大赛:智能机器人	国家级一等奖	中国高校智能机器人创意大赛委员会	2021
25	中国大学生计算机设计大赛:电网“蜘蛛侠”——高压电力绝缘子智能清扫机器人	国家级二等奖	教育部高等学校计算机类专业教学指导委员会等	2021

续上表

序号	竞赛名称	获奖等级	主办单位	年份(年)
26	中国大学生计算机设计大赛:基于AI智能配光的新能源智慧路灯	国家级三等奖	教育部高等学校计算机类专业教学指导委员会等	2021
27	第十四届全国大学生节能减排社会实践与科技竞赛:电网蜘蛛侠-高压电力绝缘子智能清扫机器人	国家级三等奖	全国大学生节能减排社会实践与科技竞赛委员会	2021
28	美国大学生数学建模竞赛	国际竞赛H奖	美国数学及其应用联合会	2021
29	美国大学生数学建模竞赛	国际竞赛S奖	美国数学及其应用联合会	2021
30	美国大学生数学建模竞赛	国际竞赛S奖	美国数学及其应用联合会	2021
31	第四届中国高校智能机器人创意大赛:智眼类物—基于深度学习的家用可回收垃圾自动分拣机器人	国家级三等奖	中国高等教育学会	2021
32	全国大学生英语竞赛C类	国家级三等奖	高等学校大学外语教学研究会	2021

2.4 能源与动力工程学院

长沙理工大学能源与动力工程学院有六十余年的办学历史,学院现开设“能源与动力工程”“新能源科学与工程”“建筑环境与能源应用工程”“储能科学与工程”等4个本科专业。其中“能源与动力工程”为国家级一流专业建设点、国家Ⅰ类特色专业、“卓越工程师培养试点”专业、湖南省重点专业、湖南省专业综合改革试点专业;“新能源科学与工程”为国家级一流专业建设点、湖南省重点专业和特色专业;“建筑环境与能源应用工程”为国家级一流专业建设点、湖南省重点专业和特色专业;“储能科学与工程”为全国第二批、湖南省目前唯一开设专业。学院拥有“动力机械及工程”湖南省重点学科、“供热、供燃气、通风及空调工程”二级学科博士点和硕士点、“动力工程及工程热物理”一级学科硕士点,以及“能源动力”“土木水利”2个专业学位授权点。在校研究生400余人,本科生1800余人。

学院拥有“能源系统与动力工程”国家实践教学中心、“电力生产与控制”国家虚拟仿真实验中心、“热工基础”省级示范实验室、“可再生能源电力技术”湖南省重点实验室、“能源高效清洁利用”湖南省高校重点实验室、“风力发电智能控制技术”湖南省工程研究中心、“清洁能源与智能电网”湖南省2011协同创新中心、湖南省“海智计划”基地、中国科协海智计划工作 UHI 工作驿站及湖南省研究生培养创新基地等一批高水平特色学科专业平台。

学院现有教职工 111 人，专任教师 92 人，其中教授 16 人、副教授 25 人，具有博士学位 69 人；双聘院士 1 人、国家级人才 2 人、中国动力工程学会青年科技奖获得者 1 人、省部级人才 23 人、市级人才 3 人；国外客座教授 9 名，其中英国皇家工程院院士 1 名、国家高端外国专家 3 名、湖南省海外名师 2 名。

学院充分发挥学科优势，致力于服务国家能源电力事业，在大型火电、水电、风电、太阳能发电技术，动力设备及系统、智慧能源、绿色建筑、储能技术、新能源材料等领域具有较强的科研实力。“十三五”期间，主持国家重点研发计划、国家自然科学基金项目 40 多项，省部级科研项目 100 项，科研经费达 1.1 亿元；获省部级科技成果奖 15 项，授权发明专利 98 项，发表高水平学术论文 421 篇；公开出版学术专著及教材 18 部。

学院秉持“博学、力行、守正、拓新”之校训，传承“脚踏实地、艰苦奋斗、乐于奉献、锐意进取”的“铺路石”精神，按照“新工科”建设要求，坚持“厚基础、宽口径”培养模式，创新人才培养机制，为能源、电力、建筑、石化、交通、水利等行业培养“底色亮、实践强、有情怀、敢担当”的高素质专门人才和行业精英。近五年来，学生在各类高水平科技竞赛中斩获佳绩，先后获得“挑战杯”全国大学生课外学术科技作品竞赛、“创青春”全国大学生创业大赛、“互联网 +”大学生创新创业大赛、全国大学生节能减排大赛、全国可再生能源大赛等国家级和省级科技竞赛奖项 120 余项；本科生申请发明专利 30 项；学生个人及集体荣获省级“优秀共产党员”、省级“优秀毕业生”等省级以上荣誉称号 20 余人次。

学院坚持为行业和地方经济社会发展输送高素质人才。学生主要到国家能源集团、国家电网、南方电网、华能集团、大唐集团、华电集团、中国建筑等大型央企和行业龙头企业就业，毕业生就业率连续多年稳居同类院校前列。本科生攻读硕士学位研究生的比例年均保持在 20% 以上，每年都有一批学生考取国内外一流大学的研究生。

学院坚持开放办学，与美国 MIT、Texas A&M University、澳大利亚 Monash University、英国 Northumbria University、University of the Highlands and Islands 等国内外十余所著名大学建立了友好合作关系，学生可获得国外合作大学学位或长沙理工大学与国外合作大学双学位。与国外大学互派访问学者、联合培养研究生，培养“一带一路”沿线国家留学生 30 余名。与国内 100 余家企业及科研院所建立了良好合作关系，与中国广东核电集团、中国三峡集团合作开办定制联合培养班。

2.4.1 学院创新创业工作管理措施

(1)打造实践创新平台。

学院为培养学生创新创业能力，经过多年的规划与投入，逐渐建立了能保障基本教学的实验室场所，并在实验中心及各系指导实验老师的共同管理下使得实验室开放情况达到 100%，详见表 2-2。学院现有各类本科校外实习、实训、创新创业教育基地 17 个。学院拥有“能源系统与动力工程”国家实践教学中心、“电力生产与控制”国家虚拟仿真实验中心、“热工基础”省级示范实验室、“风力发电智能控制技术”湖南省工程研究中心、“清洁能源与智能电网”湖南省 2011 协同创新中心等一批高水平特色学科专业平台。

能源与动力工程学院 2021 年度实验室开放情况一览表 表 2-2

序号	实验室名称	实验室面积（平方米）	实验室设备价值（元）	开设实验课程门数（门）	实验参与人数（人）	开设课程设计门数（门）	课程设计参加人数（人）
1	锅炉与燃烧实验室	1636	4794744	6	184	3	194
2	汽轮机与振动实验室	1112.9	9880086.62	6	161	3	111
3	新能源实验室	1305.6	1248625	0	0	3	253
4	仿真实验室	760.4	4982630.73	0	0	4	142
5	建筑环境实验室	2243.2	11715887	0	0	2	181
6	热工基础实验室	1598.7	4353929	19	550	0	0
合计		8656.8	36975902.35	31	895	15	881

学院高度重视学生创新创业能力的培养，不仅专门开辟了“职工小家”，新能源大楼 1-503、505 室等场所为学生提供开展创新创业的基地，而且全学院教学和科研实验室全方位开放，健全实验室开放制度，老师全程提供指导，为学生创新创业实验开放实验服务 200 余次。学院依托实验室和校外实习基地作为大学生学科竞赛的基础和场地，大学生学科竞赛具有课堂教学和实践教学无法达到的特殊的教育功能，不仅可以补充课堂教学与实践教学，而且对培养大学生的创新思维与创新能力，优化人才培养的过程，提高人才培养的质量具有重要作用。同时，学科竞赛对学科建设和课程改革具有强大的推动作用，可有效提高学生解决实际问题的能力。

学院以专创融合为重点，结合我院学科专业特色，2021 年成功申报立项教育部产学合作协同育人项目 3 项。学院通过自筹和学校拨付的创新创业平台建设经费 10 多万元开展创新创业项目实践，资助 7 个创新创业团队和学院创新基地建设，参与创新创业项目学生的创新创业实践能力和综合素质得到质的提升。2022 年 72 名学生被评为校级创新创业优秀毕业生，其中 26 名被评为省级创新创业优秀毕业生，能动学院陈黄亮被评为省级创新创业优秀毕业生。

（2）开展综合实践创新课程建设。

学院持续发挥深化“课程、讲座、训练、竞赛、成果孵化五位一体”创新创业教学体系建设。面向工程技术和科技发展前沿，积极建设了虚拟仿真软件开发等前沿技术领域的综合性实践创新课程。通过组织创新创业主题讲座和专题活动、投入“双一流”专项经费10万元建设"基地+团队+实践课程"的训练体系等，资助培育了1个国家级双创团队、8个示范性大学生创新创业团队、6个大学生创新创业项目。

2021学年共有7项国家、省部级创新创业训练计划立项，本科生参与教师科研项目5项。已完成培育国家级示范性大学生创新创业团队9个（获"挑战杯"+全国大学生节能减排社会实践与科技竞赛9项），培育大学生创新创业项目7个，开发完成1门创新性实训课程，获教育部立项建设3个国家级产教融合项目。我院"太阳能板清洁机器人"项目入选2021年度国家级创新创业训练计划项目，"风力机叶片抗疲劳开裂涂层开发"等6个项目入选2021年度湖南省大学生创新创业训练计划项目。组织开展对以往年度立项项目进行中期检查、项目结题等工作。本年度共有12项创新项目完成结题，其中国家级、省级结题2项，校级结题10项。项目组成员本科生发表SCI二区期刊论文1篇、权威期刊论文1篇、授权实用新型专利3项、发明专利1项、学科竞赛国家级26项、省级4项。

（3）精心组织大学生学科竞赛。

"以赛促建、以赛促学、以赛促创"，加强大学生学科竞赛组织管理、政策引领、规定奖金分配上获奖学生占比30%以上，充分调动广大学生的学习积极性。学院以省级、国家级学科竞赛为引领，以校级竞赛为基础，积极开展形式多样的学科竞赛活动，壮大基础学科竞赛队伍，充分调动广大学生的创新积极性，造就创新生力军。

①学科竞赛配备专门责任老师。

学院对省级、国家级学科竞赛配备专门责任老师对该项赛事进行精心的培训及组织。以"节能减排大赛"为例，首先，学院举行"节能减排大赛"培训会议，从项目名称、项目核心内容、各项目说明书的细节与注意事项、项目在申报系统提交作品的相关注意事项等方面开展培训，为后续项目培育和学生参赛指明了方向；然后，通过开展"节能减排学科竞赛作品两级评审与选拔"等专题讲座，使学生了解节能减排竞赛的竞赛特点、作品特点、竞赛流程、竞赛宗旨等；最后，通过开展"节能减排大赛"作品解析讲座，使学生了解作品的创新性、经济性、实用性等，增进了学生对全国大学生节能减排大赛的了解和认识，提升了我校节能减排大赛项目作品质量。

②组建专门导师队伍。

学院组建了针对省级、国家级学科竞赛的导师队伍，共计46人，其中专职老师4人、兼职导师42人、教授8名、副教授22名、讲师12名，85%指导老师具有博士学位。同时学院建立了QQ群和微信群，为学生和指导老师之间的交流搭建了平台，不仅使导师能及时找到对竞赛和科研感兴趣的学生，而且使学生能及时找到自己感兴趣的研究方向和指导老师。学院通过积极引导鼓励教师加入该竞赛的指导团队中，拓宽指导教师视野和学习先进经验，使指导老师队伍不断完善和壮大。学生也在指导教师的带领下，逐步进入新技术的应用和科研开发的殿堂，增强学生的协同创新精神，拓宽学生的科学视野，提升学生的创新设计、工程实践和社会调查能力。

③举办科创团队经验分享会。

通过举办科创团队经验分享会，把往届优秀学长的优秀作品及科创经验进行分享，让科创团队成员了解到相关赛事，并启发科创团成员的思考。同时通过优秀学长的现身说法，通过榜样的力量，激发同学们的创新创造热情。

2021 年来组织举办校级大学生各类学科竞赛 20 余项，累计参赛学生 500 余人次。组织学生参加省级（含学会级）及以上学科竞赛 30 余项，累计参赛学生 200 余人次，等级奖以上获奖 70 余人次，其中国家级、国家协会级、国家学会及竞赛获奖 9 项，荣获“挑战杯”大学生创业计划竞赛省赛本科生金奖 1 项。

2.4.2 学院创新创业工作成效

学院坚持“以赛促学、以赛促创、以赛促教”，积极开展形式多样的学科竞赛活动，充分调动广大学生的学习积极性和创造性。2021 年度大学生创新创业训练计划项目我院立项 7 项，其中包括“太阳能板清洁机器人”大学生创新创业训练计划项目国家级 1 项、“脱脂餐厨垃圾催化热解过程中催化反应机理研究”等省级3 项、“基于二次转子的垂直轴风机叶片设计”校级 3 项；结题项目 12 项，新增教育部产学研合作协同育人项目 3 项；本科生发表 SCI 二区期刊论文 1 篇；权威期刊论文“基于能量平衡法的光伏组件瞬态温度场预测”1 篇；授权实用新型专利 3 项；发明专利 1 项。

2021 年能源与动力工程学院获得国家级奖项 26 项、省级奖项 4 项（表 2-3）。其中，第十四届全国大学生节能减排社会实践与科技竞赛国家级一等奖 2 项，国家级三等奖6 项；第十七届“挑战杯”全国大学生课外学术科技作品竞赛红色专项活动国家级三等奖 1 项；第四届中国可再生能源学会大学生优秀科技作品竞赛国家级一等奖 4 项，国家级二等奖 1 项，国家级三等奖 5 项；全国大学生英语竞赛 A 类竞赛国家级二等奖 1 项；第十五届“西门子杯”中国智能制造挑战赛华北赛区全国特等奖 1 项；第十三届“中国电机工程学会杯”全国大学生电工数学建模竞赛全国二等奖 1 项；全国大学生英语竞赛 C 类竞赛全国三等奖 3 项；全国大学生数学竞赛湖南省一等奖 1 项，二等奖 1 项；湖南省第八届大学生物理竞赛二等奖 1 项；第十四届“挑战杯”湖南省大学生课外学术科技作品竞赛红色专项赛省级三等奖 1 项。截至 2022 年 6 月底，8 人参加第十六届大学生物理竞赛，其中 1 人获校级二等奖、3 人获校级三等奖、4 人入围省赛；荣获第十三届数学竞赛校级一等奖 4 人、校级二等奖 5 人、校级三等奖 6 人；荣获“挑战杯”大学生创业计划竞赛省赛本科生金奖 1 项；荣获“互联网 +”校赛银奖 1 项、铜奖 2 项。

能源与动力工程学院 2021 年度学科竞赛获国家级/省级奖项统计汇总表　表 2-3

序号	奖项名称	获奖人/获奖单位	级别
1	第十四届全国大学生节能减排社会实践与科技竞赛	李乐　肖敏　蒋含蕾　伍乔　龙玉凤　陈黄亮　王子涵	国家级一等奖
2		梁晓琳　陈黄亮　刘自强　罗乐乐　贾栋　陈姿	国家级一等奖
3		吕贤彪　张李鹏　曲梓涵　刘佳丽　邓权	国家级三等奖
4		周刚　孔琴　王恒　江奕锦　李鹏辉　周嘉里	国家级三等奖
5		刘源园　孔茗娟　肖润珂　刘冬　杨佳　刘华梁　辛小庆	国家级三等奖
6		付翌彤　阳小伍　徐伟鹏　黄梦轩　贝天佑　张晨维	国家级三等奖
7		周刚　孔琴　王恒　江奕锦　李鹏辉　周嘉里	国家级三等奖
8		刘源园　孔茗娟　肖润珂　杨佳　刘冬　刘华梁　辛小庆	国家级三等奖
9	第十七届“挑战杯”全国大学生课外学术科技作品竞赛红色专项活动	刘源园　赛福亚·伊克拉木　王彦喃　孔茗娟　魏志强　邝雨立　熊兴于	国家级三等奖
10	第四届中国可再生能源学会大学生优秀科技作品竞赛	李乐　陈黄亮　肖敏　蒋含蕾　伍乔　龙玉凤　王子涵	国家级一等奖
11		王某浩　郑子俊　张金玉　肖祥勋　梁志成　薛峰　慎颖琪	国家级一等奖
12		周刚　孔琴　王恒　江奕锦　李鹏辉　周嘉里	国家级一等奖
13		冉佳敏　杨佳彬　唐新　张丽娟　李恒宇　唐子京	国家级一等奖
14		沈冠骞　李乐　熊兴于　范思桐　邓楚君	国家级二等奖
15		李莹　邓张之　张雨露　黄依铭	国家级三等奖
16		薛以浩　刘佳琪　李杨　莫雅　喻一帆　张弘扬	国家级三等奖
17		李寰宇　万玮　彭筱　宋海钊　何岳峰　余雨俊	国家级三等奖
18		金锦荣　薛宇浩　喻一帆　莫雅　刘佳琪　李扬　张弘扬	国家级三等奖
19		罗静　张圆　彭子安　陈烨　朱子阳　张航	国家级三等奖
20	全国大学生英语竞赛 A 类竞赛	吴林	全国二等奖
21	第十五届“西门子杯”中国智能制造挑战赛华北赛区	温柔	全国特等奖
22	第十三届“中国电机工程学会杯”全国大学生电工数学建模竞赛	田俏俏　单双波	全国二等奖
23	全国大学生英语竞赛 C 类竞赛	郭楚	全国三等奖
24		慎颖琪	全国三等奖
25		廖惠民	全国三等奖

续上表

序号	奖项名称	获奖人/获奖单位	级别
26	第十四届“挑战杯”湖南省大学生课外学术科技作品竞赛红色专项赛	刘源园　赛福亚·伊克拉木　王彦喃　孔茗娟　魏志强　邝雨立　熊兴于	省级三等奖
27	湖南省第八届大学生物理竞赛二等奖	刘群星	省级二等奖
28	全国大学生数学竞赛湖南省一等奖	左佳文	省级一等奖
29	全国大学生数学竞赛湖南省二等奖	黄思凡	省级二等奖

2.5 计算机与通信工程学院

计算机与通信工程学院现有教职工131人，其中正高级职称21人，副高级职称48人，博士生和硕士生导师51人；拥有科睿唯安全球高被引科学家1人、英国工程技术学会会士（IET Fellow）1人、湖南省杰出青年基金获得的1人、湖南省“芙蓉学者（青年）”1人、湖南省“外专百人”1人、湖南省“海外名师”2人，“湖湘学者”特聘教授2人，湖南省普通高校学科带头人2人，湖南省普通高校青年骨干教师10人。形成了一支治学严谨、教学和学术水平较高、工程实践经验丰富的师资队伍。

学院现设有计算机科学与技术、软件工程、通信工程、网络工程、数据科学与大数据技术5个本科专业。其中，计算机科学与技术专业1992年开始招收本科生，2005年被认定为湖南省重点专业，2008年被认定为湖南省特色专业，2010年被批准为国家教育部“第二类特色专业建设点”，2013年入选国家教育部“卓越工程师教育培养计划”，2019年通过教育部工程教育专业认证，计算机科学与技术、软件工程专业2020年获批国家一流专业建设点；网络工程专业获得湖南省专业综合评价A类（第一名）。

学院现有水利信息工程自主设置二级学科博士学位授权点；交通信息工程及控制二级学科博士学位授权点；计算机科学与技术、软件工程、信息与通信工程3个一级学科学术型硕士学位授权点；电子信息类别专业硕士学位授权点，涵盖计算机技术、软件工程、电子与通信工程、安全工程4个方向。其中，计算机科学与技术学科为湖南省重点培育学科、校区域（行业）一流建设学科。学院拥有“综合交通运输大数据智能处理”湖南省重点实验室；拥有5个中央与地方共建实验室；拥有湖南物品编码和自动识别工程技术研究中心、软件信息安全研究院、脑机接口及脑信息处理等研究性实验室。

学院高度重视学生实践能力培养，拥有省内高校规模最大的云计算教学平台，目前已投入使用并在教学中发挥出越来越大的作用。同时,学院拥有嵌入式系统实验室、计算机组成与系统实验室、接口技术实验室、FPGA(现场可编程门阵列)实验室、EDA(电子设计自动化)实验室、移动计算实验室、网络与信息安全实验室、软件工程实验室、软件测试实验室、4G通信仿真实验室、云计算实验室、人工智能实验室等多个高水平教学实验室。

2.5.1 学院创新创业工作管理措施

(1)平台建设。

①组建院级"大学生科技创新平台"。

2012年,学院将理科楼二楼机房改造成大学生科技创新平台,设有300多个工位,以全方位开放的方式吸纳本院学有余力的学生开展各类科技创新活动。平台建立以来,已有ACM、凡路、嵌入式、物联网、AI、MAT、Jswing、华云、通信、云作坊、酷开等11个科创团队和1个校企合作俱乐部入驻。

②设立"创新人才培养与学科竞赛工作组"。

2018年,学院设立"创新人才培养与学科竞赛工作组",工作组由学院领导牵头,专人负责,对科创人才培养和学科竞赛开展专项指导。

③成立"科创平台办公室"。

2020年,学院成立"科创平台办公室",设主任、秘书岗位,统筹管理学院各类学生科创团队及学科竞赛活动。

(2)制度建设。

对于竞赛工作,制订了"计通学院学科竞赛工作细则(试行)"。工作细则中包含了组织架构、竞赛项目分配、工作职责、奖金及业绩分配四大板块,对科创团队竞赛工作进行了详细指导。在日常考勤方面,制订了"计通学院大学生科技创新平台考勤制度"。考勤制度对考勤对象、考勤办法、考勤评价三个方面做出了详细规定,对科创平台的考勤管理起到积极作用。在团队调整方面,制订了"关于对学院大学生科技创新平台调整的方案"。每年根据各平台的考勤、活跃程度等对平台做出调整,营造良好的大学生科创氛围。

(3)积极举办各类赛事。

积极主办、承办院、校、省、国家各级学科竞赛,不同类型、级别的竞赛为不同层次的学生提供了发挥创意、磨练技能的载体,在学院形成了浓厚的学科竞赛氛围。例如:

①2005年,创办了长沙理工大学"ACM程序设计网大赛",至今已连续举办16届,是学院历史最悠久的学科竞赛品牌。2021年,全校6个学院、300名选手组成了100支队伍参加了大赛。大赛对参赛选手的程序设计能力、逻辑分析能力、策略制定等能力具有极大的挑战性。在5个小时持续高压的状态中参赛选手的创造力和团队合作精神体

现得淋漓尽致。

②2015 年,创办了长沙理工大学“物联网大赛”,至今已连续举办 6 届,比对接的湖南省省赛还早 2 年,成为计通学院学科竞赛的新名片。

③2018 年承办“湖南省大学生物联网创新设计竞赛”。大赛含创意赛、需要现场操作的挑战赛、技能赛三个子赛,全省近 600 名师生参加。

④2020 年承办“湖南省大学生程序设计竞赛”。含 ACM 程序设计、作品赛、机器人三个子赛,全省近 1000 名师生参加。

⑤2020 年、2021 年,承办“蓝桥杯”省、国赛。

⑥2021 年,承办“华为 ICT(信息通信技术)大赛省初赛”。

⑦2022 年,承办“全国大学生信息安全竞赛创新实践能力赛(华中赛区)”。

(4)赛教结合。

以赛促学、以赛促教、以赛促改,将学科竞赛与教学改革紧密结合起来。

①以学科竞赛为驱动,建设贯穿大学学业全过程的创新型人才培养课程体系。

大一的导入类课程激发专业兴趣、学习团队合作、转变被动学习方式,引导中、高年级学生参与不同层次的学科竞赛,将有限的课程学习辅助以大量的课外创新实践,将堆积于大三、大四的专业实践均匀分布到四年。从而构建了以学生为主体、以教师为导向、以学科竞赛为驱动的创新型人才培养课程体系。

②以学科竞赛为驱动,促进课内实践教学内容与教学方法的更新。

学科竞赛较为集中地反映了专业领域的新发展和社会的新需求,在实践教学环节引入学科竞赛的新技术、新思维和新原理,更新老旧选题;指导教师在带队参赛的实践过程中,通过同行师生之间的交流,带回成功的教学实践经验,利用参赛环节的反馈信息及时调整教学计划和教学方法。

以上举措可以促进实践教学内容与教学方法的更新,使其适应“新工科”要求,培养“新基建”的生力军。

③以学科竞赛为驱动,促进学生评价机制改革。

有条件的理论课程,如:“程序设计”课程以 CCFCSP(计算机软件能力)认证成绩作为考核依据,“网络互联技术”课程以华为 ICT 实践赛成绩作为考核依据;有条件地在实践教学环节鼓励选择参与某一类竞赛,通过赛前动员、经验交流、技能培训、选拔、参赛等环节,引导学生“上赛道”,变学生的被动学习为主动参与,弥补实践教学环节的不足;打通竞赛与课程学分互认的通道,加大竞赛获奖在学生评优、推荐免试研究生中的力度。

以上举措可以实现课内课外学习的相互促进,提高学科竞赛覆盖率,鼓励更多的学生投入到创新创业实践中来。

2.5.2 学院创新创业工作成效

(1)科创团队活跃。

目前,学院有11个活跃的学生科创团队,每个科创团队配一位牵头的责任老师,负责学生团队的全面管理。各科创团队根据兴趣爱好,结合学院需求,自主开展多方向、多领域的科创活动。以下是学院有代表性的四个科创团队:

①ACM(美国计算机协会)科技创新团队。

团队成立已有近18年的历史。团队将培养学生程序算法设计能力与提高团队合作能力相结合,提升队员的学习能力、程序设计能力、韧性和意志力。在当今人工智能和大数据迅猛发展的大环境下,培养具有行业核心竞争力的算法人才。

②凡路科技创新团队。

成立于2012年9月,分七个部门:硬件技术部、系统技术部、服务端技术部、前端开发部、移动端开发部、游戏开发部、产品策划部,以"创新、规范、传承、感恩"为文化精神,集学科竞赛、外包服务、自主创新于一体,以移动互联网和物联网为特色,是长沙理工大学规模最大、发展最快、技术门类最齐全的IT创新创业团队之一。

③嵌入式科技创新团队。

成立于2009年,以嵌入式计算机前沿技术为核心,结合ARM、DSP、FPGA等嵌入式硬件平台及uCOS、Linux、WinCE、Android等嵌入式操作系统进行系统学习,主要通过嵌入式软硬件项目研发实训及学科竞赛来进行理论与实践的结合,着力提升学生的理论水平、工程能力、团队精神和创新意识,坚持为培养嵌入式综合高级专业人才探索前行。

④物联网科技创新团队。

团队创建于2015年。以学院科创平台和物联网创新实验中心为依托,紧紧围绕学科竞赛、社会服务、创新性学术研究三大目标,积极开展学科竞赛、创新创业和外包服务活动,以智能物联网为特色,培养本科生的科技创新和工程实践能力,是学院技术扎实、发展最快的科创团队之一。

(2)参赛项目广。

根据《长沙理工大学2020年大学生学科竞赛情况分析报告》数据,我院作为责任单位的竞赛项目数为9项,实际有效组织参赛的项目数为8项,参赛率89%。2020年纳入全国创新人才培养暨学科竞赛评估的项目数(本科)为54项,我院负责项目、参赛项目为全校最多。

(3)获奖数量多。

2018—2021年,学院获得国家级竞赛奖励181项,位列学校前茅,其中2021年63项,为我校位列2021年全国普通高校学科竞赛(本科)排行榜第22名做出了重要贡献。2018—2021年获奖详细数据见图2-2。

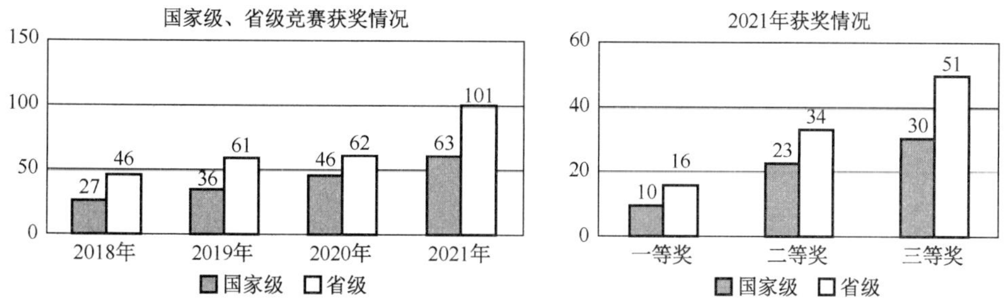

图 2-2 2018—2021 年学院竞赛获奖统计

2.6 设计艺术学院

长沙理工大学设计艺术学院是培养设计艺术类高素质复合型人才的专门学院,学科专业源于 1973 年(湖南省轻工业学校的工艺美术专业),是湖南省开设设计学科时间最早、影响最长远的高等院校。经过近 50 年的专业与学科建设,学院拥有“艺术产业管理”二级学科博士点,“设计学”一级学科硕士学位和“艺术设计”专业硕士学位授权点。学院目前开设数字媒体艺术、工艺美术、环境设计、视觉传达设计、影视摄影与制作、艺术管理等 6 个设计学本科专业,其中数字媒体艺术、视觉传达设计、环境设计3 个专业为国家级一流本科专业建设点。

设计艺术学院现有全日制在校本科及研究生共计学生 2000 余人,教职工 136 人,其中专任教师 112 人,均来自国内外一流高校及研究院所。经过长期的教学科研积累,学院已形成了自身的教学科研特色和优势,拥有现代媒体创意产业学院(湖南省首批省级现代产业学院)、教育部产学合作协同育人项目中心、国家视频公开课、国家级虚拟仿真实验教学项目、全国人文社会科学普及宣传基地、湖南省实践教学示范中心、湖南省创新创业实践教育中心——工艺美术设计实验中心、湖南省数字媒体艺术创新创业实践教育基地——潇影集团、湖南省工艺美术产品工业设计中心、品牌传播与创意设计研究所等教学科研平台,在设计艺术专业领域内有较大影响力。2018 年在奥地利首都维也纳成立“长沙理工大学维也纳设计艺术工作室”,致力于长沙理工大学与欧洲各国的艺术交流。学院与英国诺森比亚大学和美国加州州立大学均有双学位合作项目。学院注重学生综合素质的培养和创新能力的提高,在校学生设计作品多次在国内外艺术设计竞赛中获奖,校友中涌现出一批以获得世界之星设计艺术最高成就奖、德国 IF 奖、红点奖等设计大奖的著名设计师和业内著名学者为代表的杰出校友。

2.6.1 学院创新创业工作管理措施

(1)全程式创业教育体系为学生搭建创业平台。

学院创造性地建立了以现代媒体创意产业学院(湖南省首批省级现代产业学

院)及创新创业实践教育中心为教学主体的"创业知识普惠教育—创业人才重点培育—创业精英提高教育"三层次创新创业教育人才培养新模式和以各系部为依托的"专业+创业"的创业人才培养辅助模式;创立"理论教学+技能培养+实践训练"的三模块相衔接的教学法,并通过"点面结合、创业理论与创业实践结合、校内外创业相结合"的三个结合,调动校内外一切创新创业资源与手段全方位为学生点燃创业激情,营造创新创业氛围,提供创业环境,搭建创业平台。这样,通过上述"区分三个层次,构建三个模块,注重三个结合"的全程教育,使在校学生、应届毕业生和已毕业的校友接受不同层次的创新创业教育,从根底到提高,从提高到拔尖,全程辅助学生的创新创业之路,实现为地方经济开展培养创新创业高素质复合型人才的教育目标。

(2)制订创新创业教育各层次的人才培养方案,进行课程建设,编写特色教学方案。

设计艺术学院针对创新创业教育体系的三个层次,制订了相应的人才培养方案和教学方案。建设和遴选符合我省产业发展基本情况的创新创业教育课程,建设包括编写根本理论、模拟练习和案例分析等根本内容的《设计思维与创新实践》课程(该课程已获批2020年度湖南省一流课程)及《服务设计与创新实践》(该课程已获批2021年度湖南省一流课程),并将国内外一些优秀的教材作为根底教材的补充;鼓励和组织专家根据多元化需求,同时将"创业高级""科技创业""新企业创立""内部创业""创业财务"等内容融入专业教学,并编写有地方特色的案例集以形成教材,结合专业实际,将有特色的讲义、创业成功人士的优秀案例汇编成册。

(3)学院通过聘用与引进相结合的方式,创立双元双师型教学模式,建立一支"创新+创业+专业"的双师型教师队伍。

设计艺术学院在创新创业教育上打破传统的教师队伍结构,实行"双元双师"型教学模式,即理论教学体系和实训实践体系的"双元"与课堂理论教师和企业家导师的"双师"相结合,拥有双师型教学团队、管理心理学团队和风险评估团队三支队伍。

一是选派业务水平较高、有创新精神和敬业精神的创业教育教师进修学习,提高教学实践能力,并加强学院与企业的合作互动,定期派遣创业专职教师到企业生产一线参与生产、经营和管理全过程,提高教师的实践和创新能力;

二是引进和聘任一些经验丰富的成功企业家、创业者、技术专家做兼职教师,充实和优化教师队伍。截至2021年底相继聘请了37名省内著名民营企业家和创业成功的外事校友,担当学生的实践指导教师,包括深圳柏星龙包装创意设计股份有限公司总裁赵国祥、易高设计总裁廖羽、创业明星我的花匠创始人夏毅等,他们成功的创新创业实践带动了当地的经济开展,对指导学生创新创业实践活动发挥了极其重要的示范作用。

(4)“创业竞赛+实训实践”,为创业教育打造良好环境。

设计艺术学院积极组织学生参与全国及省市大学生创业竞赛活动,并屡次获得全国和省级金、银奖项。加强学院的创业实训实践教学环节,双师型教师指导学生进行策划方案书的设计与创业模拟实训,利用学院乃至学校多个实训室,通过虚拟空间和现有平台操作,使学生完成项目初创的全流程培训。学院于2020年10月21日和2021年11月3日,相继举办两届设计艺术学院大学生创业节和创业论坛,得到学校职能部门、社团及合作企业的支持和省内各高校大学生的热烈响应,同时鼓励学生积极参与社会实践项目,从中优化出项目种子,以“互联网+”“挑战杯”等重要学科竞赛为抓手培育出一批创新创业项目。

(5)创立“创业教育+技能培训+园区孵化+政校企联手”四位联动创业孵化模式,助推学生创新创业工程健康开展。

实施学生、院校和社会结合的就业创业体系。以学生创新创业为基石,创业带动就业。积极参与我省大学生创新创业基地、创新创业孵化园的建设及入驻,为学生提供良好的效劳平台,努力为每一位毕业生注入创新创业的意识,达到广种广收的效果。

设计艺术学院现有2000余平方米创新创业实践教育中心(艺术设计实践教学中心)及包括9间共计540平方米的学生工作室(孵化园),同时,学校还设有政策优惠的大学生创新创业产业园区,供有创业意愿的学生或校友申请使用。自2016年开始,学院先后与潇湘电影集团、国家级马栏山(长沙)视频文创产业园、国家级天心区(长沙)广告产业园等园区合作建有创新创业实践教育基地,为我院的创新创业教育提供了广阔的平台,至今已经有多家大学生创业工程孵化成功,走向社会。

设计艺术学院于2016年9月成立了现代媒体创意产业学院,2021年获批湖南省首批现代产业学院,2017年成立了“创新创业实践协会”,以上平台与团体有望成为创业动态、创业政策、创业资讯发布的窗口和创新创业理论研究成果发表的阵地,将为构建“人才培养,机制创新,政、产、学、研联手,工程扶持,企业孵化”五位一体的大学生创新创业“培养链”提供智力支持和信息效劳。

2.6.2 学院创新创业工作成效

设计艺术学院以创新创业孵化基地(学生创新创业工作室)为阵地,积极指导、培育创新创业团队和工作室。2016年4月7日,设计艺术学院大学生创新创业孵化基地挂牌仪式正式举行,总面积达到420平方米。2019年又整合了2间共计124平方米的工作室,自此形成有组织有规模的校园孵化园区。学生专业工作室从人员选拔、培训考核、到对外承接景观设计、室内设计项目、影视动画制作项目等都是由学生独立完成,这对于学生专业能力、综合素质的提升都是很好的锻炼。同时我们积极推动建立工作室与学校、企业、政府相衔接的专业服务体系,鼓励学生将所学的知识与实践相结合,缩短了就业的磨合期。蒙桔子摄影工作室已成长为校内外知名的摄影机构，数媒工作室承接了校内外各大晚会和商业机构的视频拍摄制作，他们收费最高的三维动画制作曾达到每秒1000元。此外，专业工作室也是孕育竞赛团队、培育专业学霸的基地，三年来以优异的专业成绩和突出的学科竞赛成果成功保研的本院应届毕业生中有14人在专业工作室学习实践过，其中6人是工作室负责人。

设计艺术学院注重培育专业创新创业团队，2016年5月，7个学生专业创新创业团队和3家学生注册的公司、60余名学生入驻学校创新创业园，产生了较大的影响力和一定的经济效益。2013级学生胡志刚成立的长沙艺水寒网络科技有限责任公司，组织了“长沙市第一届大学生艺术作品公益展”，先后向社会团体和校国际交流中心售卖学生艺术作品近3万元，被中国公益新闻网、湖南日报、今日头条等多家媒体争相报道；2014级学生徐杰成立的长沙诺影文化传媒有限公司承接了纪念办学60周年大型晚会视频、志愿者T恤衫、各学院卡通形象展示等设计制作业务；2014届校友王建平不仅是学校创新创业园的设计、装修者，同时也把他的第二家新公司定在创业园中办公，吸纳我院在校生参与公司初创，并投入到新公司从设计到施工的全过程；2014级长生设计团队承接了学工部会议室、外国语学院圆厅外廊、国际学院新办公室的设计装修业务；艺力量创新团队暑假赴周家岭村打造新农村封面工程并为该村十一月份销售的生态葡萄义务设计外包装，为精准扶贫贡献自己的力量；2014级视觉传达设计专业学生曹雷，以在校期间主持的平面设计创新工作室为基础，毕业后创办了“长沙艺间无二文化传媒公司”；2016级数字媒体艺术专业学生蒙桔子在校期间以学院的创新创业孵化园（学生创业工作室）为基础，创办了“桔子影视”工作室，期间为省内外各高校毕业生提供校园影像服务，年收入达30余万元，毕业后前往深圳，将专业工作室成果孵化成“深圳桔子影视创意制作有限公司”，目前公司员工近60余人，年营收近1000万元；2018级数字媒体艺术专业应届毕业生吴一力，借助学院创新工作室的平台创办了“悟镜文化传媒有限公司”。

设计艺术学院学生在创新创业教育工作的带动下，专业学习和创新实践积极性日益高涨，学科竞赛获奖率也在逐年提升，从2015年起连续四年学生陈松钦、张中阳、郭宇航、金佳阳等获得了全球“红点设计概念奖”，在“互联网+”大学生创新创业大赛等比赛上也取得了优异的成绩，例如：2014年由王琦老师指导，马江鹏同学负责的《艺基金——艺术生作品展销平台》获得2014年“创青春”全国大学生创业计划大赛铜奖；2016年，由苏智、武巧琳老师指导，邢海伦同学负责的《艺力量——留守儿童彩色童年梦艺术公益创业项目》获得湖南省“创青春”大学生创业大赛铜奖；2016年由王龙老师指导、廖羽、陈松钦等同学负责的《易高设计》获得第二届“互联网+”创新创业大赛全国银奖、湖南省金奖；2016年由李娜老师指导、陈炜铭同学负责的《云荷公交站台系统》获得湖南省第二届“互联网+”创新创业大赛银奖；2020年由王清老师指导、朱杰同学负责的《城郊小农户农产品流通模式创新研究——基于长沙市5区28个城郊村调研》获得第十六届“挑战杯”全国大学生课外学术科技作品竞赛一等奖；2021年由邓寒松老师指导、刘子涵同学负责的《庭院里的诗意乡愁——让每个农民都能拥有“最美庭院”》获得第七届“建行杯”中国国际“互联网+”大学生创新创业大赛国赛三等奖；2021年由潘晓霞老师指导、刘晓茹同学负责的《新媒体视域下的红色文化传承——红色经典影像修复调研与实践》获得第十七届“挑战杯”全国大学生课外学术科技作品竞赛一等奖。

CHAPTER 03 第3章

典型创新创业（活动）赛事组织经验

3.1 中国国际“互联网+”大学生创新创业大赛

3.1.1 赛事介绍及发展

中国国际“互联网+”大学生创新创业大赛,是由教育部与政府、各高校共同主办的一项技能大赛。大赛旨在深化高等教育综合改革,激发大学生的创造力,培养造就“大众创业、万众创新”的主力军;推动赛事成果转化,促进“互联网+”新业态形成,服务经济提质增效升级;以创新引领创业、创业带动就业,推动高校毕业生更高质量创业就业。自2015年举办第一届大赛以来,迄今已成功举办七届。目前,大赛设置有高教主赛道、青年红色筑梦之旅赛道、产业命题赛道、国际赛道、职教赛道、萌芽赛道。

大赛目的:以赛促学,培养创新创业主力军。大赛旨在激发学生的创造力,激励广大青年扎根中国大地了解国情民情,锤炼意志品质,开拓国际视野,在创新创业中增长智慧才干,把激昂的青春梦融入伟大的中国梦,使青年努力成长为德才兼备的有为人才。

以赛促教,探索素质教育新途径。把大赛作为深化创新创业教育改革的重要抓手,引导各类学校主动服务国家战略和区域发展,深化人才培养综合改革,全面推进素质教育,切实提高学生的创新精神、创业意识和创新创业能力。推动人才培养范式深刻变革,形成新的人才质量观、教学质量观、质量文化观。

以赛促创,搭建成果转化新平台。推动赛事成果转化和产学研用紧密结合,促进“互联网+”新业态形成,服务经济高质量发展,努力形成高校毕业生更高质量创业就业的新局面。

3.1.2 本赛事学校成绩

我校在中国国际“互联网+”大学生创新创业大赛中成绩优异。七届大赛累计获得省赛奖项88项,其中,一等奖32项,二等奖34项,三等奖22项;国赛获奖27项,其中,金奖2项,银奖5项,铜奖20项。

我校在首届中国“互联网+”大学生创新创业大赛全国总决赛中,有3个项目入围全国百强,且最终取得2项金奖和1项银奖的优异成绩,竞赛成绩名列全国高校第6名,学校荣获大赛“集体奖”。在第二届中国“互联网+”大学生创新创业大赛中,我校在省赛中共获得5项金奖,4项银奖,2项铜奖,在获奖数量、级别以及进入全国总决赛的项目数量方面,均在我省高校中排名第一;在武汉举行的全国总决赛中,获得2项银奖、2项铜奖,在湖南高校中总成绩排名第一。在第三届中国“互联网+”大学生创新创业大赛中,我校在省赛中共获得5项金奖,4项银奖,1项铜奖,在获奖数量、级别以及进入全国总决赛的项目数量方面，均在我省高校中排名第一，我校也是在这项大赛中连续夺得三届省级复赛的总冠军；在西安举行的全国总决赛中，获得 1 项银奖、3 项铜奖，在湖南高校中总成绩排名第一。在第四届中国"互联网 +"大学生创新创业大赛中，我校在省级竞赛中获得 3 项金奖，7 项银奖和 3 项铜奖的优秀成绩，并获得大赛优秀组织奖；在全国总决赛中，我校获得 1 项银奖和 2 项铜奖的优秀成绩，名列全省高校前茅。在第五届中国"互联网 +"大学生创新创业大赛中，我校在省级竞赛中获得 7 项金奖，7 项银奖和 2 项铜奖的优秀成绩，并获得大赛优秀组织奖；在全国总决赛中，我校获得 3 项铜奖。在第六届中国"互联网 +"大学生创新创业大赛中，我校在省级竞赛中获得 2 项金奖，8 项银奖和 8 项铜奖的优秀成绩，并获得大赛优秀组织奖；在全国总决赛中，我校获得4 项铜奖。第七届中国"互联网 +"大学生创新创业大赛中，我校在省级竞赛中获得8 项金奖，2 项银奖和 3 项铜奖的优秀成绩，并获得大赛优秀组织奖；在全国总决赛中，我校获得 6 项铜奖。

3.1.3 赛事组织主要举措

（1）坚持正确的育人导向。坚持立德树人，培养创新人才，坚持以学生为中心，充分发挥学校办学优势和特色，在不同领域各展所长，提高创新型人才培养质量；坚持注重实效，促进创业就业，整合校内外资源，鼓励创新创业，强化政策落实，确保取得实效，充分调动和发挥全校大学生的积极性；坚持完善机制，激发双创活力，建立健全创新创业机制，完善创新创业激励措施和保障机制，努力把学校打造成大学生创新创业高地。

（2）高度重视，加强领导。中国国际"互联网 +"大学生创新创业大赛（A 类赛事）在中国高等教育学会发布的普通高校学科竞赛目录中排名第一，在教育部印发的《普通高等学校本科教育教学审核评估实施方案（2021—2025 年）》中将获奖数量列为考核指标必选项，更是国家级、省级一流专业申报、验收的必填项。各学院高度重视此项工作，广泛动员学生、教师积极参与竞赛活动，深入挖掘校友资源，形成竞赛的群众性基础；做好赛事的宣传动员，通过组织获奖团队分享会、赛事宣讲会等方式扩大赛事影响力，充分调动教师、在校生和毕业生参与的积极性。

（3）整合资源，认真组织。各学院认真做好项目推荐工作，充分发挥创新创业社团的作用，鼓励本、硕联合组队，在确保参赛项目数量的前提下，深度挖掘学科特色、前沿交叉、科技成果转化的优质项目；主动为在校生和毕业生参与大赛提供必要的条件和支持，要整合校友资源形成合力，加强对参赛项目的指导和培育。

（4）广泛动员，层层选拔。积极发动组织各二级学院学生参赛；提供"大创"项目资源与"互联网 +"大赛项目对接支持，鼓励各学院符合条件的项目团队积极参赛；鼓励大学生创业园创业孵化团队积极参赛；实行院赛、校级半决赛、校级决赛三级赛制，通过层层选拔，精准选出优秀团队重点培育，举办暑期训练营，邀请国赛专家一对一指导，精雕细琢，冲刺省赛和国赛。

(5)加强正向激励，激发团队活力。对在各级“互联网+”大学生创新创业大赛中获奖的指导教师团队、参赛学生团队，以及组织单位，分别根据学校有关奖励政策给予相应奖励。

3.1.4 优秀获奖作品示例

示例1 项目名称：切糕王子

指导老师：艾楚君

学生团队：阿迪力·买买提吐热、蒋春杨、蒋金亚

竞赛获奖：实践项目国家级金奖(第一届，2015)

作品简介：阿迪力·买买提吐热受“切糕事件”影响，他决定和两位同学合伙，投入几万元人民币起家的“买买提切糕店”正式亮相淘宝网，从此开始他的切糕创业之路。为了让阿迪力圆梦，学校帮着联系生产基地和新闻媒体，并帮助完成了公司的工商注册。2014年5月，阿迪力·买买提吐热的切糕加工厂还是长沙市岳麓山脚下一间140多平方米的“小作坊”，生产和销售由三个人完成，一个月只有十来个订单，生存十分艰难。学校负责创新创业教育的领导老师多次去他的“小作坊”了解情况，并给予帮助。一年多后，简陋的切糕加工厂已被现代化的成套机械设备取代。作为公司董事长的阿迪力·买买提吐热，工作重心由单纯切糕制作，转向企业的管理运营。2015年，阿迪力的团队入驻了新改造完成的大学生创新创业园，10月21日，阿迪力带着他的“切糕王子”创业团队在中国国际“互联网+”大学生创新创业大赛决赛中摘得金奖，他的项目被很多国赛评委和资深投资人点赞，从此，湖南梦想起航电子商务有限公司有了飞跃式的发展，如图3-1、图3-2所示。

图3-1 公司LOGO

图3-2 团队成员

示例2 项目名称：电力互联网故障自愈控制系统

指导老师：曾祥君

学生团队：芮可欣、张卫明、郑可、邹立婷、向运琨

竞赛获奖：创意项目国家级金奖（第一届，2015）

作品简介：目前电力线路出现故障时，一般会采取手动倒闸，并通过人工巡线来查找故障所在，不仅停电时间长，影响范围大，另外人工巡线费时费力。而该团队将信息互联网技术融入电力工业生产后，利用信息流控制能量流，研发出了电力互联网故障自愈控制系统。安装电网自愈系统的电网发生故障后，无须人工干预，自动对故障进行远程检测、高精度定位，随后智能控制远方分段开关，将故障与非故障区域隔离开，自动恢复供电，团队成员如图3-3所示。

图3-3 团队成员合影

示例3 项目名称：为美丽乡村加分——“最美庭院”模块化低成本的改造方案

指导老师：文丽丽、邓寒松、武巧琳

学生团队：刘子涵、马凯文、黄绥妤、张安琪、刘小瑞、公瑞、钟鑫、李芷芊、赵莲、王晓坤、赵欣蔚、王鹏冰、司奕垚、冯程宇、杨浩正、成海睿、周江波、张洁、潘雨昕、陆雄飞、高鹏

竞赛获奖：青红赛道国家级铜奖（第七届，2021）

作品简介：

（1）主要原理。

改善农村人居环境，建设美丽乡村是践行“绿水青山就是金山银山”理念的有力举措。“中国要美，农村必须美”，在乡村振兴背景下美丽庭院的建设就被赋予了更深刻的内涵。美丽庭院建设作为优化环境、培育乡风、调控生态和传承文明的突破口，事关乡村振兴这个“大战略”。

由项目团队前期对湖南省邵阳地区、株洲地区的美丽庭院建设情况展开的实地调研发现，由于成本条件和审美意识的问题导致美丽庭院的建设普及难以规模化推进，由此，项目创新性提出庭院建设的新模式解决庭院建设中出现的问题。项目计划采用线上+线下的模式，打造一站式服务平台，将乡村特色之美融入庭院设计之中，打造具有乡土文化的庭院美景。线上提供小程序为乡村居民创建可搜索、可学习、可参考的设计

素材库。以闲置废旧物品为主题，开发同一物品的多种设计改造方案、不同物件组合设计方案，提供了针对不同群体的高、中、低档的基础方案与可定制化方案，满足村民的多样化需求。线下计划通过美育小讲堂、收集乡土情老物件、参观美丽庭院等系列活动，以就地取材、废旧物品的审美性应用、因地制宜的低成本改造方式，推动规模化改造建设，开发美丽庭院的社会价值、生态价值及经济价值，最终实现美丽庭院建设达到降低村民创建成本、提升人居环境品质、传承乡土文明、促进村民增收和节约社会资源的目的。

(2)创新点。

①多渠道提升整体庭院改造意识。

村民们对于庭院改造存在不想改、改不起、改出来不好看三种主要想法，这与建设美丽乡村的总体思路相悖。

团队对此开设美育课堂助力村民庭院改造意识的提升。采用线上线下相结合的方式，深入乡野教授什么东西能用来改造，什么样的庭院才是美的这类美育知识，同时形成体系课程，线上随时随地能够查看。提升社会整体美学素养的同时，改变村民们对于庭院改造的意愿。同时，团队在邵阳市枧杆山村等地建设了 16 个示范性庭院，让人们对于庭院改造的效益有更加直观的感受。

②与互联网相通发挥数字时代的力量。

为使项目服务更多人群，团队开发了线上小程序整合所有线下资源，包括美育课堂、示范庭院展示、VR 自主庭院设计等功能，让受众足不出户就能完成最终效果的模拟查看和庭院改造的预定。同时线上平台提供多方交易互助，连通村庄、高校、商家和政府，实现资源互通，真正低成本地改造庭院。

③就地取材实现低成本庭院改造。

国内乡村由于受经济条件制约，庭院建设以生产型需求为主，庭院设计被忽视，庭院面貌以盲目模仿城市庭院和“西洋风”为主，缺乏专业设计提供解决方案。

本团队以就地取材、废物利用为原则进行庭院改造，融合当地特色的同时实现最低成本的改造。青年志愿者发挥自身专业优势进行艺术设计改造，最终庭院改造报价与商业报价相比能够节省 20% 以上。

④模块化建设传承乡土文明。

据当前市场调研情况来看，农村庭院多为水泥地、泥巴花园，院子里养着家畜晒着谷的状态，千户一面，可改造程度高。同时农村庭院建设均未完成庭院建设的起步发展，存在大量建设空白，没有专业项目提供解决方案。本团队主要提供整村设计改造，以当地特色进行艺术设计和取材，融入当地文化内涵，传承乡土文明，留住乡愁。结合当地地形与文化民俗，整村特色保持统一的同时兼顾村户自家需求，模块化统一，展现村庄独特魅力，如图 3-4、图 3-5 所示。

图 3-4　团队作品照片

荣誉证书

HONORARY CREDENTIAL

项目名称：为美丽乡村加分——"最美庭院"模块化低成本改造的解决方案

在第七届长沙理工大学"互联网+"大学生创新创业大赛中，荣获青年红色筑梦之旅赛道，公益组一等奖。特发此证，以资鼓励。

负责人:刘子涵　　指导老师：文丽丽、邓寒松、武巧琳

团队成员：刘子涵、黄练妤、马凯文、张安琪、刘小瑞、李芷芊、公瑞、高洁、赵莲、陆雄飞、王晓坤、赵欣蔚、王鹏冰、司奕垚

推荐学院：设计艺术学院

长沙理工大学

二〇二一年六月

图 3-5　获奖证书

3.2　"挑战杯"全国大学生系列科技学术竞赛

3.2.1　赛事介绍及发展

"挑战杯"竞赛是"挑战杯"全国大学生系列科技学术竞赛的简称，是由共青团中央、中国科学技术协会、教育部和中华全国学生联合会共同主办的全国性大学生课外学术实践竞赛。"挑战杯"竞赛在中国共有两个并列项目，一个是"挑战杯"中国大学生创业计划竞赛，另一个则是"挑战杯"全国大学生课外学术科技作品竞赛。这两个项目的全国竞赛交叉开展，每个项目每两年举办一届。竞赛的发展得到党和国家领导同志的亲切关怀。历经十届，"挑战杯"竞赛已经成为：

(1)吸引广大高校学生共同参与的科技盛会。从最初的 19 所高校发起，发展到 1000 多所高校参与；从 300 多人的小擂台发展到 200 多万大学生的竞技场，"挑战杯"

竞赛在广大青年学生中的影响力和号召力显著增强。

(2)引导高校学生推动现代化建设的重要渠道。成果展示、技术转让、科技创业，让“挑战杯”竞赛从象牙塔走向社会，推动了高校科技成果向现实生产力的转化，为经济社会发展作出了积极贡献。

(3)深化高校素质教育的实践课堂。“挑战杯”竞赛已经形成了学校、省(自治区、直辖市)和全国三级赛制，广大高校以“挑战杯”竞赛为龙头，不断丰富活动内容，拓展工作载体，把创新创业教育纳入教育规划，使“挑战杯”竞赛成为大学生参与科技创新活动的重要平台。

(4)展示全体中华学子创新风采的亮丽舞台。香港、澳门、台湾众多高校积极参与竞赛，派出代表团参加观摩和展示。竞赛成为青年学子展示创新风采的舞台，增进彼此了解、加深相互感情的重要途径。

3.2.1.1 “挑战杯”全国大学生课外学术科技作品竞赛

“挑战杯”全国大学生课外学术科技作品竞赛是由共青团中央、中国科学技术协会、教育部、中华全国学生联合会和地方政府共同主办，国内著名大学、新闻媒体联合发起的一项具有导向性、示范性和群众性的全国竞赛活动。自1989年首届竞赛举办以来，“挑战杯”全国大学生课外学术科技作品竞赛始终坚持“崇尚科学、追求真知、勤奋学习、锐意创新、迎接挑战”的宗旨，在促进青年创新人才成长、深化高校素质教育、推动经济社会发展等方面发挥了积极作用，在广大高校乃至社会上产生了广泛而良好的影响，被誉为当代大学生科技创新的“奥林匹克”盛会。

3.2.1.2 “挑战杯”中国大学生创业计划竞赛

创业计划竞赛起源于美国，又称商业计划竞赛，是风靡全球高校的重要赛事。它借用风险投资的运作模式，要求参赛者组成优势互补的竞赛小组，提出一项具有市场前景的技术、产品或者服务，并围绕这一技术、产品或服务，以获得风险投资为目的，完成一份完整、具体、深入的创业计划。

“挑战杯”中国大学生创业计划竞赛采取学校、省(自治区、直辖市)和全国三级赛制，分预赛、复赛、决赛三个赛段进行。大力实施“科教兴国”战略，努力培养广大青年的创新、创业意识，造就一代符合未来挑战要求的高素质人才，已经成为实现中华民族伟大复兴的时代要求。作为学生科技活动的新载体，创业计划竞赛在培养复合型、创新型人才，促进高校产学研结合，推动国内风险投资体系建立方面发挥出越来越积极的作用。

申报参赛的项目作品详细分类：聚焦创新、协调、绿色、开放、共享五大发展理念，设五个组别。

(1)科技创新和未来产业：突出科技创新，在智能制造、人工智能、信息技术、生命科学、新材料、军民融合等领域，结合实践观察设计项目。

(2)乡村振兴和农业农村现代化：围绕实施乡村振兴战略，在农林牧渔、旅游休闲、城乡融合等领域,结合实践观察设计项目。

(3)城市治理和社会服务:围绕国家治理体系和治理能力现代化建设,在政务服务、消费生活、公共卫生与医疗服务、金融与法律服务、教育培训、交通物流、人力资源等领域,结合实践观察设计项目。

(4)生态环保和可持续发展:围绕可持续发展战略和碳达峰、碳中和目标,在环境治理、可持续资源开发、生态环保、清洁能源应用等领域,结合实践观察设计项目。

(5)文化创意和区域合作:突出共融、共享,紧密围绕"一带一路"和京津冀地区、长三角地区、成渝地区及粤港澳大湾区等经济合作建设,在工艺与设计、动漫广告、体育竞技和国际文化传播、对外交流培训、对外经贸等领域,结合实践观察设计项目。

3.2.2 本赛事学校成绩

获奖成果如表 3-1 ~ 表 3-4 所示。

"挑战杯"全国大学生课外学术科技作品竞赛国赛获奖情况统计　表 3-1

年份(年)	一等奖	二等奖	三等奖	优秀组织奖	合计
2017	—	4	2	1	7
2019	1	—	2	1	4
2021	1	1	1	1	4

"挑战杯"全国大学生课外学术科技作品竞赛省赛获奖情况统计　表 3-2

年份(年)	特等奖	一等奖	二等奖	三等奖	优秀组织奖	合计
2017	2	4	3	6	—	15
2019	—	1	2	6	—	9
2021	1	—	5	5	1	12

"挑战杯"中国大学生创业计划竞赛国赛获奖情况统计　表 3-3

年份(年)	金奖	银奖	铜奖	优秀组织奖	合计
2016	1	1	1	1	4
2018	1	2	4	1	8
2020	—	—	3	—	3

"挑战杯"中国大学生创业计划竞赛省赛获奖情况统计　表 3-4

年份(年)	金奖	银奖	铜奖	优秀组织奖	合计
2018	5	4	1	—	10
2020	3	1	6	1	11
2022	4	4	2	1	11

3.2.3 赛事组织主要举措

长沙理工大学是一所以工为主,工、理、管、经、文、法、哲、艺等多学科协调发展,以本科、研究生教育为主体，具有博士后科研流动站、博士学位授予权和硕士生推免权的多科性大学。近年来，学校围绕立德树人根本任务，从全员协同、全过程指导、全方位建设入手，注重分类施教、强化实践和文化引领，营造理工科大学生创新创业教育氛围，切实增强学生的创新精神、创业意识和创新创业能力，不断提升人才培养质量。

(1)全员协同，汇聚创新创业教育培养合力。

学校坚持“四个融入”(即把创新创业教育融入到办学理念、特色人才培养体系、教学实践环节、育人文化之中)的创新创业教育改革指导思想，建立起面向未来、面向世界科技前沿、面向社会发展需求、面向学生全面发展的创新创业教育共同体。

一是坚持校内协同，构建“校院联动、多部门合力”的双创教育协同机制。全面开展“专业技术 + 创新创业”的差异化创新创业教育，坚持专业课与双创教育有机融合，充分挖掘各类课程的创新创业教育资源，打破创新创业教育知识界限，创建多学科交叉融合的人才培养新机制和课程新体系，建立了“1 + X + Y”创新创业课程体系，加强创新创业人才的培养，现已建设必修、选修和创新创业实践课程 69 门，鼓励教师把科研成果引入课堂，更新教学内容，大力推广问题探究式、案例讨论式、项目参与式教学。

二是加强与区域高校、科研院所协同，打破优质教育资源共享的传统壁垒。汇聚区域高校和行业科研院所的创新教育资源，强化科教融合，开展联合立项、联合培养，共享创新创业类课程体系、导师队伍、实验基地等优质资源，谋求创新人才培养的共赢。

三是推进与行业企业协同，凸显创新创业人才培养的行业需求导向。学校以“对接行业、改造专业、引导就业、鼓励创业”的理念，面向行业企业人才培养导向，不断优化学科专业结构；对接行业标准，持续改进人才培养方案；聘请企业家、创业成功人士等优秀人才担任创新创业导师；定期发布行业创新创业项目指南，帮助大学生获得自主创业资金支持；邀请企业为创新创业竞赛出题，精准锁定行业需求。

(2)全过程指导，保障创新创业教育深入实施。

学校强调对创新创业教育的全过程指导，构建了“课堂教学—基地训练—项目实践—企业孵化”的指导体系，打通从培养到孵化的创新创业教育全链条。

一是加强校内外基地建设。学校实现国家级、省级重点实验室和工程中心等科研平台面向本科生开放，建立了以“3 个国家平台 +21 个省级平台 +17 个校级大学生科技创新基地”为支撑的创新创业训练体系，配备专属场地和人员编制。学校建立自主探索类、目标导向类、校企合作类等分类指导体系，全校范围开展科技双选会，形成以项目为单位、以关键技术划分的协同创新群，实现跨项目、跨年级、跨学科的交叉融合。依托基地培育，连续开展了十三届大学生科技文化艺术节，充实创新创业人才“蓄水池”；实施“本科生科技立项计划”，推动选题指南、学科汇聚、导师推介、中期检查、经费保障等环节，五年共立项大学生课外科技项目 1325 项，打造高水平学生科技成果“孵化箱”。借由科技立项，指导各学院加强专业学科竞赛的组织工作，逐步健全与全省、全国乃至世界范围内同专业赛事的对接机制。

二是加大竞赛力度促进项目实践。对内，鼓励各专业构建完整竞赛体系，由基础赛事向高层次赛事过渡，进而完善“初级”“中级”“高级”进阶培训内容，满足学生不同阶段的知识和实践需求；对外，鼓励学生参加各种高水平学科竞赛，注重赛前指导和赛后总结分享，狠抓“挑战杯”及“创青春”系列竞赛，树立创新创业成果“风向标”。近五年来，累计获“挑战杯”全国一等奖 3 项、二等奖 7 项、三等奖 12 项；省级一等奖 15 项、二等奖 17 项、三等奖 24 项。学生累计获国家级学科竞赛奖励 639 项，学校在“全国普通高校大学生竞赛排行榜五轮总排行榜(本科)”中位列第 58 名，入选全国首批“创新创业典型经验高校”50 强。

三是加速推动企业孵化。打造多级孵化平台，有效吸引社会资源向学校集聚，组建创业导师队伍开展集中辅导和“一对一”项目跟踪，为初创学生提供信息咨询、管理运营、项目对接、知识产权保护等实质性帮扶；依托企业、校友支持，建立专项创业基金，助力学生实体创业。积极帮扶创业项目对接政府和社会创新创业孵化资源，与柳枝行动(政府创投基金)、清华启迪(长沙)和三一众创等国家级孵化器达成长效合作，定期推荐优秀项目，共同孵化。近三年孵化的创业公司年产值近 1100 万元。

(3)全方位建设，推动创新创业教育改革升级。

学校坚持问题导向，对标创新创业教育需求开展全方位建设，重点实施文化建设、制度保障、激励引导三项工程，不断探索新模式、新方法，保障创新创业教育内涵式发展。

一是加强文化建设，营造双创文化氛围。注重媒体宣传引导，面向社会，近年来《光明日报》《湖南日报》等主流媒体报道我校创新创业工作百余次；面向全体学生，利用学校公众号、短视频等新媒体平台讲好长理创新故事。支持创新创业社团发展，学校现在拥有企业模拟经营协会和创业者协会等多个相关创业社团，社团日常活动涉及创新创业知识宣讲，创业实训，模拟经营、创业大赛等多方面，始终坚持将创新创业文化作为校园文化建设的重要内容，使双创成为学校办学、教师教学、学生求学的理性认知与自觉行动。

二是加强制度保障，激发学生创新动力。学校制订并完善《创新创业教育改革实施方案》等多个相关文件，建立了创新学分累积转换制度，完善了第二课堂学分认定办法，允许学生将参与科研项目、自主创业等活动认定为课堂学习，实行弹性学习年限，允许学生保留学籍，休学创业。

三是强化激励引导，增强学校创新活力。学校建立以创新创业指导为主的“师生共同体”，完善教师教学绩效考评机制，在教师晋升晋级、年度考核中将教师在创新创业教育的投入与成效作为重点考核指标之一。学校设立科技创新与创新创业训练、创业团队资助等专项经费和创新创业奖学金，并保障教师创新创业教学研究、培训等教研活动，持续增强学校创新活力。

3.2.4 优秀获奖作品示例

示例1：新媒体视域下的红色文化传承—红色经典影像修复调研与实践
指导老师：潘晓霞、周苏岳、江河
学生团队：刘晓茹、樊明焱、刘雯、赵令仪、侯沛榕、巫杨美婷
获奖：国家级一等奖（图3-6）

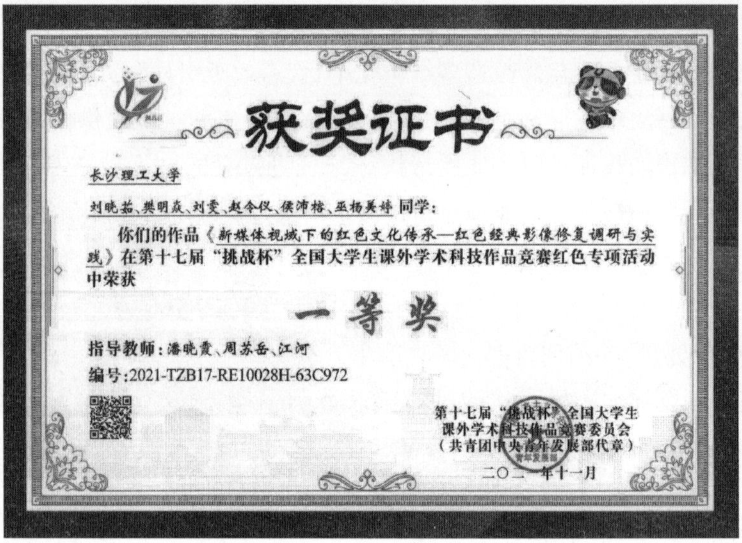
获奖证书

长沙理工大学

刘晓茹、樊明焱、刘雯、赵令仪、侯沛榕、巫杨美婷 同学：

你们的作品《新媒体视域下的红色文化传承—红色经典影像修复调研与实践》在第十七届“挑战杯”全国大学生课外学术科技作品竞赛红色专项活动中荣获

一等奖

指导教师：潘晓霞、周苏岳、江河

编号：2021-TZB17-RE10028H-63C972

第十七届“挑战杯”全国大学生课外学术科技作品竞赛委员会
（共青团中央青年发展部代章）
二〇二一年十一月

图3-6 获奖证书（内）

图3-7 作品展览海报

作品简介：

2020年9月，习近平总书记走访马栏山视频文创园，观看完4K修复的《开国大典》片花后指出：“要加大红色经典影像的修复力度，传承红色基因，讲好红色故事，把这些故事一代一代传下去。”

2021年1月，长沙理工大学与马栏山视频文创园合作创立的湖南省现代媒体创意产业学院启动了“雷锋志愿者数字修复训练营”，组织30余名志愿者参与了影片《雷锋》的4K修复工作，开发了“有声有色活雷锋”亲子小游戏等，如图3-7所示。

团队采取问卷调查、深度访谈、文献研究、实地调察、工作实践等方式，针对红色文化传承、红色影像修

复和雷锋精神弘扬等三个方面展开调研(图3-8)。我们发现目前存在:①红色影像传承性薄弱;②影像修复人才短缺;③红色文化宣传方式单一等问题。

图3-8 参赛照片

通过4K影像修复上色小游戏、社区艺术实践、线上线下宣讲,得出以下结论。

(1)要以青年人喜闻乐见的形式推进红色文化的艺术性传播:①艺术作品创作多样化;②文创产品贴近日常化;③思政德育创新艺术化。

(2)团队实践调研的意义重大。于国家:①红色文化传承创新;②思政教育融入体系。于社会:①产教融合注入活力;②志愿社区营造氛围。于个人:①专业技术实践提升;②德育教育走进课堂。

通过调研和实践,团队深刻感受到传承红色文化的使命感、修复红色影像的荣誉感,以及用专业服务社会发展的责任感。得到社会的认可和关注的同时,也感召了青年群体。

示例2:小农户也有大市场:城郊小农户农产品流通模式创新研究——基于长沙市5区28个城郊村调研

指导老师:王清

学生团队:朱杰、刘圣文、黄耀湘、赖丽芬、陈英、魏岑琛、黄雅娟、陈若晨

获奖:国家级一等奖

项目简介:

“乡约菜菜——小农户涉农公益服务平台”成立于2017年7月,依托国家乡村振兴战略,以青年大学生之力,围绕旗下湖南菜菜稻田科技有限公司、小农户品牌农业联合创新基地、农耕文化实践教育基地三大板块内容开展项目实践,帮助小农户实现向新型农民的转变,畅通城乡内循环,构建统一大市场。

项目依托小程序(图3-9),创新“一村一街道”精准配送模式,向对生活品质有一定

图 3-9 小程序界面

追求的城市社区居民提供不隔夜不泡水的绿色农家菜，帮助城郊小农户打通了农产品销售渠道，增加了小农户收入，改善其生活水平。同时成立小农户品牌农业联合创新基地，帮助小农户设计农产品包装、个人 IP(网络之间互连的协议)形象，培养小农户电商技能，使其具备品牌意识及自主上架能力。同时对农村特色资源进行整理，化零为整上架在平台上。除此之外，开创社区公益活动“小小菜农”，组织中小学生参与爱心义卖活动。

从 2017 年 7 月运营至今，团队已在长沙市天心区完成了模式的探索与试点工作，目前开拓自提点 125 个，帮助小农户销售蔬菜及农产品 802000 份，创收近 300 万元。2020 年，团队在长沙市开展了 40 余场爱心义卖活动，依托平台流量落地了两个农耕文化实践教育基地，共 3408 名小学生参与体验。平台新上线的乡村旅游板块已将长沙市天心区 13 个乡村特色产业分类汇集整合上传到平台，依托互联网系统告知市民周末可以前往的乡村旅游目的地，在为全域乡村旅游省去大量推广费用的同时，通过市场收入引导美丽乡村建设和推进乡村振兴。

2021 年 2 月，模式正式向湖南省十四市州进行推广复制。未来，我们依托流量级购物平台及有实力的公司开展合作，共同开拓更广阔的市场，逐渐推广至其他省份，帮助全国范围内的小农户架起农产品到市民餐桌的高速公路，让优质农家蔬菜及农产品走进千家万户，推动涉农电子商务跨越发展，在推进信息服务下乡领域，积极探索农业 P2C 创新型发展模式，专业致力于生鲜蔬菜，构建以高效的物流链和价值链为核心的电子商务体系，为创新变革农产蔬菜交易格局、推进乡村振兴进程注入强劲动力。

示例 3：纳威尔科技——医药智能检测行业的领跑者

指导老师：郭剑、王微

学生团队：曾小为、刘浪、陈建成、张莅、彭雪婷、刘文、阿茹娜、吴俊萍、杨世朋、郭安文

获奖：国家级金奖

作品简介：

纳威尔(长沙)智能科技有限公司是一家目前专注于制药行业机器视觉应用系统整体解决方案的供应商，公司在药物智能检测方面有数项专利技术填补国内空白、领先国际。在人工智能开发与应用领域，纳威尔是国内少数具有自主开发底层技术开发能力的高新技术企业之一。

公司创立之初，立足于创新驱动、技术领先、规范发展、注重服务的发展理念，通过两年的努力，目前已成为药物智能检测行业的领跑者，随着药物检测标准的国际化发展，纳威尔未来也将成为国内药物检测标准的行业定义者。

公司开发的系列医药智能检测设备得到了市场的充分认可，公司已与云南白药集团股份有限公司、广药白云山中一药业、广州香雪制药股份有限公司、浙江华海药业股份有限公司等数家国内知名药企建立合作关系，产品已进入北美和印度市场。纳威尔公司及其创业团队在人工智能应用研究领域的成果已陆续被《中国青年报》《湖南日报》、湖南卫视等权威媒体报道，引起社会的广泛关注。

随着公司的进一步发展，纳威尔将逐步拓展公司业务领域，加强技术研发和市场开拓，在国内外智能检测领域占据优势。纳威尔公司将为“智能制造2025”贡献自己的力量。

（1）核心产品1——药片检测机。

药片检测机（图3-10）作为我公司核心产品，是公司核心竞争力的体现，其具有两点强大的优势：其一，是国内目前为止唯一自主研发成功并已经投入生产使用当中的药片智能检测设备；其二，由于使用的抛光式轨道药片检测技术目前在国内属于独有技术，在一定时段内，别人无法简单复制。

图3-10　药片检测机

主要功能是对药片进行颜色、形状、残缺、污点外形方面的质量检测，自动剔除不合格品，采用了抛光式药片轨道检测技术。

具有如下特点：

最高速度5000粒/分钟，不小于10%的缺损、直径不小于1毫米的表面污渍、色差超过标准颜色20%，药粒自动追踪功能，对每粒药会进行多达二十次以上的拍摄，综合判断药粒是否合格，误检率、漏检率都能控制到极低；检测数据实时保存，可供历史查询分析，便于追溯、分析缺陷产生原因；自动监测光源亮度，如有异常自动进行反馈调节并报警；正常生产过程中，无须专人看管，配备各种自动保护装置；操作界面采用折叠式控制台，造型美观大方，使用、维护方便；本机控制系统选用目前在业界处于领先水平的FPGA控制系统，集计算机技术、通信技术、自动控制技术于一体，系统具备强大的扩展能力、组网能力及良好的开放性。

(2)核心产品2——泡罩板缺粒混药检测设备。

泡罩板缺粒混药检测设备(图3-11)是我公司三款成熟常规产品之一,可用于检测胶囊或者药片填充板内是否缺粒、混药,有无残损、污点。

具有以下特点:

自动监测光源亮度,如发现异常,系统自动反馈调节光源亮度并报警;检测数据实时保存,可供历史查询、分析不良品原因;可根据生产需要设置和调节检测灵敏度;产品自动给出信号;操作界面简洁易用,方便调试使用。

(3)核心产品3——字符喷码质量检测设备。

字符喷码质量检测设备(图3-12)是我公司研发的三款成熟常规产品之一,可用于检测喷码字符或图案的对错、有无完整度、偏移等。采用的复杂环境下的工业字符检测技术国际首创,并且在云南白药集团等大型企业的实际生产中取得了不小的成果。

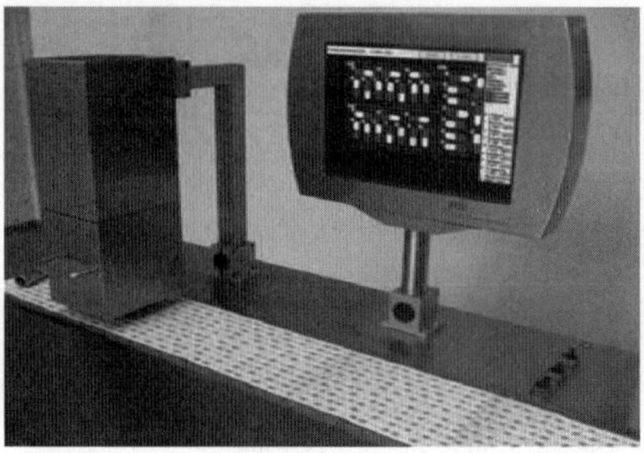

图3-11　泡罩板缺粒混药检测设备

图3-12　字符喷码质量检测设备

其主要特点如下:

可检测喷码字符/图案的对错、有无、完整度和偏移等;自动监测光源亮度,如有异常自动进行反馈调节并报警;适用于不同包装/标签表面的字符、条码、二维码检测;具备自主学习功能,操作界面简洁易用,方便调试使用;检测数据实时保存,可供历史查询,分析不良品产生原因;可根据生产需要设置和调节检测灵敏度;OK\NG产品自动给出信号;检测系统独立于输送机构,可进行移动;对于因生产线运动导致产品喷印后倾斜或旋转,系统可自动寻找定位标志给予旋转校正。

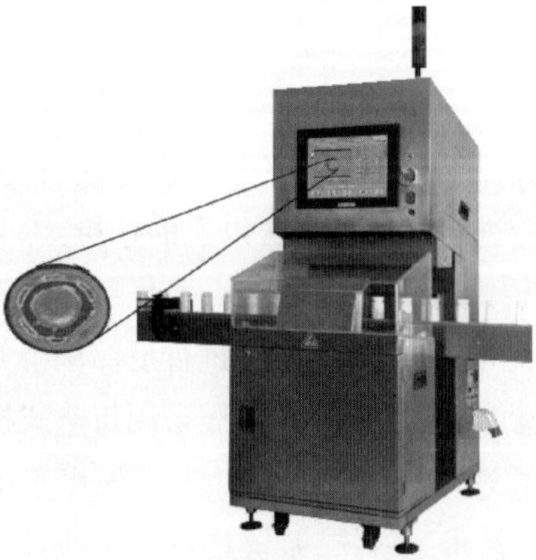

图3-13　铝箔封口质量检测设备

(4)核心产品4——铝箔封口质量检测设备。

铝箔封口质量检测设备(图3-13)是我公司三款成熟常规产品之一,可用于对电磁或热封合后的产品封口质量进行在线检测,可检测瓶盖上有无铝膜,铝箔是否翘边,铝箔是否反向,铝箔是否穿孔，是否有瓶沿破损盖等。

具有如下特点：

对电磁或热封合后的产品封口质量进行在线检测；检测系统独立于原有设备，配备触摸显示屏，可灵活整合到生产线中；检测数据实时保存，可供历史查询、分析不良品原因；可根据生产需要设置和调节检测灵敏度；对于因生产线运动导致产品倾斜，系统可自动寻找定位标志给予旋转校正；OK\NG 产品自动给出信号；检测系统留有通信拓展接口；为保证检测系统的健硕性和稳定性，采用业内最先进、品牌认可度最高的红外热像设备，供应商美国菲力尔生产的红外热像设备，最高帧速达 55 帧，其他弱电器材均采用如施耐德等国内外知名厂商品牌；操作界面简洁易用，方便调试使用。

示例 4：新睿科技——地铁杂散电流一体化实时监控和安全防治领跑者

指导老师：喻锟、曾祥君

学生团队：喻泉、庞钦、黄慧、曾举鹏、李嘉康、叶勇、闫森、李子甜、贺芳煜

获奖：国家级铜奖（图 3-14）

图 3-14　获奖证书

作品简介：

（1）项目概述。

地铁建设已进入"发展黄金期"，地铁运行中由于钢轨很难做到完全对地绝缘，导致部分电流泄露流入大地，形成杂散电流。杂散电流危害多、影响大，会流入隧道、站台的结构钢筋，导致地面电位差升高，引发站台乘客触电事故；同时对附近的金属管线、沿线杆塔、房屋地基造成严重电化学腐蚀，缩短使用寿命；以及流入周围变压器，致使其振动增加，温度升高，严重时将导致恶性停电事故以及变压器损毁事故。

项目致力于提供国内领先的地铁杂散电流监控和抑制一体化解决方案，依托国内首创、自主研发的"杂散电流在线监测仪、智能抑制柜与钢轨电位动态调控柜"核心技

术产品(图 3-15),实现方案三大独创功能:

①杂散电流实时动态数值监控,精准指导排流率达 99%;

②埋地金属、沿线杆塔的腐蚀评估及预测,精确定位腐蚀位置;

③流经变压器杂散电流的最优抑制,抑制率高达 99%。

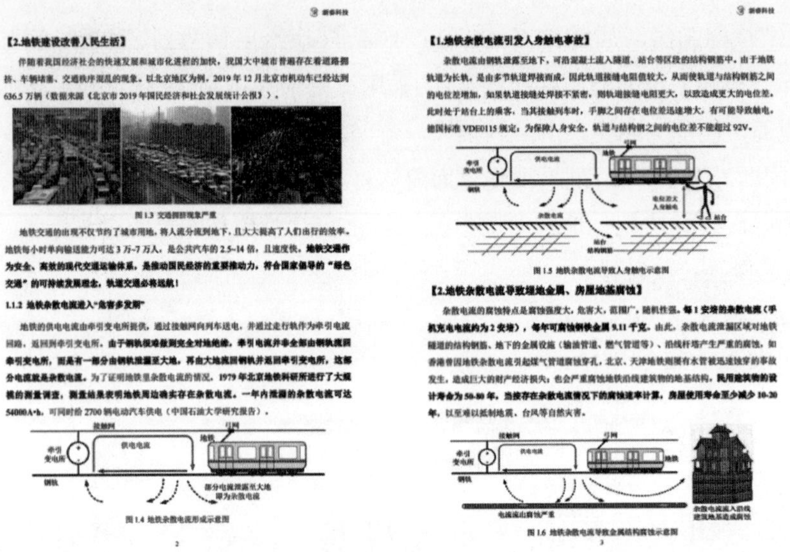

新睿科技

【2.地铁建设改善人民生活】

伴随着我国经济社会的快速发展和城市化进程的加快，我国大中城市普遍存在着道路拥挤、车辆堵塞、交通秩序混乱的现象。以北京地区为例，2019 年 12 月北京市机动车已经达到 636.5 万辆（数据来源《北京市 2019 年国民经济和社会发展统计公报》）。

图 1.3 交通拥挤现象严重

地铁交通的出现不仅节约了城市用地，将人流分流到地下，且大大提高了人们出行的效率。地铁每小时单向输送能力可达 3 万~7 万人，是公共汽车的 2.5~14 倍，且速度快。**地铁交通作为安全、高效的现代交通运输体系，是推动国民经济的重要推动力，符合国家倡导的“绿色交通”的可持续发展理念，轨道交通必将远航！**

1.1.2 地铁杂散电流进入“危害多发期”

地铁的供电电流由牵引变电所提供，通过接触网向列车送电，并通过走行轨作为牵引电流回路，返回到牵引变电所。**由于钢轨很难做到完全对地绝缘，牵引电流并非全部由钢轨流回牵引变电所，而是有一部分由钢轨泄漏至大地，再由大地流回钢轨并返回牵引变电所，这部分电流就是杂散电流。**为了证明地铁里杂散电流的情况，**1979 年北京地铁科研所进行了大规模的测量调查，测量结果表明地铁周边确实存在杂散电流。一年内泄漏的杂散电流可达 54000A·h，**可同时给 2700 辆电动汽车供电（中国石油大学研究报告）。

图 1.4 地铁杂散电流形成示意图

2

新睿科技

【1.地铁杂散电流引发人身触电事故】

杂散电流由钢轨泄露至地下，可沿混凝土流入隧道、站台等区段的结构钢筋中。由于地铁轨道为长轨，是由多节轨道焊接而成，因此轨道接缝电阻值较大，从而使轨道与结构钢筋之间的电位差增加，如果轨道接缝处焊接不紧密，则轨道接缝电阻更大，以致造成更大的电位差。此时处于站台上的乘客，当其接触列车时，手脚之间存在电位差迅速增大，有可能导致触电。德国标准 VDE0115 规定：为保障人身安全，轨道与结构钢之间的电位差不能超过 92V。

图 1.5 地铁杂散电流导致人身触电示意图

【2.地铁杂散电流导致埋地金属、房屋地基腐蚀】

杂散电流的腐蚀特点是腐蚀强度大，危害大，范围广，随机性强。**每 1 安培的杂散电流（手机充电电流约为 2 安培），每年可腐蚀钢铁金属 9.11 千克。**由此，杂散电流泄漏区域对地铁隧道的结构钢筋、地下的金属设施（输油管道、燃气管道等）、沿线杆塔产生严重的腐蚀，如香港曾因地铁杂散电流引起煤气管道腐蚀穿孔，北京、天津地铁则屡有水管被迅速蚀穿的事故发生，造成巨大的财产经济损失；也会严重腐蚀地铁沿线建筑物的地基结构，**民用建筑物的设计寿命为 50-80 年，当按存在杂散电流情况下的腐蚀速率计算，房屋使用寿命至少减少 10-20 年，**以至难以抵制地震、台风等自然灾害。

图 1.6 地铁杂散电流导致金属结构腐蚀示意图

3

图 3-15　作品图片

项目定位于为地铁运营公司提供杂散电流的动态检测与精准控制方案,为受杂散电流影响的各类企业提供腐蚀防护与全面抑制方案,竭力营造“地铁杂散电流零危害”的居民生活环境。

(2)技术难点与市场机遇。

①杂散电流造成的金属腐蚀无法预知;

②变压器中的杂散电流难以有效抑制;

③现有设备不能直观监测杂散电流数值,难以准确指导排流。《“新基建”发展白皮书》预估,2025 年轨道交通直接投资 4.5 万亿元,带动相关投资 5.7 万亿元。轨道交通建设黄金期将带来数十亿的杂散电流防护设备需求,现有厂家的设备无法解决现存难点,留下巨大的市场切入机会。

(3)方案概述。

针对不同目标客户需求,提供有针对性的杂散电流监控与抑制一体化解决方案。方案涵盖自主研发的核心设备杂散电流在线监测仪、智能抑制柜和钢轨电位动态调控柜、传感器及排流柜,通过传感器采集杂散特征数据,经在线监测仪数据分析,实现排流柜精准排流,埋地金属、杆塔腐蚀预测与智能抑制柜和钢轨电位动态调控柜最优抑制杂散电流的功能。现场测试照片如图 3-16 所示。

图3-16 在长沙市南湖路隧道内进行技术交流与现场测试

(4)项目竞争优势。

核心技术攻克现存技术难点,领先同类产品:

①首创杂散电流实时监测新方法,可实现杂散电流精准排流,排流率高达99%;

②创新性提出考虑地网结构的埋地金属、沿线杆塔腐蚀预测算法,精确定位腐蚀位置;

③创新性提出阻容优化配置法及主动加压法抑制杂散电流对变压器影响,抑制率高达99%。

核心产品价格优势明显:

自主研发的核心产品在线监测仪、智能抑制柜和钢轨电位动态调控柜,价格较同类产品减少52%。

(5)目标客户与盈利方式。

①地铁运营公司(国家政策要求进行杂散防护的企业):提供杂散电流的检测与精准排流以及隧道内金属、沿线杆塔腐蚀防护方案;

②省市电力公司、变电站(受杂散电流影响企业):提供变压器杂散电流的最优抑制方案;

③地铁沿线小区物业以及市政设施主管单位(受杂散电流影响企业):基于杂散电流监测数据收集网络,提供小区建筑钢结构、埋地管道、沿线杆塔的腐蚀评估及预测方案。

(6)核心团队。

项目核心研发团队为全国高校强电方向第一批次唯一入选的“小平科技创新团队”,团队目前累计获得“互联网+”国家金奖一项,国家银奖一项,国家铜奖两项;挑战杯、“创青春”国家级奖项十余项;各类省部级奖项二十余项。项目技术顾问为长江学者、国家杰出青年科学基金获得者、长沙理工大学副校长曾祥君教授，创业顾问是电气学院“优秀创新创业导师”喻锟博士。其中，曾祥君教授带领的“智能电网协同创新育人团队”获首批教育部认定的“全国高校黄大年式教师团队”，为公司技术研发、创业规划提供了有力的指导。同时，国网湖南省电力科学研究院副院长周卫华高级工程师任公司市场顾问。

3.3 全国大学生数学建模竞赛

3.3.1 赛事介绍及发展

习近平总书记在全国教育大会上强调，努力构建德智体美劳全面培养的教育体系，形成更高水平的人才培养体系。长沙理工大学第四次党代会明确提出，培养“底色亮、实践强、有情怀、敢担当”的德智体美劳全面发展的高素质复合型专门人才。数学与统计学院自2001年筹建数学建模实验室以来，经过二十多年的探索与实践，形成了基于数学建模的高水平复合型本科人才培养模式。首先，对学生进行数学建模思想的教育，初步形成一系列的概念，弄清楚数学与数学技术、数学模型与数学建模技术等一系列概念，了解数学建模是一种关键的、普遍的、可以应用的技术，同时，清醒地认识到高新技术的本质是数学技术，数学建模是解决实际问题的纽带和桥梁。然后，运用数学建模的方法和步骤进行初步训练，培养学生解决实际问题的素养，逐步提高解决复杂问题的能力。最后，根据学生的实际情况，分组进行个性化培养，给学生提供自主选择数学建模竞赛指导教师的机会，引导教师开展以学生为中心的研究导向型教学，鼓励学生参与科研项目训练，促进学生自主深度学习、建构知识体系、形成多维能力。指导教师寻找和设计真实存在的问题，引导学生自主提供解决方案。

3.3.2 本赛事学校成绩

二十多年来，指导学生获得全国大学生数学建模竞赛国家奖40多项，国际大学生数学建模竞赛奖20多项，省级大学生数学建模竞奖300多项，国家一级协会大学生数学建模竞奖400多项。参与数学建模竞赛学生直接受益总数1.5万人，参加数学建模培训直接受益学生总数2.2万人。通过对2280名获奖学生的跟踪调查，80%的学生到高校或研究所进行深造，并获得硕士学位，45%的学生获得博士学位，为国家各行各业培养了一大批高水平复合型人才。

3.3.3 赛事组织主要举措

（1）主要解决的教学问题。

①数学建模思想教育重视不够。在常规教学工作中，重知识传授、轻思想教学，没有较好地引导学生了解知识结构的机制、机理及数学建模的思想。

②高新技术的本质是数学技术认识不到位。学生在大学数学的学习过程中，注重题目的计算求解，认不清数学知识是技术，高新技术的本质是数学基础。

③解决实际问题有畏难心理。对学生存在的重理论轻实践、重书本轻经验的倾向不重视，对解决实际问题畏缩不前。

④知识面狭窄，知识体系不全。面对新的世界科技革命和产业变革，工程领域前沿科学技术进入教材的速度较慢；及时吸收、运用最新科研成果育人的能力需要提高。

（2）解决教学问题的方法。

①数学建模思想教育。对从事数学类课程教学的教师进行了数学建模思想的培训，成立数学建模教师团队；在《高等数学》《线性代数》《概率论与数理统计》等全校公共课程中融入数学建模教学案例，同时开设全校数学建模选修课程。充分发挥长沙理工大学数学建模协会的能动性，选拔对数学建模感兴趣的学生进行针对性培育，让学生充分认识到：数学是一种关键的、普遍的、可以应用的技术，数学建模是数学科学技术转化的主要途径。

②数学模型能力训练。从学习前人的经典案例和日常生活案例入手，培养学生学习动力。通过寻找现实世界的特定对象，确定一个目的，根据内在规律，做出必要假设，运用适当的工具，得到一个结构。

③培育数据分析技能。数据资源是战略资源，掌握了数据之后，充分利用统计分析工具进行数据处理，培育数据分析技能是在数学建模思想教育和数学建模能力训练的基础上进行的。

④研究导向型教学引导。研究导向型教学本质上是引导和训练学生学会研究型学习，帮助学生整合知识以创造性地解决问题。帮助学生树立大学不仅是学习知识的地方，还是一个帮助学生健康成长地方的观念，实现“从中学生到年轻人再到公民、从被动学习到主动学习再到研究导向型学习、从盲目学习到兴趣导向型学习再到重视人生规划”三个维度的转换。解决学习和人生融合问题。塑造“以学生为中心，以学习为己任，研究导向型”的教育和学习体系。

⑤数学建模竞赛的实践。数学建模竞赛是实现研究导向型学习的重要途径，培养了学生的创新意识，团队精神，给学生创造了机会和条件训练，整合了知识结构。锻炼了学生的学习能力、沟通能力、创新能力、科研能力、合作能力、执行能力等。

⑥培养解决复杂问题的能力。通过数学建模竞赛的实践，学生对复杂问题的解决能力得到了锻炼。如何进一步提高解决复杂问题的能力？采取以“构造”为载体，培养

学生的创新能力,运用构建模型的意识,培养学生的转换能力,运用研究模型与实际问题的误差,培养学生的批判思维,从而进一步提高了学生解决复杂问题的能力。

⑦构建多维度知识体系。从整体上引导学生搭建一个完美的丰富的知识体系,在搭建的过程中学知识、学会合作、学会用知识去解决问题。

⑧知识体系融合于实践。采取教师牵头向社会寻找问题、学生自主参与创新创业、校企合作等形式进一步将知识融入到实践中去。

⑨高水平复合型人才培养。现代社会的"不确定性、模糊性、复杂性和变化性"对人才提出了新的要求,那就是扩展知识的"广度、深度和高度"。多维度的知识体系融入、融合到实践中去必将产生越来越多的高水平复合型人才。

3.4 全国大学生电子设计竞赛

3.4.1 赛事介绍及发展

全国大学生电子设计竞赛(National Undergraduate Electronics Design Contest)是教育部倡导的大学生学科竞赛之一,由教育部高等教育司和信息产业部人事司共同主办,是面向大学生的群众性科技活动,目的在于推动高等学校促进信息与电子类学科课程体系和课程内容的改革,有助于高等学校实施素质教育。竞赛的特点是与高等学校相关专业的课程体系和课程内容改革密切结合,以推动其课程教学、教学改革和实验室建设工作。

竞赛内容既有理论设计,又有实际制作,全面检验和加强参赛学生的理论基础和实践创新能力。该竞赛培养大学生的实践创新意识与基本能力、团队协作的人文精神和理论联系实际的学风;有助于学生工程实践素质的培养、提高学生针对实际问题进行电子设计制作的能力;有助于吸引、鼓励广大青年学生踊跃参加课外科技活动,为优秀人才的脱颖而出创造条件。

3.4.2 本赛事学校成绩

竞赛获奖如表 3-5 所示。

近十年我校全国大学电子设计竞赛获奖情况 表 3-5

年份(年)	参赛队伍	国家一等奖	国家二等奖	省三等以上	获奖比例
2011	13	2	0	8	61%
2013	14	1	3	7	50%
2015	15	2	3	7	47%
2017	25	2	2	9	36%
2019	34	1	2	11	32%
2021	44	2	4	16	36%

3.4.3 赛事组织主要举措

3.4.3.1 组织方式制度化

将十余年竞赛组织培训方式形成制度性的长效机制，制订了《长沙理工大学电子设计竞赛组织工作条例》等管理制度，规范了电子设计竞赛学生的选拔和训练规程，明确教练的权力和义务。制订了创新实验室的一系列管理制度，包括《创新实验室管理制度》《创新实验室安全管理条例》《实验室设备及工具安全使用规范》《电烙铁等焊接工具套件安全使用规范》《PCB 制板室管理制度》等，用以规范学生在创新实验室的训练活动。

3.4.3.2 培训内容体系化

通过总结十余年电子设计竞赛的培训经验，制订了《电子设计竞赛基础培训大纲》，针对全校有兴趣参加电子设计竞赛的学生，按两学期培训计划进行制订，总培训学时为 144 学时；建设了《电子设计竞赛实践实训》等一批创新创业课程，将电子设计竞赛培训内容体系化、课程化。

3.4.3.3 普及筛选阶段的培训模式

通过建设大学生电子设计创新实训平台，课外开设电子设计实训班，构建课外实践与课内教学有机结合的全方位实践育人模式，形成“兴趣入门→基础拓展→分类提高→创新应用→创业就业”五阶梯递进式课外实践培养模式。

首先，在兴趣入门环节中，针对大一学生，开展 50 余项电子小制作与电子趣味制作实践，提高学生学习电子专业知识的兴趣。在此入门基础上，由指导教师利用周末课余时间开设电子设计基础培训班，培训内容包括：认知电子元器件、焊接工艺实训、数字电子技术基础、模拟电子技术基础等，既有课堂上的理论知识讲授，又有分单元模块的实训操作，使学生了解电子设计的学习之门，快速进入电子设计的殿堂。

其次，在基础拓展中，面向大二学生，选择“电子技术”“电路仿真”“电路图 CAD”“单片机”“嵌入式系统”等 5 门课程，为学生开展电子设计的基础培训进行知识拓展。自 2015 年起，每学期指导教师利用周末课余时间开设培训班，至 2019 年累计培训 1500 余人次，以一年一届的校级“电苑杯”电子设计竞赛为载体，实行电子专业老师全员指导学生参加电子竞赛，让每一名学生大学期间至少参加一次电子竞赛，实现了工程实践能力、创新能力培养的全覆盖。

最后，在分类提高环节，根据因材施教原则，结合学生的个性、兴趣等因素，进行分类选拔，优秀拔尖的同学进入校级电子设计创新基地，参加全国电子设计、智能车、无人机等竞赛。中间层次的同学进入学院级电子设计创新实验室得到进一步提高，在其他普通学生中广泛普及电子设计的基础知识和基本技能。同时，围绕“全国电子设计竞赛”“互联网+”“挑战杯”等学科竞赛开展专项竞赛实训和大学生创新项目研究，在学习之余保持锻炼工程实践能力的连续性。

在广泛开展课外科技活动的热烈氛围中，涌现出一批优秀的学生。

3.4.3.4 电子设计竞赛的赛前集训

由于电子设计竞赛的比赛形式是半封闭式的，在比赛的第一天早晨才发布赛题，学生必须在赛题发布后四天三晚完成作品的制作、调试及封存。所以电子设计竞赛对学生的能力要求非常高，不仅要有充足的理论知识，而且必须具备丰富的实践能力，才有可能在竞赛中取得较好的成绩。

为了能达到全国电子设计竞赛的水平要求，学生必须在赛前得到充足的训练，赛前训练的基本过程如下：

(1)寒假第1周，训练筛选。

以综合测评试题为主要培训内容，包括模拟电子技术、数字电子技术，这一阶段主要考查学生的焊接能力、仪表操作技能以及电路调试技能等，筛选一批具有潜力的同学进入创新实验室。

(2)3月上旬~4月中下旬，基础巩固(表3-6)。

基础巩固 表3-6

阶段	时间	练习内容
1	7天	放大器、电源、滤波器
2	7天	搭小系统板、频率计设计
3	10天	简易幅频特性测试仪
4	6天	程控放大+功放
5	6天	程控锁相倍频器
6	3天	RLC特性测量仪

学习方式：设计+实际动手调试。单人单组，独立完成。

验收方式：指标测试，现场打分排名(感受比赛气氛)。

试题难度：每题单人3~5天工作量(压力测试)。

涵盖面：以模拟为主(难点多)，单片机与数字设计为辅。涵盖焊接及调试技能、EDA软件使用、仪器使用、系统测试、数据整理与分析、撰写报告等。

(3)4月下旬，校内选拔赛。

知识面：模电、数电、功率电子、程序设计、实验及综合。

题量：60小时工作量。

难度：基本相当于全国赛的基础部分难度。

涵盖面：综合型设计，涵盖模拟、单片机、人机交互、基本电参数测量、基本技能等。

考查目的：以综合能力和技能考察为主，成败以指标为准。

(4)5 月初～6 月底，真题训练。

任务 1：完成 3 人组队与分工（提倡自由结合）。

任务 2：制作正式参赛用的小系统板（单片机＋数字逻辑）。

任务 3：每个队确立 1～2 个主攻方向（相互错开，避免扎堆）。

任务 4：在主攻方向上，完成 3～4 道历届真题（不求时间进度，要求以满分为目标）。

任务 5：积累程序库（通用性、模块化、可移植）。

(5)7 月初～7 月底，暑期赛前冲刺。

任务 1：队员进一步加深合作（如有问题及时调整）。

任务 2：教练自定题 2～3 道，加大难度与深度。

任务 3：跨学院交流与培训，包括现代数字系统设计与 EDA 软件使用、模块化编程训练、电路板布线、电赛获奖学生经验交流（教练组共同负责）。

任务 4：练习合理分配 96 小时，考虑时间进度和休息时间。

任务 5：完善程序库。

(6)8 月初，赛前一周左右，模拟赛(96 小时)。

目的 1：感受实际比赛气氛。

目的 2：掌握工作、休息节奏。

目的 3：加深队员紧密合作。

目的 4：暴露潜在问题。

方式：96 小时半封闭式完成设计任务。

题量和难度：与全国赛尽可能相同。

培训经验总结：通过全国大学生电子设计竞赛的培训，使学生的创新实践能力、协作精神明显提高；科学有效的培训是取得较好成绩的关键；培训工作对课程改革及实验室建设有促进作用；培训工作有助于优化教师知识结构。

3.4.4 优秀获奖作品示例

示例：2021 年全国大学生电子设计竞赛全国一等奖

参赛队员：杨琼、邱博奕、邓瑞

赛题：三端口 DC-DC 变换器（C 题）（图 3-17）

作品介绍：

作品以两组双向 DC-DC 电路为核心组成了一个三端口 DC-DC 变换器，可根据模拟光照和负载情况，使变换器在两种模式下工作。处于模式Ⅰ时，模拟光伏电池向负载供电的同时为电池组充电；处于模式Ⅱ时，模拟光伏电池和电池组同时为负载供电。

图 3-17　2021 年国赛一等奖作品 1：三端口 DC-DC 变换器（C 题）

系统以 DC-DC 桥式可逆斩波电路为核心，将 STM32 单片机作为主控制器和 PWM（脉冲宽度调制）信号发生器，根据电压与电流采集信号对 PWM 信号做出调整，对输出电压进行可靠的闭环控制，并实现两种模式间的自动切换。

系统在题目要求的各种工况下均能保证输出电压调准率和负载调准率控制在 ±0.05V 以内，远低于题目要求 ±0.1V，采用变步长扰动观察法实现最大功率点跟踪，可实现输入电压在 25～55V 全范围内的跟踪偏差小于 0.1V，系统整体效率达到 96.38%。

3.5　全国大学生结构设计竞赛

3.5.1　赛事介绍及发展

全国大学生结构设计竞赛始于 2005 年，是由浙江大学倡导并牵头国内 11 所高校共同发起，2007 年经教育部和财政部批准联合发文的全国高校九大学科竞赛项目，是首批纳入全国创新人才培养暨学科竞赛评估的 18 个本科组竞赛项目之一，是土木工程学科培养大学生创新精神、团队意识和实践能力的最高水平学科性竞赛，被誉为土木皇冠上最“璀璨的明珠”。大赛旨在构建高校工程教育实践平台，进一步培养大学生创新意识、团队协同和工程实践能力，提高创新人才的培养质量。2004 年 4 月在浙江大学召开筹备会，相继成立第一届全国大学生结构设计竞赛委员会、专家委员会和秘书处；2005 年 6 月由浙江大学组织承办了第一届全国大学生结构设计竞赛 1.0 版，之后由各高校轮流承办至今，2017 年构建并开启了全国 31 个省（自治区、直辖市）组织分区赛与全国大学生结构设计竞赛相结合的全新管理模式与运行机制 2.0 版。

全国大学生结构设计竞赛以创造（Creativity）、协作（Cooperation）、实践（Construction）“3C”为宗旨；以“公平、公正、公开、公信”为竞赛原则；以践行“展示才华、提升能力、培养协作、享受过程、快乐竞赛”为竞赛理念，以求进一步深入推进高校实践教育教学改革，培养大学生“创意、创新、创业、创造”精神和团队协同以及工程创新设计能力，实现“以赛促学、以赛促教、以赛促研、以赛促建、以赛促改、以赛促用、以赛促效”，提升高校实践教育教学和创新人才培养质量。

大学生结构设计竞赛经过20多年的探索与实践，构建了校、省、全国三级大学生结构设计竞赛创新体系，以校赛为基础——普及扩面；以省赛为选拔——做大做强；以国赛为决赛——做精创牌。2017年全国大学生结构设计竞赛实行新赛制后，每年举行校、省和全国三级大学生结构设计竞赛，创造了近千所高校、万支队伍和数万名学生踊跃参赛的新局面，进一步扩大了参赛高校和学生受益面，使结构设计竞赛从无到有，从有到优，从优到品牌。竞赛组织管理成效显著，并多次荣获省级和国家级教学成果奖。

3.5.2 本赛事学校成绩

我校土木工程专业于2009年5月首次通过住房和城乡建设部专业认证，自此学校取得全国大学生结构设计竞赛参赛资格，然而2009年—2012年四次参加国赛，从未取得等级奖，直到2013年首次取得全国大学生结构设计竞赛二等奖，实现等级奖的突破。2014年实现国赛一等奖的突破，现已连续七届荣获全国大学生结构设计竞赛一等奖（含两届冠军），近七届总体成绩位居全国第一，具体获奖情况如表3-7所示，指导老师付果于2021年荣获全国大学生结构设计竞赛突出贡献奖，学校现已连续九届荣获湖南省大学生结构设计竞赛一等奖（含六届冠军），获奖数量和质量稳居全省第一，学校大学生结构设计竞赛氛围浓厚，先后成立了功能齐全、实训设施完善的土木工程大学生科创中心，并成功获批全省首个省级土木工程创新创业教育中心，学校建立了大学生结构设计校赛参与全覆盖，省赛、国赛层层选拔的体系，学生实践创新能力得到充分锤炼。学校于2018年和2021年成功举办了两届湖南省大学生结构设计竞赛暨国赛分区选拔赛，办赛经验丰富，硬件条件优越，并于2021年申请取得2023年第十六届全国大学生结构设计竞赛举办权。

参加全国大学生结构设计竞赛获奖情况 表3-7

获奖时间	赛事名称	获奖学生（老师）	获奖等级（名称）	级别	排名/总决赛队伍数
2021.10	第十四届全国大学生结构设计竞赛	陈雨飞、余想斌、卿磊	一等奖	国家级	2/112
2021.10	第十四届全国大学生结构设计竞赛	夏圣明、张中亮、雷缮诚	一等奖	国家级	12/112
2021.10	第十四届全国大学生结构设计竞赛	陈雨飞、余想斌、卿磊	优秀组织奖	国家级	

续上表

获奖时间	赛事名称	获奖学生（老师）	获奖等级（名称）	级别	排名/总决赛队伍数
2021.10	第十四届全国大学生结构设计竞赛	付果	突出贡献奖	国家级	
2019.10	第十三届全国大学生结构设计竞赛	王宇星、艾雨鹏、贺嘉伟	一等奖	国家级	10/111
2018.11	第十二届全国大学生结构设计竞赛	骆兰迎、陈若楠、胡健	一等奖	国家级	4/108
2018.11	第十二届全国大学生结构设计竞赛	邹鹏辉、徐钰钧、姜晓峰	一等奖	国家级	8/108
2018.11	第十二届全国大学生结构设计竞赛	骆兰迎、陈若楠、胡健	最佳创意奖	国家级	
2018.11	第十二届全国大学生结构设计竞赛	骆兰迎、陈若楠、胡健	优秀组织奖	国家级	
2017.10	第十一届全国大学生结构设计竞赛	韩洪诚、张林、牛兆杰	一等奖	国家级	1/108
2017.10	第十一届全国大学生结构设计竞赛	冯展勇、焦立人、左辉	一等奖	国家级	2/108
2017.10	第十一届全国大学生结构设计竞赛	冯展勇、焦立人、左辉	优秀组织奖	国家级	
2016.10	第十届全国大学生结构设计竞赛	李谋、王磊、吴仕荣	特等奖	国家级	1/125
2016.10	第十届全国大学生结构设计竞赛	李谋、王磊、吴仕荣	优秀组织奖	国家级	
2015.10	第九届全国大学生结构设计竞赛	贺文涛、胡伟业、范景	一等奖	国家级	5/112
2015.10	第九届全国大学生结构设计竞赛	贺文涛、胡伟业、范景	优秀组织奖	国家级	
2014.10	第八届全国大学生结构设计竞赛	张宗耀、李鸿斌、赵鹏	一等奖	国家级	3/102
2013.10	第七届全国大学生结构设计竞赛	高艳超、韩志辉、喀哈尔·图尔贡	二等奖	国家级	19/97

注：长沙理工大学于2016年荣获第十届国赛唯一特等奖（图3-18），成为首支非985、211夺冠高校。自2017年国赛实行赛制改革，专业认证通过高校也要通过省赛推荐才能派一支队伍参加当年国赛，城南学院已连续四届获得湖南省大学生结构设计竞赛前三名，四次被推荐参加当年国赛，并连续四届荣获国赛一等奖。近七届国赛我校共荣获国赛特等奖1项、一等奖9项，其中两届获国赛总冠军，总成绩跃居全国第一。

图3-18 第十届国赛唯一特等奖颁奖现场

3.5.3 赛事组织主要举措

大学生结构设计竞赛在土木工程创新人才培养体系中具有基础性作用，是以“学生为中心”教育个性化的一种有效手段，为学生提供了广阔的创新创造舞台。结构设计属于科学创新创造活动，竞赛的赛题一般来源于经过适当简化的实际结构问题，有较大的灵活性，可供各个专业方向的学生发挥创造能力。竞赛不仅要求学生运用自己所专长的力学知识，还需从美学角度设计作品的整体外观，从经济学角度考虑作品的材料用量和制作加载效率等。开展结构设计竞赛对培养学生的创新设计能力、实践动手能力和团结协作精神都具有非常重要的意义。

3.5.3.1 大学生结构设计竞赛在创新人才培养中的基础性作用

大学生结构设计竞赛集创新与实践于一体。“纸上得来终觉浅，绝知此事要躬行”，说明动手实践在学习中的重要作用。CDIO 工程教育模式是当前国际工程教育公认的人才培养模式，CDIO 是构思（Conceive）、设计（Design）、实现（Implement）和运作（Operate）这几个单词的缩写，它所代表的工程教育理念也是现在国际工程教育的最新成果，它提出了系统的能力培养、全面的实施指导以及实施过程和结果检验的 12 条标准，越来越得到国际工程教育界的重视。而大学生结构设计竞赛的整个过程就是学生团队构思（体系构思）——设计（方案设计）——实现（结构制作）——运作（加载验证）的过程，学生通过参赛并系统训练，其知识、能力和素养均能得到系统锻炼，并强化了创新与实践能力的培养。

3.5.3.2 打造“大学生结构设计竞赛”赛学融合平台

大学生结构设计竞赛是一项创造性的活动，假如制作的模型没有一定的仪器进行加载测试，创新构想也就沦为纸上谈兵，无法实践。建立以“学生为中心”的土木工程大学生创新训练中心，为广大大学生课余实训提供场地、工具和材料，并营造良好实训环境，可以有效地把学生创造性的构想变成现实，不仅激发学生的创新意识，开阔学生的视野,也可为他们提供展示自己创新设计能力的舞台。对于低年级的学生,通过介绍Office基本技能、绘图技能、三维建模和有关结构设计的基础知识,演示和讲解有关结构加载实验的原理和方法,使学生能尽早接触有关结构设计的基本知识,可实践“先习后学”;对于高年级的学生,通过综合性、研究性的结构设计实验,独立完成创新性实验方案设计(包括仪器选用、数据采集、实验结果分析等)全过程,做到“习学促进,做听结合”。总之,建立土木工程大学生创新训练中心,打造普惠与尖培兼顾、习学促进的赛学融合平台,为探索土木工程专业CDIO工程教学模式,培养学生的科研能力、动手实践能力、创新能力和团结协作精神,提供了良好的实践环境。

3.5.3.3 大学生结构设计竞赛的有效组织与实践

大学生结构设计竞赛具有综合性强、系统性高、技术难度大、创作过程持久,竞赛任务和目标明确等特点。因此,要在竞赛活动中有效地提高学生的创新能力,必须强化学生的参与意识和竞争意识,营造浓厚的竞争氛围。可采用多次选拔、以赛带训的办法,通过学校预赛、学校决赛、省赛选拔赛、省赛和国家赛集训等层次,建立一套公开、公平与公正的多层选拔、综合择优的遴选机制。通过一次次的比赛,强化学生的竞赛意识和危机意识,在动手实践过程中培养学生的自觉性,并从学生撰写理论计算书开始,锻炼学生运用知识解决复杂工程问题的能力。

结构设计竞赛的每件作品几乎都是团队合作的产物,是对团队协作精神的特殊锻造。因此,在竞赛过程中必须强调团队精神,强调人与人之间的协调与合作。同学之间、各组之间必须营造有利于相互交流的良好环境,使学生在竞赛的过程中学会与别人合作、互相谦让、互相鼓励,取他人之长补己之短。通过相互交流,激发创新火花,充分吸收各自的合理成分,避免重复工作。结构设计竞赛已在我校培养大学生创新能力、动手能力和团队协作精神方面发挥了基础作用,受训学生在其他创新实践活动中都表现突出,有效激发了大学生的创新潜能。

以“学生为中心”有效开展结构设计竞赛活动必须保证各个环节的公开、公平与公正。第一,需要做到赛题年年创新不雷同,不从网络上下载现有赛题,以确保学生创新实践作品在网络媒体上找不到答案,必须通过自己团队的努力探索来完成赛题。第二,赛题难易度契合主体参赛学生的理论知识水平,过分强调赛题内容的难度会打击多数学生的参赛积极性,增加其对指导教师的依赖程度,降低学生主动思考和探索的能力,不利于学生创新能力的培养。如何充分融入各学科知识点,控制赛题难易程度,进一步挖掘学生创新潜能,是各级大赛命题者需要认真思考的问题之一。第三,结构设计竞赛材料、工具与场地需要确保公平一致,计算书评判与方案点评必须客观公正、对症下药、找准优缺点,让学生劳有所获。

我校通过“校赛广泛参与,省赛国赛层层选拔”统筹机制、“教师辅助指导,学生探索学习”和“习学促进,做听结合”的培养机制,以及CDIO(构思-设计-实现-运作)的实训流程和“赛前点评+加载验证”的竞赛有效组织方式，打造“结构设计”赛学融合平台，并以此为基础建立土木工程大学生创新训练中心，有效提高了全体学生的创新和实践能力，近5年结构设计竞赛成绩稳居全国前列。

3.5.3.4 成功的省级大学生结构设计竞赛案例

“湖南路桥杯”湖南省第六届大学生结构设计竞赛暨第十二届全国大学生结构设计竞赛分区赛由湖南省教育厅、湖南省住房和城乡建设厅主办，湖南省建设人力资源协会和长沙理工大学承办，湖南路桥建设集团有限责任公司冠名协办。竞赛总决赛活动于2018年5月11日至2018年5月13日在长沙理工大学举行，全省有29所高校，共计77支代表队参赛。竞赛题目为“竹质双车道桥梁结构设计与制作”。竞赛内容包括双车道桥梁结构设计、结构制作和结构加载测试。

与往届省赛相比，本届竞赛具有鲜明的特色。一是从2018年开始，湖南省总决赛成为全国大学生结构设计竞赛的分区赛之一，通过本届省赛，全省选拔了三所高校代表队参加2018年全国总决赛，并在全国总决赛中取得了三项一等奖的优异成绩，进一步扩大了湖南省赛的影响力。二是与企业、行业协会紧密合作，从赛题研究制定到竞赛评判，均聘请湖南路桥建设集团有限责任公司专家参与，使竞赛内容与工程实际紧密结合。赛题聘请专家论证充分，对各种不利因素考虑全面，并及时辅以文件的形式答疑，做到有章可循，无规则漏洞可钻，最终全部模型与赛题要求吻合。赛题限制性条件少，给予学生团队足够的创新空间，最终各高校竞赛模型无一雷同。三是创新比赛规则，全国首创增设制作与加载效率得分环节，使竞赛考察学生综合能力更全面。比赛全程首次设置了监察组，建设人力资源协会公正监督，并及时公布全部竞赛信息；细化了雷同性评审规则，使雷同性评审具备可操作性，有力推动了学生设计方案创新，也增加了竞赛的透明度，扩大了参赛师生的参与度和知情权，确保了竞赛的公开、公平与公正。四是同时制作加载设备，对复杂多样的加载设备采取统一集中采购，提高了效率，降低了竞赛成本；请物流公司随机配送正式比赛用的全套加载设备；全部制作工具、材料和场地情况都提前告知各高校参赛队。在比赛开始前两周组织全省高校师生现场演示答疑，保证竞赛环境、信息对称与公平；各参赛队员对工具熟练，确保在高强度、高紧张的赛场上零安全事故。五是竞赛规模和影响力进一步扩大，省赛初赛（校内选拔赛）和总决赛的参赛队伍均有所增加，给在校学生展现实践和创新能力提供了更多的机会，也吸引了部分外省高校师生前来观摩学习。通过有效组织省级赛事，创新人才培养的成效显著。

大学生结构设计竞赛对提高大学生创新能力、工程实践能力，增强团队意识、动手能力等方面发挥着积极作用，是土木大类创新人才培养的基础必备环节。以“学生为中心”，持续改进大学生结构设计竞赛的组织形式和内容，打造优质高效的“结构设计”赛学融合平台是行之有效的创新人才培养举措，也是新工科背景下土木工程创新实践教育研究的重要课题。

3.5.4 优秀获奖作品示例

示例 1:第八届全国大学生结构设计竞赛一等奖

作品名称:拓新阁(图 3-19)

图 3-19 一等奖获奖作品照片

参赛学生:张宗耀,李鸿斌,赵鹏

指导教师:付果

结构设计要求:本次全国大赛以中国古建筑为背景,以三重檐攒尖顶仿古楼阁模型制作与测试为赛题,要求用竹皮材料现场设计并制作一个三层仿古楼阁,施加 8.8kg 静力荷载后进行多级地震模拟加载测试,以通过三级地震加载的模型,重量轻者取胜。

作品简介:我校代表队现场设计制作的模型外观精美、结构轻、抗震效率高。地震加载测试前模型一层、二层和三层楼面屋檐分别施加 2.5kg、2.3kg 和 4kg 的配重荷载,地震加载测试分为三级,通过一级、二级和三级加载的模型得分分别乘以效率系数 0.5、0.75 和1.0,同时以模型质量来体现结构的合理性,我校作品最终以 59.1g 全场第四轻的模型重量安全承载了三级高强度地震作用,总成绩在 102 支队伍中排名第三,首次荣获全国一等奖。

示例 2:第十届全国大学生结构设计竞赛特等奖

作品名称:鲁班体育馆(图 3-20)

图 3-20　特等奖获奖作品照片

参赛学生：李谋，王磊，吴仕荣

指导老师：付果

结构设计要求：用竹条、竹皮纸、502 胶水制作大跨度屋盖结构，用于支承屋面荷载。结构正常使用状态承受屋面均布荷载 15kg，要求跨中挠度为 4mm 最佳，超过 4mm 的 10% 以上则判定为不合格，结构承载能力极限状态下，要求队员自己预报加载重量，以荷载与质量比值评判该阶段成绩。

作品简介：在设计和试验阶段中利用 MIDAS 软件计算分析和不断优化，最终确定为交叉空间桁架结构体系，通过拉索确保四个立柱柱顶位置，且不发生失稳破坏，两榀交叉桁架上弦采用三角形截面，并通过合理巧妙设计拉条，确保桁架左右受力平衡，不发生平面失稳。其结构杆件设计巧妙、杆件分布合理，受力简单且传力直接明确，最终结构总质量为 57g。正常使用状态 15kg 荷载下，跨中挠度变形为 3.45mm，承载能力极限状态下，经受住了 33kg 的均布荷载加载，荷载是结构总质量的近 600 倍，综合两阶段加载试验测试成绩、理论设计书、结构外观制作与创新和陈述答辩，综合成绩在 125 支队伍中均排名第一。

示例 3：第十一届全国大学生结构设计竞赛一等奖

作品名称：桁韵流水（图 3-21）

图 3-21　一等奖（冠军）获奖作品照片

参赛学生：冯展勇，焦立人，左辉

指导老师：付果，李传习

结构设计要求：用竹条、竹皮纸、502胶水制作渡槽支承系统结构，用于支承长度为6.5m的输水管。可以自行选定输水路线，但应经过指定的两个灌溉点A、B，即输水管在承台板上的正投影应覆盖A、B二点，要求输水加载超过50kg，然后卸载，以材料利用效率和输水效率评分。

作品简介：在设计或制作过程中利用软件计算分析与不断优化后，通过双层往返输水方式，在大跨位置设计成外申空间桁架结构体系，减小了跨中弯矩，节省了材料。支承部分采用独立柱支承，通过拉条约束确保整体结构稳定，其结构杆件设计巧妙、杆件分布合理，受力简单且传力直接，节点设计合理，最终定型结构总质量为99.1g(含螺钉4g和胶水5g)。在承受输水超50kg水管荷载下，整个结构毫无破损，输水损伤为0.81kg，结构荷载与质量的比值全国第二，综合试验测试成绩、理论设计、外观制作与创新和陈述答辩综合成绩在108支队伍中均排名第二。

3.6 全国大学生交通科技大赛

3.6.1 赛事介绍及发展

全国大学生交通科技大赛(NACTranS，以下简称“交科赛”)是由教育部高等学校交通运输类教学指导委员会支持，交通工程教学指导分委员会主办的高水平全国性大学生科技竞赛，同时也是纳入高等教育学会《高校竞赛评估与管理体系研究》的19项重点赛事之一。自2006年5月同济大学成功举办首届交科赛以来，交科赛迄今已连续举办16届，受到设立交通运输类相关专业的高校及大学生广泛认可和欢迎。

交科赛以交通运输科学技术问题为载体，培养大学生科学精神和科学素养、发现和解决问题的能力及团队协作精神，促进大学生学术活动开展，加强大学生科技文化交流，每年吸引数万名大学生关注现代交通问题，促进现代交通科学和技术的快速发展。

自第七届以来(2012年)交科赛主题就开始围绕“智能、绿色、共享”进行展开(表3-8)，积极落实国家“双碳”的重要目标以及建设“交通强国”的战略需求，实现“碳达峰”“碳中和”是我国重要的战略目标，“绿色集约、低碳环保”是建设“交通强国”的重要抓手，必须坚定不移地向“智能化、低碳化”迈进。

交科赛历年围绕主题 表3-8

年份(年)	主题	年份(年)	主题
2013	顺畅交通	2015	和谐交通
2014	面向智能、绿色、共享的综合交通	2016	低碳交通

续上表

年份(年)	主题	年份(年)	主题
2017	互联交通	2020	互联共享、综合发展
2018	智慧与共享	2021	共享出行、智创未来
2019	可持续交通	2022	数智交通、低碳运输

我校也积极响应国家与社会的号召，在校内举办大学生交通运输科技大赛，选拔优秀作品参加国家交科赛，鼓励广大在校学生从数字化、智能化角度，开展创新设计、创新思维、创新研究，解决我国交通运输领域的痛点问题，应用新型信息技术、通信技术、大数据等数字化、智能化技术，提升交通运输装备、设施设备、运输组织、安全应急等方面的科技水平，共创绿色、节能、低碳、环保的现代交通运输体系。

3.6.2 本赛事学校成绩

在历届交科赛中（共16届），本校屡获佳绩，共获得3项一等奖、8项二等奖以及10项三等奖。其中在2021年荣获2项一等奖（图3-22），在湖南省众高校中脱颖而出，本校自第三届（2009年）便开始参加，在参加的每一届中均获得可喜的成绩，经过多年的参赛经历的打磨与锻炼，本校具有扎实的参赛基础、充足的参赛经历以及卓越的竞赛实力，通过校内举办的大学生交通运输科技大赛，不仅能够保障交科赛作品的质量，也能够带动并激励国内其他高校在交通科技大赛上的发展，逐渐培育新生力量。

图3-22 第十六届（2021）全国大学生交通科技大赛荣获2项一等奖

3.6.3 赛事组织主要举措

3.6.3.1 日常赛事的组织工作

交通运输工程学院团委设立创新创业协会进行赛事日常管理与组织，商讨赛事议程安排，负责校内各项竞赛事务，协会工作人员也会提前对竞赛内容、赛制、流程等各方面细节进行集中学习，方便解答参赛者疑问，竞赛初期工作人员会对有意向报名竞赛学生组建微信/QQ交流群，为大家组队提供便利，协会工作人员会在交流群内解答参赛者对竞赛的疑惑，以及发布相关通知，全程负责竞赛相关事宜。

学校注重优秀竞赛作品的提前培育工作,面向校内大学生选拔有竞赛实力与潜力的学生,并为他们匹配合适的指导老师,进行竞赛作品的提前和长期培育,并择优推荐至国赛。针对推优团队,学校将为其挑选优秀的老师,进行系统培训,根据团队个人不同的技术能力,有针对性地安排竞赛项目负责模块,充分发挥团队最大优势,学校也全力支持赛事进展工作,提供住宿或差旅费,保障参赛学生的基本需求,如有需要也可聘请专业技术人员进行指导或购买实验原材料及实验设备等,有充足的经费供竞赛项目使用。

3.6.3.2 赛事奖励及制度

学院为鼓励学生积极参加学校举办的竞赛项目,切实提高本校学生创新实践能力,对此本校专门制定了学科竞赛奖励制度(表3-9),根据《长沙理工大学高水平教学成果奖励绩效管理办法(试行)》,学校将对相关获奖师生进行奖励。其中根据不同的主办方及竞赛类别,提出不同的奖励方式。将国家和省级教育行政部门、共青团组织等主办的本科生各类学科竞赛、研究生各类学科竞赛、“互联网+”创新创业大赛、艺术展演赛、体育大赛,及其他有影响力的全国性学科竞赛,纳入高水平学科竞赛奖励绩效范围,具体奖励赛事清单由教务处根据当年实际情况认定并公布。目前本校具体奖励标准如下:

国家教育行政部门、共青团中央举办的学科竞赛及其他有影响力的全国性学科竞赛分别按A、B、C类确定奖励绩效标准。

学生参加全国性学科竞赛赛事相应奖励及制度 表3-9

<table>
<tr><th>竞赛级别</th><th colspan="3">奖励及制度</th></tr>
<tr><td rowspan="3">A类国家级赛事</td><td colspan="3">一等奖:10万元/队</td></tr>
<tr><td colspan="3">二等奖:5万元/队</td></tr>
<tr><td colspan="3">三等奖:2万元/队</td></tr>
<tr><td rowspan="9">B类国家级赛事</td><td colspan="2" rowspan="3">全国大学生“挑战杯”竞赛和“创青春”创业大赛</td><td>一等奖:3万元/队</td></tr>
<tr><td>二等奖:1.8万元/队</td></tr>
<tr><td>三等奖:1.2万元/队</td></tr>
<tr><td rowspan="6">其他B类国家级赛事</td><td rowspan="3">国家级B^+</td><td>一等奖:1.8万元/队</td></tr>
<tr><td>二等奖:1万元/队</td></tr>
<tr><td>三等奖:0.7万元/队</td></tr>
<tr><td rowspan="3">国家级B^-</td><td>一等奖:1.4万元/队</td></tr>
<tr><td>二等奖:0.8万元/队</td></tr>
<tr><td>三等奖:0.5万元/队</td></tr>
<tr><td rowspan="3">C类国家级赛事</td><td colspan="3">一等奖:1万元/队</td></tr>
<tr><td colspan="3">二等奖:0.6万元/队</td></tr>
<tr><td colspan="3">三等奖:0.4万元/队</td></tr>
</table>

注:国家级A、B、C类赛事的省级(含区域)选拔赛及省级教育行政部门和共青团组织主办的省级赛事获得的等级奖,指导教师奖励绩效计入教学业绩值,学生按一等奖3000元/队、二等奖1500元/队、三等奖1000元/队的标准进行奖励。

3.6.3.3 积极并成功举办第十三届全国大学生交通科技大赛

2017 年长沙理工大学积极申请承办全国大学生交通科技大赛，并申请成功，于 2018 年 5 月 18 日至 5 月 20 日在长沙理工大学云塘校区成功举办第十三届全国大学生交通科技大赛（图 3-23），是本项赛事首次在非 985、211 高校举办。

图 3-23 第十三届全国大学生交通科技大赛在我校举行

本届交通科技大赛承办质量得到省教育厅以及各高校的广泛认可与好评，本次竞赛的举办经历也为其他竞赛项目的组织安排打好基础，给其他非 985、211 高校承办大型竞赛项目提供了参考，此外，在本届全国大学生交通科技大赛上本校取得良好的成绩，荣获 3 个二等奖，为此次比赛获奖项目较高的高校。

3.6.3.4 积极申办湖南省交通科技大赛

为了推动本省交科赛发展，综合国家与本省交通行业背景、本科教育质量提升工作等要求，本校于 2022 年开始积极申办湖南省交通科技大赛。希望通过与湖南省公路学会合作，发挥其在湖南省交通行业的影响力与号召力，搭建一个有利于人才培养与行业创新融合发展的平台，通过多方力量与支持，进一步提高我省交通科技化、信息化、智慧化水平，积极促进交通科研院校与企业的产学研交流合作，尽可能争取得到省赛的申办权与组织权。

3.6.4 优秀获奖作品示例

示例 1：自动驾驶交叉口行人过街摆渡车设计、建模与仿真

作者：向争良，周钕欣，张洁，罗润杰

指导教师：吴伟，龙科军

摘要：在未来自动驾驶交叉口，自动驾驶车辆之间能实现相互配合、相互穿插地通过交叉口，而无须红绿灯控制，已有文献针对“穿插式”自动驾驶交叉口的通行效率和通行安全展开了大量的研究。然而，交叉口亦是服务行人过街的关键节点，在自动驾驶车辆相互穿插、无红绿灯控制的未来自动驾驶交叉口，如何安全有效地保障行人过街的

需求,缺乏相应的研究。本作品:①设计了自动驾驶行人“过街摆渡车”;设定行人过街都须乘坐“过街摆渡车”,摆渡车可以在交叉口内部来回穿梭,运送不同方向的行人过街需求。②建立了“过街摆渡车”在交叉口内部来回穿梭的最佳行驶路径模型;通过虚拟节点技术,将交叉口的每个角落虚拟成6个节点,并与过街行人需求映射,优化“过街摆渡车”的最佳行驶路径。③建立了考虑自由转向车道的交通控制模型;为分离“过街摆渡车”和自动驾驶车辆的冲突,考虑“自由转向车道”,以到达乘客总延误最小为目标函数建立混合整数规划模型,优化“过街摆渡车”和自动驾驶车辆进入交叉口的最佳时刻。④面向本作品模型的属性,设计了智能求解算法。融合 BP 神经网络与灰狼算法的优点,采用 MATLAB 编程对模型进行快速求解。⑤借助开源游戏开发引擎,开发了仿真平台;使用 C4D 和 Untiy 软件实现 3D 仿真,对本作品模型和场景进行仿真验证。本作品的设计方法能为自动驾驶交叉口行人过街问题提供解决思路。

1. 研究背景

自动驾驶是智能交通发展的趋势,近年来研究学者针对未来自动驾驶交叉口展开了大量的研究,借助5G等车路通信技术,自动驾驶车辆可以相互配合,实现在交叉口内部的“穿插式”通行,而无须信号灯控制,且通行效率比信号控制更高。但已有研究暂未考虑“穿插式”通行对行人过街的影响,在“穿插式”通行场景下,行人如何安全有效地过街成为亟待解决的问题,如图3-24、图3-25所示。

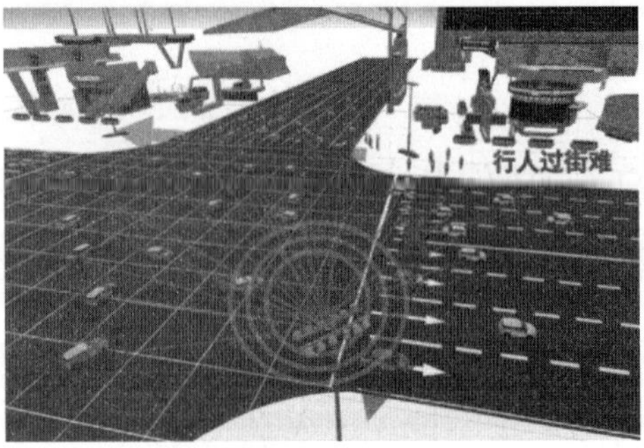

图3-24　自动驾驶交叉口“穿插式”通行示意图

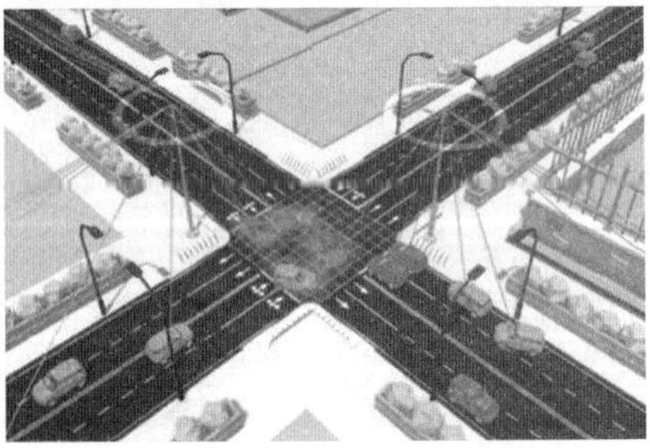

图3-25　“行人过街难”示意图

2. 设计原理

以双向八车道平面交叉口为例,从模型建立和模型求解两方面进行说明。

1)模型建立

(1)“过街摆渡车”最佳行驶路径优化模型。

①在交叉口四个街角设置摆渡车停靠点,每个街角最多设置三个停靠点,如图3-26所示,摆渡车集合设为 N_P,摆渡车停靠的站点会影响其在交叉口内部的运行路径,如在位置1的摆渡车只能在图3-26中轨迹内循环运行。区别于传统过街方式,摆渡车可直接从 A→D,也可以 A→B→D 或 A→C→D 二次过街。

分别设置出发节点集合 $O_p = \{A_1, A_2, A_3, B_1, B_2, B_3, C_1, C_2, C_3, D_1, D_2, D_3\}$，终止节点集合 $D_p = \{a_1, a_2, a_3, b_1, b_2, b_3, c_1, c_2, c_3, d_1, d_2, d_3\}$，虚拟起点 f_a 以及虚拟终点 f_d，将交叉口的每个角落虚拟成 6 个节点，给所有节点赋予对应编号如图 3-26 和图 3-27 所示。

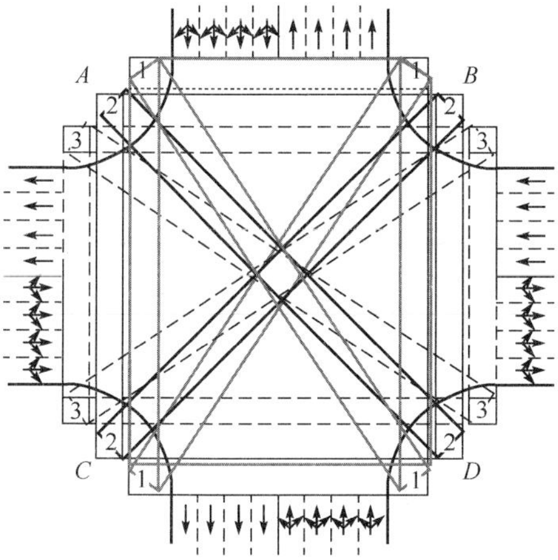

图 3-26　路径优化模型示意图

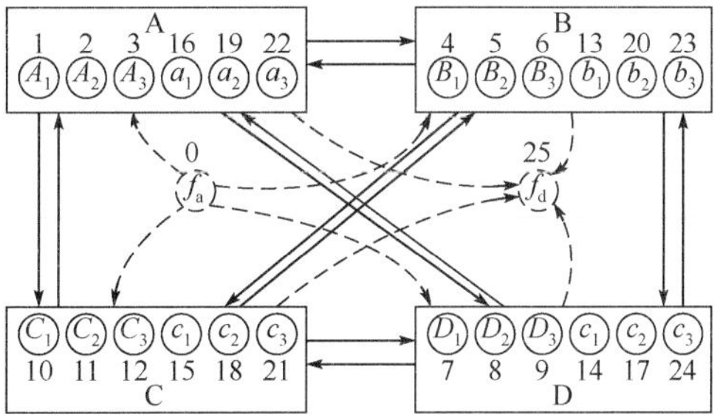

图 3-27　节点集合对应规则示意图

②对摆渡车的流量守恒、容量和行程时间等进行约束。

③以所有摆渡车行程时间的总和最短为目标，建立目标函数，优化获得摆渡车的最佳行驶路径。

（2）考虑自由转向车道的交通控制模型。

①为提高自动驾驶交叉口通行自由度，将每个进口车道都设置为“自由转向车道”，规定在每个车道自动驾驶车辆均可以“左直右”通行。为具体分配交叉口空间，将交叉口内部网格离散化，划分成 140 个正方形网格，规定网格边长等于车道宽度，并分别编号确定坐标范围，如图 3-28、图 3-29 所示。

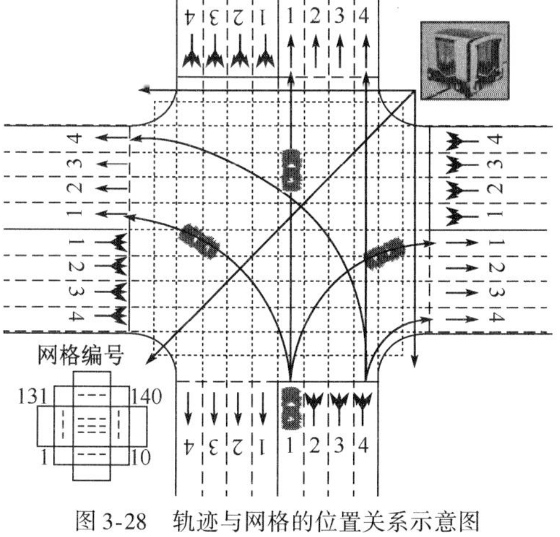

图 3-28　轨迹与网格的位置关系示意图

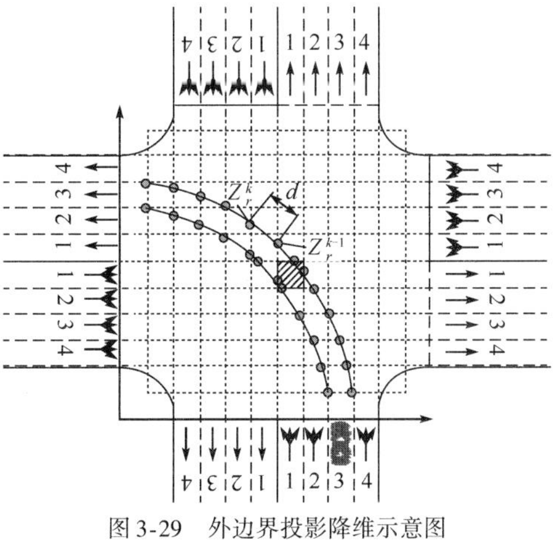

图 3-29　外边界投影降维示意图

根据车辆理论进出口车道与摆渡车路径,可分别求出其轨迹方程。

②为得到自动驾驶车辆进出网格的时刻,根据外边界投影降维法,将行驶通道内所有网格顶点投影至轨迹外边界并按照路线方向排序,进而推出轨迹 r 进出网格的所有位置点 Z_r^k 与对应时刻 t_r^k,如图 3-30 所示。

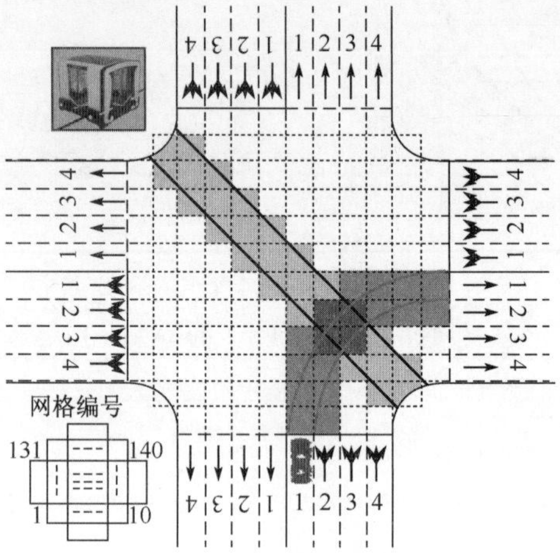

图 3-30　车辆冲突网格映射示意图

③为计算过街摆渡车来回穿梭时进出网格的时刻,考虑其出发时速度变化的两种情况:只有加速度为 a_p 的匀变速阶段,没有以速度 v_p 匀速行驶阶段;能到达设定的速度 v_p,存在匀速行驶阶段。

④考虑摆渡车与自动驾驶车辆、不同自动驾驶车辆之间的冲突。

⑤考虑车辆和过街摆渡车上的所有乘客总延误最低,建立目标函数,求出通行时刻。

模型建立后,可对非线性约束转换为线性约束,此处省略此过程。

2)模型求解

上述模型为 NPC 问题,无法在多项式时间内获得最优解。即使利用高效的商用 CPLEX 求解器,也无法满足求解时效性。根据 Wolpert 和 Macready 提出的 No Free Lunch(NFL)定理,不存在最适合解决所有优化问题的元启发式算法。因此有必要设计一种专门针对于本作品模型的算法,提高模型求解的计算效率。

摆渡车路径集合为定长,且求解结果的适应度与虚拟节点之间的排列顺序有关,而灰狼算法提出的社会等级制度与环绕捕猎机制对此具有很好的适配性。其特有的机制既能保证快速的全局搜索,又能防止陷入局部最优,保持探索与开发的平衡。虽然灰狼算法只有 a 与 c 两个需要调整的参数,但参数的初始值对于算法整体性能影响很大。因此,为了满足不同行人流量下的求解效益,本作品引入 BP 神经网络。训练过程如下:基于样本数据,通过网格化搜索选取最佳参数对,生成 200 组数据对 BP 神经网络进行训练，实现行人流量与参数对的映射关系。为避免 BP 神经网络的缺陷，赋予学习速率自适应调整机制，整体算法思路如图 3-31 所示。

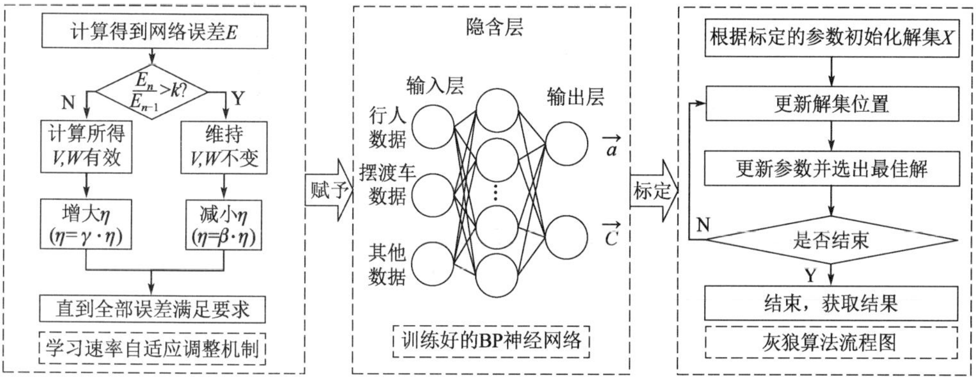

图 3-31　算法思路示意图

3. 仿真设计

C4D 是一款在工业设计上拥有出色视觉表达能力的动画软件。Unity 是可以进行汽车设计、游戏开发、建筑可视化等制作的实时 3D 互动内容创作和运营平台。本作品使用 C4D 与 Unity 进行动画仿真，步骤如下：

Step1：场景搭建与模型建立。利用 C4D 对行人、自动驾驶车辆、行人过街摆渡车与周围建筑建立模型，如图 3-32 所示。导出. fbx 文件并在 Unity 中打开，制作为 Prefab 元件，添加不同组件以模拟各种动画行为。

Step2：脚本编写与动画制作。采用策略模式撰写摆渡车过街行为等脚本；使用 C# 撰写 Animation Manager，封装其核心 API，用于生成不同动画，如图 3-33 所示。

图 3-32　场景设计图

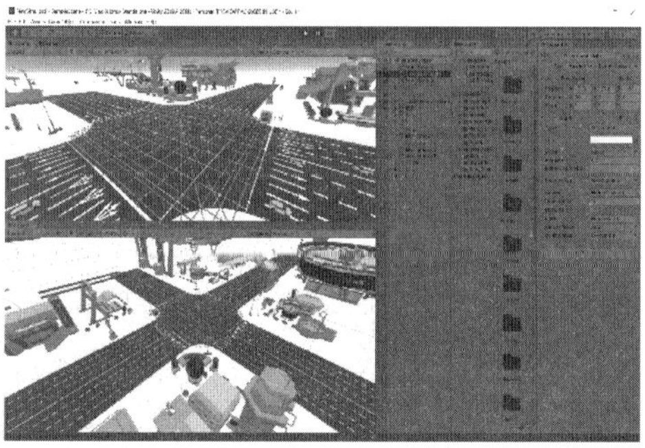

图 3-33　Unity 仿真工作示意图

4. 效益对比分析

对比以下两种方案的效益。方案一：传统过街方式，过街摆渡车有固定行驶路径，只能在交叉口的某一侧来回运送行人。方案二：本作品设计的过街方式，过街摆渡车可以在交叉口内部来回穿梭。

在行人流量分别为48、64与80人/分钟的情况下，对两种方案进行对比分析，统计行人延误，结果如图3-34所示；不同行人流量、不同摆渡车辆数量下的行人延误三维曲面图如图3-35所示；在行人流量为64人/分钟，摆渡车分别为1～7辆时，对本作品设计的过街方式下的行人延误进行统计，结果如图3-36所示。通过对比分析可以发现：本作品的设计方法能高效保障自动驾驶交叉口的行人过街需求。

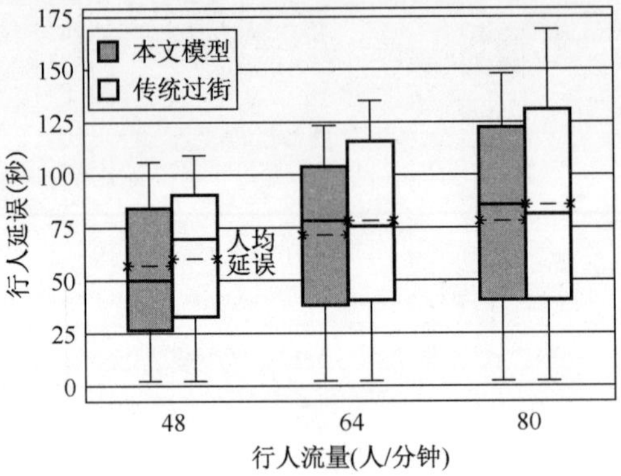

图3-34　不同行人流量下延误图

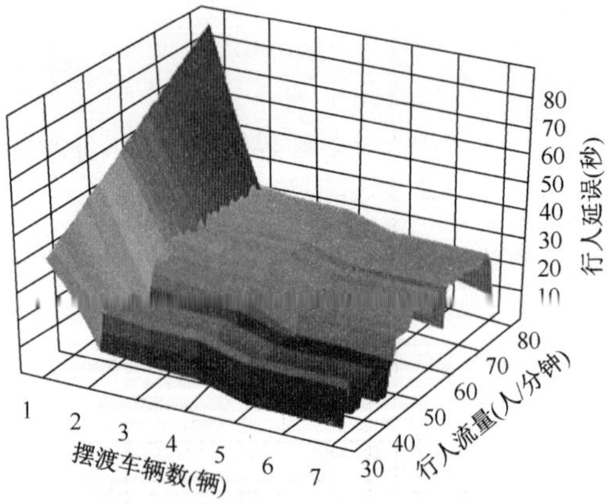

图3-35　行人延误三维曲面图

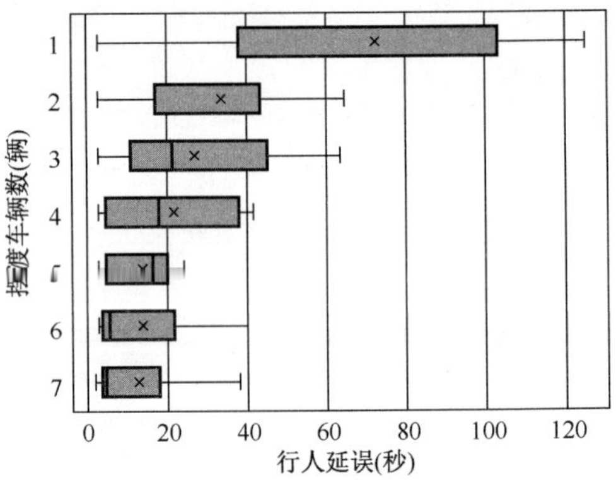

图3-36　不同摆渡车辆数下延误图

5.创新特色

(1)设计了行人过街摆渡车，并优化在交叉口来回穿梭的最佳路径。本作品设计行人过街摆渡车的大小、停靠位置、交叉口内部的通行轨迹，并以行人总延误最小为目标，通过虚拟节点技术建立过街摆渡车在交叉口内部来回穿梭的最佳路径模型。

(2)建立了交通控制模型分离冲突，同时优化过街摆渡车和自动驾驶车辆进入交叉口的时刻。以人均总延误最小为目标函数，考虑自由转向车道，分离过街摆渡车和自动驾驶车辆的冲突，优化所有到达车辆和过街摆渡车进入交叉口的时刻。

(3)设计了求解算法并建立了基于C4D与Unity的3D仿真平台。根据本作品优化问题属性，结合BP神经网络与灰狼算法的优势对模型进行快速求解，最后利用C4D

与 Unity 搭建仿真平台，进行 3D 可视化仿真。

6. 应用前景

本作品响应安全、高效、便捷等以人为本的交通发展理念，成果可应用于自动驾驶测试区和城市道路自动驾驶试点区的交叉口建设，针对性解决行人过街问题，具有较好的应用前景。

示例 2：公交车智慧座椅

作者：张洁，王露，易咏姿，杨枝枝，谢欣波

指导教师：龙科军

摘要：结合《国家综合立体交通网规划纲要》中推进交通智慧发展，推进人文建设的相关政策，以及高峰期公交车内拥挤、特殊人群“无座可坐，有座被占”、爱心座椅功能单一等问题，设计该智慧公交座椅。本座椅结合 5G 和生物识别等技术，通过电路设计、机械原理以及传感设备实现实时共享座椅使用情况、乘客身份的识别及爱心座椅智能共享。在高效利用公交车内空间提高运输效率的同时促使座椅多样化、智能化发展，给予特殊人群更多关照，推动交通人文建设。

1. 研究背景

（1）社会现实背景。

《国家综合立体交通网规划纲要》勾勒了未来 15 年我国综合立体交通网建设蓝图，到 2035 年，基本建成现代化高质量国家综合立体交通网，到 20 世纪中叶，全面建成交通强国。纲要中明确指出要加强交通运输人文建设，完善交通基础设施、运输装备功能配置等，加强无障碍设施建设，提高特殊人群出行便利程度和服务水平，满足不同群体出行要求。我国正在大力发展公共交通，公交车是公共交通的重要组成部分，公交系统的发展水平是城市公共服务水平的体现之一。公交车的爱心座椅被霸占，特殊人群乘车起身困难、高峰时期车内空间不足等问题也亟待解决。

（2）国内外研究现状。

在公交车座椅方面，国外对公交座椅的研究主要集中在座椅的舒适程度以及使用材料上，智能座椅也是围绕着这两个领域展开。国内陆化普等人在《城市智能交通系统的发展现状与趋势》中为 GPS 定位系统应用于公交车爱心座椅提供了思路，为公交车爱心座椅的智慧化提供了改进方向。林伯松等人针对特殊人群的需求分析现有座椅功能的不足，为进一步改良爱心座椅提供思路，但国内外对公交座椅智能化研究却鲜有涉猎。

本项目结合当下 5G、生物识别等技术实现爱心座椅的智能化，保障特殊人群行有所乘并协助他们起身，提高高峰期公交车内空间利用率，增强公交服务的舒适性、功能性，进而加强无障碍交通出行的建设，推动公交车智能化发展，提高智慧出行服务水平。

2. 设计原理

(1)设计思路。

本项目为解决高峰期公交车内空间不足、公交车爱心座椅被占、老年人起身困难等问题,提出公交车爱心座椅智能改造的方案。改造后的爱心座椅在无人使用时自动折叠,仅特殊乘客使用已认证IC(集成电路)卡或微信小程序解锁使用爱心座椅。同时,座椅设计有协助起身装置为老年人、孕妇等特殊乘客起身提供帮助,座椅增设的扶手及安全带装置为特殊人群乘车提供了安全保障。通过上述设计,可有效避免爱心座椅被霸占现象的发生,提高车内空间利用率,给特殊人群出行提供更多便利。

(2)设计内容。

座椅的结构包括椅背、椅面、电磁锁扣、弹簧、单向阻尼器、电缸、抬升板、助力开关、安全带和安全扶手等。

乘客刷卡,刷卡机把信号传递给电磁锁,其在电信号的作用下回缩,座椅面解锁,乘客在10s内将座椅面放下(电信号在10s后消失,电磁锁回弹)。当乘客即将到站时,可按下助力开关,电缸接收到电信号,在电信号的作用下缓慢伸出并顶起抬升板,抬升板助力乘客站起,当电缸运动到乘客需要高度时,电缸自动回缩(速度比座椅面升起快,通过程序设计及调节单向阻尼器实现),抬升板回到初始位置,座椅面在弹簧和单向阻尼器的作用下缓慢升起,座椅面回到原位,座椅面在电磁锁扣的作用下自动上锁。

①机械设计。

座椅协助起身装置的设计主要利用的是电缸的工作原理,座椅椅面开辟一块抬升板,采用电缸支撑抬升板,给人体提供一个协助起身的力。设备示意图如图3-37～图3-39所示。

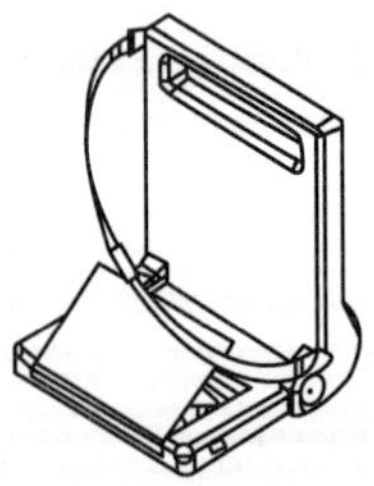
图3-37　座椅正视图

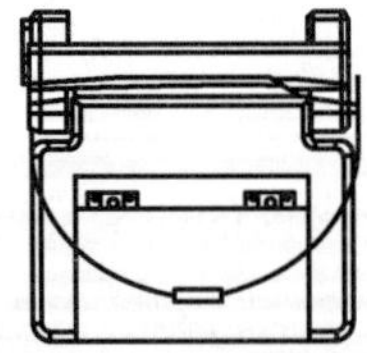
图3-38　座椅俯视图

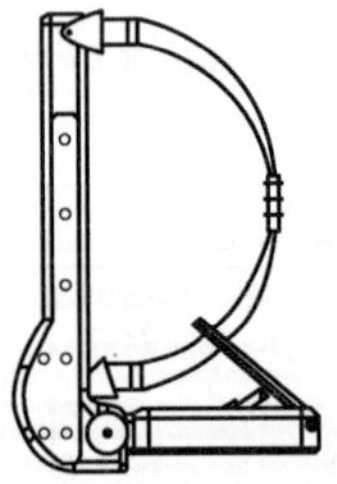
图3-39　座椅侧视图

电缸运作原理:电缸由电机,丝杆,丝杆螺母轴组成,通过电机带动丝杆的正反转来控制丝杆螺母轴的伸缩,当控制器给电机正转信号时,电机带动丝杆正转,此时丝杆螺母轴伸出,当控制器给电机反转信号时,电机带动丝杆反转,此时丝杆螺母轴回缩。

根据人机工程学原理,通过电机设置调速器来控制倾斜速度,按照符合人体运动的数值来设定抬升角度范围为0°～40°(研究分析表明,人体最易于起身时椅面与水平夹角为34.6°)。在该阈值范围内,特殊乘客持续按动座椅旁边的助力按钮,将座椅调节到适宜的抬升高度。该装置可降低行动不便乘客起身难度,提高爱心座椅的舒适度。

②电路设计。

该智能公交车读卡器的电路是在一般IC卡读卡器电路基础上进行的改造设计(图3-40),使乘客上车刷一次卡可实现身份识别和座椅解锁两项功能。当乘客刷卡后,读卡器接收到IC卡数据并进行乘客身份识别,同时激活人脸识别系统。公交车读卡器旁的人脸识别机器对检测到的乘客的面部进行去噪、平滑等基础预处理后,抽取图像的主要特征数据库中图像特征进行匹配,相似度达到90%以上即匹配成功,此刻电信号转化成电磁信号,解锁空闲的爱心座椅。面部识别系统可联网同步登记乘客乘车信息。乘客离开后,座椅面板受到转轴弹簧的弹力拉扯自动回弹至折叠状态,座椅面板触动电磁锁,座椅再次上锁,并将信息反馈给终端,实时更新座椅使用状态信息。

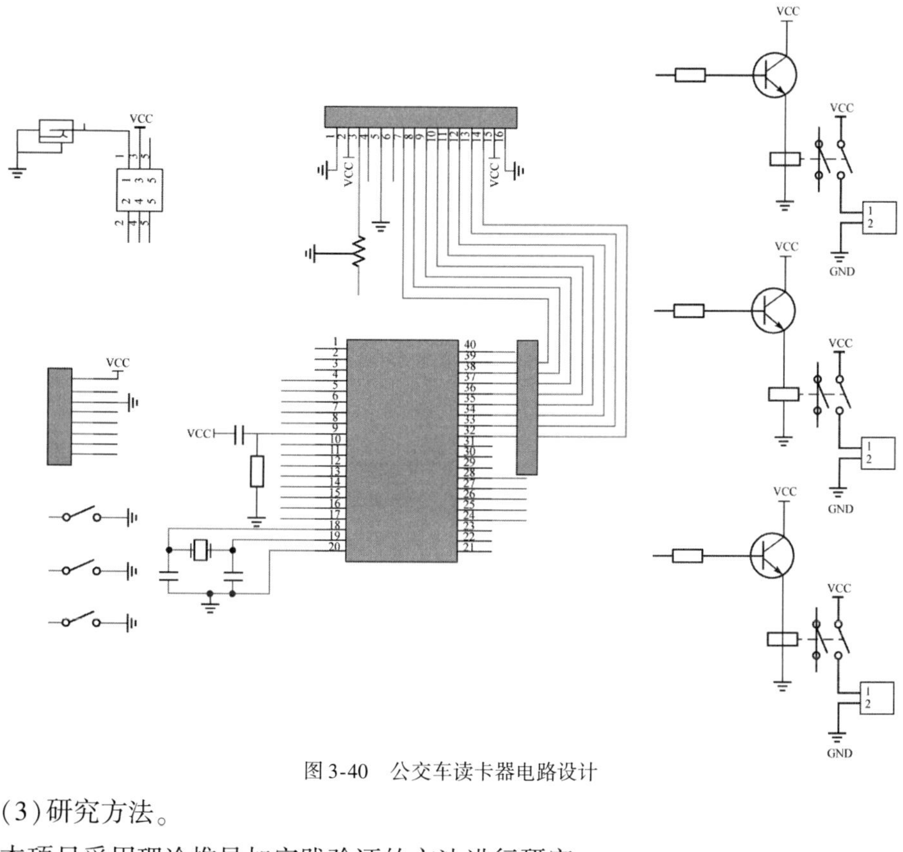

图3-40 公交车读卡器电路设计

(3)研究方法。

本项目采用理论推导加实践验证的方法进行研究。

理论推导:基于现存的公交车内空间利用不充分问题、爱心座椅被占及部分特殊人群起身困难问题,团队成员通过查阅当前公交车座椅相关研究文献,了解公交车座椅现存技术难题及已应用的解决方案,分析方案的可行性与不足,通过团队分析讨论出一致解决方案。

实践验证：前期通过实地调研长沙市公交车线路的乘客流动情况，以及采访特殊人群得到反馈，分析座椅改造方案的可行性及改进方向；中期基于理论推导，利用 Solidworks、CAD 等软件建模，组装机械模型并进行模拟测试，并使用 ANSYS 软件对座椅模型进行受力分析，进行验证；后期以提高座椅的安全性与实用性为核心目的，进一步改进座椅，并再次分析验证得出最佳方案。

3. 创新特色

(1)技术创新。

①搭建预约共享云平台。

利用 5G 及大数据库搭建共享云平台，实现高效身份识别，智能预约、共享爱心座椅。乘客通过在公交车公司登记、小程序注册登录将个人信息上传至云平台，并在平台完成面部识别认证。有预约需要的乘客可在小程序上选择上车地点及目的地，根据自身需求并参考小程序上座椅使用状态，选择车次及爱心座椅位置(图 3-41)。上车时，乘客通过刷 IC 卡或小程序身份码进行身份认证，并通过面部识别与云数据库进行匹配，匹配成功后即可解锁座椅。乘客下车后，座椅再次锁住，并将座椅无人信号传回终端。若用户未在指定时间地点、相应车次上车，当公交车离开预约站点后，预约系统将自动取消预约。乘客乘车记录与座椅使用状态信息可在云平台实时同步更新。该设计运用现代高新技术，能有效遏制霸座现象，实现公交车爱心座椅智慧共享。

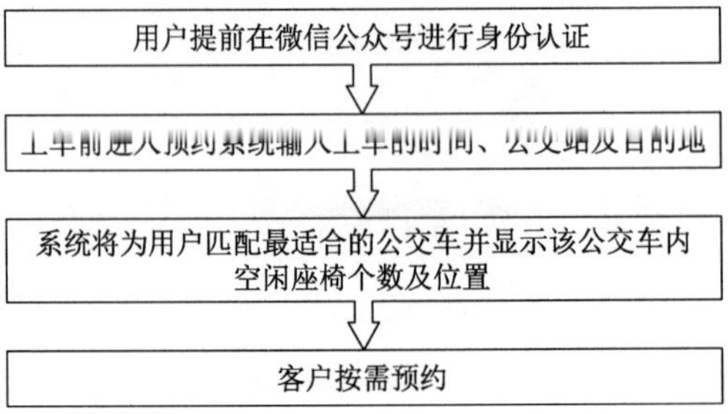

图 3-41　预约使用流程

②座椅智能折叠。

通过软件程序及电路设计，使得乘客上车时刷一次卡同时实现两个程序功能：读取 IC 卡信息并识别乘客是否为特殊乘客，通过面部系统保证持卡者为本人；系统反馈智能爱心座椅使用情况，并打开座椅，乘客根据提示到达爱心座椅。改良后的爱心座椅有以下三种使用方式：微信小程序预约、扫码入座与 IC 卡刷卡。公交车司机后方的一排公交爱心座椅可以使用预约系统、微信扫码或 IC 卡打开，通过预约机制，确保急需座椅的特殊乘客有座可坐。通过以上功能，智能爱心座椅可以有效减少非特殊人群占用爱心座椅现象的发生，解决特殊人群“无座可坐，有座被占”的问题。

③设置协助起身装置。

针对腿部不便的特殊乘客，本产品设置了抬升板，特殊乘客只需按座椅旁边的按钮，通过持续按按钮来将座椅底板调节到合适的抬升角度，以减轻特殊人群起身时腰部及腿部负担，从而达到协助起身的效果，给特殊人群出行提供便利。

④双重管理模式。

智能公交爱心座椅分为高峰期模式和一般模式两种管理模式。高峰期模式（这里指该公交车内爱心座椅在此段时间内持续处于使用状态）：当遇上节假日、上下班高峰期等人流量较大的时段，公交车司机开启高峰期模式，车内未被使用的智能爱心座椅处于折叠状态；特殊乘客在上车后，可以用 IC 卡以及微信小程序打开座椅；一般模式：当人流量较少时，公交车司机切换模式，公交车司机后方一排智能爱心座椅处于解锁状态，特殊人群无须解锁使用；靠门一侧爱心座椅仍被锁定，仅供特殊乘客刷卡使用。该管理模式提高高峰期时公交车内空间利用率的同时，为特殊人群优先使用爱心座椅的权利提供了保障。

（2）应用创新。

本产品在技术上利用先进的 5G 技术，让乘客在等车途中能够实时查询座椅使用情况，从而选择更好的车次路线；协助起身装置能增加乘客乘车的舒适感，为行动不便乘客起身提供便利；智能识别系统则体现了新时代背景下人文关怀的意识。

4. 应用前景

基于当下社会背景、信息技术的发展态势以及市场需求将爱心座椅进行智能化、机械化改造。协助起身装置为行动不便的特殊人群起身助力；折叠式座椅增大车内站立空间；智能识别装置可有效避免霸座情况发生，为特殊人群提供更多社会关照（表 3-10）。综上所述，该智能爱心座椅的改造方向顺应公共交通智能化潮流，响应国内相关政策号召，所用技术简单可实现性强，可以在投入实践后继续完善创新，其社会效益将日渐凸显，社会价值不断提升，市场前景广阔。同时为从事此方向研究的专业人士提供参考，共同打造特殊人群的无障碍交通出行环境。

传统爱心座椅与智慧折叠椅的对比 表 3-10

传统爱心座椅	智慧折叠椅
座椅使用状态未知，相关状态信息难以获取与利用	通过 5G 技术，为状态信息的进一步利用提供条件，实时、准确地向客户端反映座椅状态信息
使用功能单一，与人们日趋多元化的需求产生矛盾	协助起身系统为行动不便的特殊乘客起身助力；折叠系统优化公交车内空间资源；小程序实现提前预约，上车有座
任意乘客随意使用，不受限制，缺乏管控，易产生资源不匹配与资源浪费的问题	通过特别设计的技术，智能识别乘客身份，选择性打开座椅

3.7 全国大学生节能减排社会实践与科技竞赛

3.7.1 赛事介绍及发展

全国大学生节能减排社会实践与科技竞赛是由教育部高等学校能源动力类专业教学指导委员会指导,全国大学生节能减排社会实践与科技竞赛委员会主办的学科竞赛。该竞赛充分体现了"节能减排、绿色能源"的主题,紧密围绕国家能源与环境政策,紧密结合国家重大需求,起点高、规模大、精品多、覆盖面广,是一项具有导向性、示范性和群众性的全国大学生竞赛,在教育部的直接领导和广大高校的积极协作下,得到了各省教育厅、各高校的高度重视。本活动每年举办一次。全国大学生节能减排社会实践与科技竞赛是激发当代大学生的青春活力、创新实践能力、科研训练与实践,提升本科生学习能力、实践能力和科学素养的一个重要环节。通过参加(或观摩)系列比赛活动让学生在耳濡目染、潜移默化中受到科研训练和实践创新,提升综合工作能力。

我校自大赛第一届开始举办校级选拔赛,由教务处、校团委主办,能源与动力工程学院承办,现已连续举办十四届节能减排校内选拔赛,赛事一届一届传承,形成学生间的传帮带,社会实践选题确立、调研分析、报告撰写、成果最终形成以及科技作品的设计、制作、阐释、完善这一系列过程、环节与科研项目的训练异曲同工,对培养大学生的科研能力具有特殊优势。节能减排校内选拔赛为我校选拔出一批优秀的节能减排科技作品和社会实践作品,有利于提升我校节能减排科技文化和推动大学生科技创新创业工作。

3.7.2 本赛事学校成绩

3.7.2.1 全国大学生节能减排大赛优秀组织奖

以下为我校全国大学生节能减排大赛优秀组织奖证书证明,如图 3-42 所示。

3.7.2.2 第六届全国大学生节能减排大赛获奖情况

在第六届全国大学生节能减排大赛中,3 件作品晋级节能减排大赛决赛,并获得佳绩,其中:樊绍胜老师指导的作品"水体污染侦测机器鱼"荣获全国一等奖(参赛学生:张卫明、曾亮鹏、刘筱伟、任泽云、赵玮、戴其城),顾小松老师指导的作品"长株潭城市群'两型'社会建设综合配套改革试验区重点企业能耗分析及节能评价体系"荣获全国二等奖(参赛学生:朱楚华、李杰、马婷婷、梁皓阳、谢琼、陈敏、陈希),曾巨澜老师指导的作品"高性能定形相变材料的开发及相变太阳能热水器的设计"荣获全国二等奖(参赛学员:郑双好、严文佩、朱珍、朱新宇、蔺捷),学校荣获优秀组织奖,如图 3-43 所示。

图 3-42　全国大学生节能减排大赛优秀组织奖

图 3-43　第六届全国大学生节能减排大赛获奖证书

3.7.2.3　第八届全国大学生节能减排大赛情况

以下为我校参加第八届全国大学生节能减排大赛获奖情况一览表及获奖证书，如表 3-11、图 3-44 所示。

第八届全国大学生节能减排大赛获奖情况一览　　表 3-11

作品名称	参赛学生	指导教师	奖项
基于风光互补的声光智能照明电源	陈强波　罗弼　李木慧　彭伟　刘海莹　许一	周鹏展	三等奖
聚光光伏电池散热用板式脉动热营散热器研发	张敬恩　魏浩博　王雪菲　刘哲宇　段凯　张恒与	夏侯国伟	三等奖
冷热水循环利用的控制方法及装置	陈思墨　王心培　蔡旖旎　冯用　段希晶　郭惜颜	刘忠	三等奖
集热联体红外线新型燃气灶	王雪燕　宁飞　阮雪花　张涛　王晋宝　邹婷婷　高超群	尹艳山	三等奖

图 3-44　第八届全国大学生节能减排大赛获奖证

3.7.2.4　第九届全国大学生节能减排大赛获奖情况

以下为我校参加第九届全国大学生节能减排大赛获奖情况一览表，如表 3-12 所示。

第九届全国大学生节能减排大赛获奖情况一览表　　表 3-12

作品名称	参赛学生	指导教师	奖项
一种无坝式水力发电系统	何郴阳　向恒　傅绍鹏　郑宇豪　仇村朴　刘成龙	邹淑云	三等奖
燃烧装置风量调节阀及其联动装置设计	王雪燕　张钟庆　王炳和　黄正宗　唐博　潘梅赓　龙俊武	卢绪祥	三等奖
基于椰壳炭-硬脂酸储热的无水箱太阳能热水器	杨立新　肖桂雨　陈智刚　覃世球　杨予辰	李传常、陈荐	三等奖
基站热管半导体分区温控装置	杨艳佳　张宏亮　黄亮　司慧伟　夏胡倩	孙小琴、顾小松	三等奖
类反电渗析发电装置研制与应用	尹业峰　汪夏菲　彭昭霖　徐梦媛	何建军	三等奖

3.7.2.5 第十届全国大学生节能减排大赛获奖情况

2017 年 6 月 19 日,“神雾”杯第十届全国大学生节能减排社会实践与科技竞赛三等奖及入围决赛作品名单公示,我校能源与动力工程学院的新能源科学与工程专业吴凯、甘超、张柳江、肖伟、杨子媛等同学的作品“城镇低风速近地风力发电装置”获得全国三等奖。

3.7.2.6 第十一届全国大学生节能减排大赛获奖情况

以下为我校参加第十一届全国大学生节能减排大赛获奖证书,如图 3-45 所示。

图 3-45　第十一届全国大学生节能减排大赛获奖证书

3.7.2.7 第十二届全国大学生节能减排大赛获奖情况

以下为我校参加第十二届全国节能减排获奖情况一览表及获奖证书,如表 3-13、图 3-46 所示。

第十二届全国节能减排获奖情况一览表　　表 3-13

作品名称	参赛学生	指导教师	奖项
太阳能快递盒智能回收系统	付扬帆　李英哲　李沐段　孟凯　史彦鑫　周阿诚	石尔、顾小松	二等奖
一种基于昼夜温差的相变储热式成水淡化系统	赵新波　张波　马欢　王梦帆	李传常	三等奖

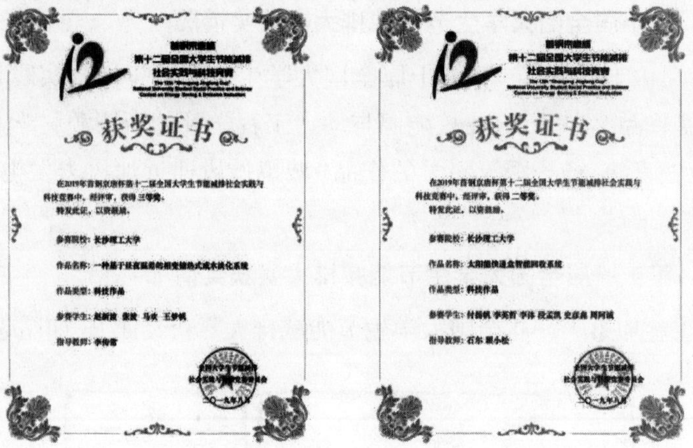

图 3-46　第十二届全国节能减排大赛获奖证书

3.7.2.8　第十三届全国大学生节能减排大赛获奖情况

以下为我校参加第十三届全国节能减排获奖情况一览表及获奖证书，如图 3-47 所示。

图 3-47　第十三届全国大学生节能减排大赛获奖证书

3.7.2.9 “力诺瑞特杯”第十四届全国大学生节能减排社会实践与科技竞赛

2021 年 8 月 27 日至 28 日，“力诺瑞特杯”第十四届全国大学生节能减排社会实践与科技竞赛决赛在山东大学举行。经过网评、会评、路演和决赛答辩等阶段的层层选拔，我校两件参赛作品《“磨旧覆新”——基于可持续理念的办公废纸再生装置》和《基于超声波传感器追踪人体的节能型电暖器》，从参赛的 514 所高校的 5201 件有效作品中脱颖而出，获全国一等奖，我校还有 7 项作品获得三等奖，如图 3-48 所示，并获颁赛事优秀组织奖。此次获奖等级与数目均创历史新高。

获奖名单

作品编号	指导老师	团队成员	作品名称	获奖等级
144301010	张巍、赵斌	李乐、肖敏、蒋含蕾、伍乔、龙玉凤、陈黄亮、王子涵	“磨旧覆新”——基于可持续理念的办公废纸再生装置	一等奖
144301020	石尔、刘亮	梁晓琳、陈黄亮、刘自强、罗乐乐、贾栋、陈姿	基于超声波传感器追踪人体的节能型电暖器	一等奖
144301030	夏侯国伟、张巍	付翌彤、阳小伍、许伟鹏、黄梦轩、贝天佑、张展维	“芯冷先锋”——双脉拱回路板式热管	三等奖
144301040	吴悠	杨涯文、刘建辉、孙德志　李昊森、刘宇	网络化智能垃圾分拣装置	三等奖
144301050	刘亮、李文豪	吕贤彪、张李鹏、曲梓涵、刘佳丽、邓权	双蓄热型生活垃圾热解蒸汽发生器	三等奖
144301060	罗日成、王力	班昌宇、周嘉里、刘洲航、李梓萌、金诗卉、宣文长、冯礼赞	电网“蜘蛛侠”——高压电力绝缘子清扫机器人	三等奖
144301070	石尔、李文豪	刘源园、孔茗娟、肖润珂、刘冬、杨佳、刘华梁、辛小庆	一种“行为节能型”燃气灶火力调控系统	三等奖
144301080	靳攀科	段超、罗锦程、杨宏丽、易宇华、徐舒欣、余群、肖乾铭	基于物联网的精准农业作业机器人	三等奖
144301150	李微、胡琳琳	周刚、孔琴、王恒、江奕锦、李鹏 辉、周嘉里	一种基于双集式结构的列车轨道能量收集装置	三等奖

图 3-48 “力诺瑞特杯”第十四届全国大学生节能减排社会实践与科技竞赛获奖情况

3.7.3 赛事组织主要举措

大学生科研训练项目主要是让学生通过教师的“指”与“引”去独立完成科研训练项目，独立完成科研成果、研究报告或学术论文。在这个过程中需要指导老师付出大量时间和精力，其劳动需要得到肯定与激励；学生花费大量时间和精力努力取得的科研成果也要得到认可。为此，我院从动员到评选采取了以下举措。

3.7.3.1 前期动员

开展“节能减排大赛”作品解析讲座、“节能减排学科竞赛作品两级评审与选拔”专题等讲座、举行动员大会。

3.7.3.2 举办科创团队经验分享会

通过介绍往届优秀学长学姐的优秀作品及科创经验，既能启发科创团队成员，也能够让科创团队成员了解到相关赛事。学长学姐的科创经验能够给予正确的指引，激发同学们的创新创造热情。

3.7.3.3　举办节能减排知识竞答活动

为鼓励学生参加学科竞赛，丰富活动形式，能源与动力工程学院举行了“节能小卫士”节能减排知识竞答活动，同学们热情参与。

组建专兼职指导参加节能减排大赛的教师团队，实施“专兼结合、校企互动”的优秀团队建设工程，专兼职指导教师通过对选手进行理论知识丰富和逻辑思维训练，一步步将选手带到新技术的应用和科研开发的殿堂。

筹建“节能减排”竞赛协会，以学校能源管理中心为依托，通过成员间合作交流，增强学生的节能环保意识和协同创新精神，拓宽学生的科学视野，提升学生的创新设计、工程实践和社会调查能力。

3.7.4　优秀获奖作品示例

示例1：

团队名称：梦之队

设计者：李乐、肖敏、蒋含蕾、伍乔、龙玉凤、陈黄亮、王子涵

指导老师：张巍、赵斌

作品简介：随着科技飞速发展，人们对于纸张的需求日益增加，每天都产生巨量办公废纸，这些无法再次使用的废纸造成了纸张的浪费。据统计，全球每年纸张产用量约3.2亿t，这就需要砍伐树木约992km^2，森林面积持续减少，对地球环境造成了极大的破坏。本项目针对可磨打印废纸设计了一种办公废纸再生装置，通过对破损与完整的办公废纸进行分类回收利用，达到废纸再生的效果。完整的办公废纸通过磨辊与纸面的摩擦，磨去纸张上有墨迹的薄层，接着在除去墨迹后的纸张上喷覆一层新制纸浆，再通过热固器中的辊将纸浆与原来的纸压实，并对纸张进行烘干，即可再次投入使用。破损的纸张则通过装置上部的制浆机制成喷覆纸浆。

作品展示：目前国内废纸再生利用行业发展日渐壮大，但仍存在以下问题：①废纸回收利用率较低。市面上还没有一种针对办公废纸回收再利用的装置，废纸回收主要依靠粗放式经营，由相关企业统一处理进行再生利用。这类回收模式中民众经济收益微小而花费大，回收率较低。②不能对产生的废纸进行即时处理。目前我国废纸处理的原料主要来源于居民自行收集的可回收废纸，然后再由相关企业分类再利用，中间需要经过多次分拣、运输，加重了对废纸的破坏和污染。③没有针对某类纸张进行专业回收再利用，而是大分类回收后统一处理，限制了废纸再利用的规格。虽然对废纸进行了分类，但不同种类的纸张仍有或大或小的差别，统一的处理影响了再生纸张或纸制品的质量，限制了其应用规格。

为解决这一系列问题，项目组设计了一种小型办公废纸再生装置，可以及时对废纸进行再利用，遵循“资源—产品—废弃物—再生资源”反复循环的路径，对破损与完整的办公废纸进行分类回收再利用，提高了对资源的利用率，降低了森林资源的消耗。

平整完好的办公废纸通过磨迹消墨、喷浆覆膜、压实热固等工序处理后得到再生纸张，破损的纸张则输送到内置制浆系统，经破碎、搅拌、消色并加入添加剂后制备成喷覆纸浆，用于喷覆增白再生纸张。

本装置对办公废纸进行及时再生处理，能有效减少办公废纸的浪费，节约森林资源，增大 CO_2 吸收量。同时，减少了需要进行脱墨消色处理的纸浆量，减少了化学药剂以及水的使用量，达到减少污水排放量的目的。目前国内废纸再利用过程中所产生废水的 COD（化学需氧量）及 SS（悬浮物）浓度较高，污染程度严重，需要使用专门的污水处理装置进行处理后才能排放，污水处理成本高。减少污水排放能带来更好的环保效益及经济效益。

随着现代化办公逐渐普及，打印、复印文件的需求逐年增加。据中国造纸协会发布的年度报告显示，2020 年未涂布印刷书写纸共消耗 1783 万 t，较去年同比增长1.94%。而目前我国每制造 1t 纸大约需要消耗 3.1m^3 树，相当于砍掉 17 棵树。树木是制造纸张的重要材料，随着国家对环保的重视，目前国内造纸行业生产的纸张中使用 79.4% 的废纸浆，8.5% 的其他纤维以及 12% 的木浆，生产 1t 的木浆需耗 2t 的绝干木片或 4t 的普通木材，相当于 14 颗树，还需消耗 773.3t 水，0.0464t 硫磺，0.159t 石灰，0.0364t 芒硝，0.03t 火碱，112kW · h 电。

一棵树平均每天吸收约 13.973gCO_2，一台办公废纸再生装置每小时再生纸张约 360 张，持续使用一年可节约办公用纸 4.77t，减排 $CO_2$5.1t、$CS_2$0.0160t、粉尘 0.380t，节省水 75300t，少砍树 84 棵。

该作品实现了低能耗、低污染地现场快速再生办公废纸，本装置适用于学校打印室、企业办公室等容易产生较多办公废纸的场所，可对办公废纸进行及时再生处理，提高废纸利用率，减少纸资源浪费，间接减少碳排放，具有较好的节能减排效益，具备大规模推广应用前景，如图 3-49 所示。

图 3-49

图3-49 团队人员

示例2：

团队名称：小太阳团队

设计者：梁晓琳、陈黄亮、刘自强、罗乐乐、贾栋、陈姿

指导老师：石尔、刘亮

作品简介："小太阳"电暖器具有价格低廉、便于携带等优点，使其市场需求量逐步增加。然而，"小太阳"电暖器这类辐射式电暖器，也存在热源温度高、耗电快、取暖范围小、舒适度较低等一系列不足，存在安全隐患，制约了其进一步发展。团队针对传统"小太阳"这类辐射式电暖器的不足之处，创新性地设计了一种基于超声波传感器追踪人体的节能型电暖器，利用超声波传感器感应人体位置，配以舵机带动抛物面状反射板追踪人体转动，实现了定向供暖。提高了热辐射均匀性，从而提高了产品节能性和舒适度。该作品较传统电暖器大大节约了电量、降低了使用成本、实现了节能供暖，具有良好的经济效益和广阔的市场前景。

采用超声波传感器，实现定向供暖。超声波传感器感应人体位置后，将信号传至单片机，通过单片机程序实现反射板的定向转动、电热管的区域性开启，有效降低热量的散失、减少了电耗、提高了能源利用效率、实现了节能减排。

优化电暖器机械结构，实现了大面积、相对均匀供暖。电热管双层放置，呈圆周正列，实现了圆周方向上的全方位供暖及轴向方向上的大范围供暖。抛物面状反射板将热辐射均匀地向外反射，实现了热辐射的相对均匀、提高了装置利用程度与产品的舒适度。

改善供暖器具，降低能源损耗。传统"小太阳"电暖器体积小、成本低廉、升温速度快，占有一定的市场需求量；但由于热源温度高、耗电、取暖范围小、舒适度较低等不足，制约了其进一步发展。本作品采用多根小功率电热管双层圆周正列结构，应用传感器和舵机实现了人体定向供暖。经估算，平均每个电暖器可节省电量约400kW·h/年，可节省电费约200元/年，平均减少CO_2排放量约384kg/年，节能减排效益良好。

环境适用性强，应用场景广阔。供暖环境方面，本作品适用于家庭供暖，及出租屋、保安亭、哨所等临时住所供暖，环境适应性强。供暖人数方面，与同类产品相比，本作品既适合于人数较少时使用，因其定向供暖的功能，不会造成过多的能源浪费；也适合于多人供暖，全开的状态下，更有利于环境温度的提升。本作品具备一定的市场竞争力，市场潜力大，如图3-50所示。

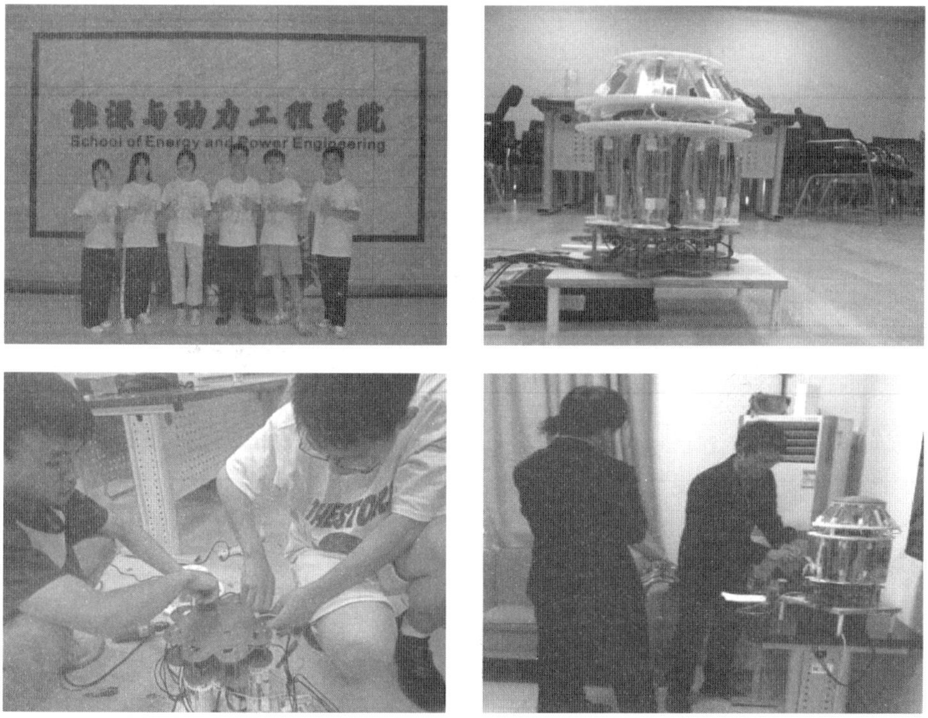

图3-50　团队展示

3.8　中国大学生工程实践与创新能力大赛

3.8.1　赛事介绍及发展

中国大学生工程实践与创新能力大赛是列入《教育部评审评估和竞赛清单（2021年版）》（教政法厅函〔2021〕2号）的重要赛事，是全国大学生工程训练综合能力竞赛的升级和完善，是基于国内各高校综合性工程训练的教学平台，是为深化实验教学改革，提升大学生工程创新意识、实践能力和团队合作精神，促进创新人才培养而开展的一项公益性科技创新实践活动。

大赛的指导思想是：重在实践，鼓励创新，突出综合，强调能力，以提高大学生的实践动手能力、科技创新能力和团队精神。竞赛宗旨是：竞赛为人才培养服务，竞赛为教育质量助力，竞赛为创业就业引路。竞赛方针是：基于理论、注重创新、突出能力、强化实践。

此项竞赛，经教育部高等教育司批准，专门成立了竞赛组织委员会和专家委员会，竞赛组委会秘书处设在大连理工大学。从2009年第一届竞赛开始，每两年举办一届，迄今已举办7届。

3.8.2 本赛事学校成绩

长沙理工大学获得第二届中国大学生工程实践与创新能力大赛国赛二等奖 1 项;第三届中国大学生工程实践与创新力大赛国赛二等奖 1 项,三等奖 1 项;第五届中国大学生工程训练实践与创新力大赛国赛三等奖 4 项;第六届中国大学生工程实践与创新能力大赛国赛一等奖 1 项,二等奖 1 项;第七届中国大学生工程实践与创新能力大赛国赛一等奖 2 项。

3.8.3 赛事组织主要举措

赛事组织固然重要,更重要的是建设创新创业教育中心,对学生进行系统的创新训练。长沙理工大学机械工程训练中心 2013 年获批机械工程湖南省大学生创新训练中心,2018 年被认定为湖南省普通高等学校智能制造创新创业教育中心,2021 年认定为湖南省普通高等学校无人机创新创业教育中心(以下简称中心)。

3.8.3.1 运行与管理

(1)创新训练的发动与宣传。

为了提高学生对创新训练的了解,吸引更多的学生参加创新活动,激发创新热情和创新思维,创新训练的发动与宣传至关重要,采取了如下举措:根据培养计划,给所有进入中心进行金工实习的低年级学生进行创新宣传;建立展览室,宣传、展示各级比赛获奖作品,宣传创新事迹;邀请优秀学生与毕业校友介绍创新训练给就业、考研、工作、发展带来的一系列优势。定期举办工程训练综合能力竞赛和各类机器人竞赛,弘扬创新文化,营造创新氛围。

(2)中心的运行管理机制。

中心接受学校创新教育与卓越人才培养办公室的指导。建立了大学生学习指导中心,开辟专门办公室,负责对研究性学习和创新性实验项目进行评审、指导、验收和管理,同时对各创新团队进行指导。大学生学习指导中心实行值班制。制定了《创新训练中心建设与管理办法》《创新实验室安全管理条例》《创新实验室学生守则》和《创新基地培养计划》等规章制度,保障创新活动有序开展。中心全开放,采用教师管理与学生自主管理相结合的模式,以学生管理为主。中心由学生自主管理为主,既可培养学生的管理能力,又可确保创新场所的全天候开放。

定期公布中心的全部实践活动,包括培训时间、内容、各类创新项目申报情况、学术研讨活动等,吸引更多的学生参与。创新活动实行从指导教师→研究生→高年级本科生→低年级本科生的多级开放式创新团队模式,培养学生的团队精神和领导能力,形成传帮带,便于知识与技能传承的长效机制。

3.8.3.2 条件建设

(1)硬件建设。

随着经济社会的发展，尤其是《中国制造2025》规划的实施，校内工程实践能力训练资源不足，先进性不够。为此，学校加大了对中心的投入。2013年投入40万，2014年投入200万，2015年投入800万，2019年投入400万，更新了旧设备，添置了大量先进训练设备，形成了从基础训练到先进制造训练和创新训练的较完善的设备支撑体系。

依照"分阶段模块化、分层次个性化"的原则，建成了3D打印训练室、智能车训练室、智能仪器与控制训练室、车用电机训练室、工业机器人训练室、无人机训练室和机器视觉训练室。

(2)师资队伍建设。

由于招生规模的扩大和参加创新训练的学生急剧增加，师资队伍的扩充相对滞后，学科带头人、骨干教师相对缺乏。部分教师的学术水平较高，但工程实践能力不够，创新能力不足；部分指导人员的工程实践能力欠缺，在指导学生的创新实践时缺乏经验。为此，中心采取以下举措加强师资队伍建设：

①充分发挥各学院教师教学发展中心的作用，加强教师教学能力建设，构建教师能力发展方案。通过教师教育、职场锤炼、提高教师专业水平、终身学习、可持续发展等几个环节，加强促进本专业教师自身的专业化发展，从而不断提高教师职业道德、提升教师专业技能和创新能力。

②制定了《青年教师工程能力提升计划》，有18名青年博士教师进入中心，指导了学科竞赛和大学生创新性实验计划。中心聘请了华为、南车时代、华曙高科、比亚迪、三一重工等企业的高级技术人员担任指导老师，开展高水平的创新辅导和专题讲座，扩大了学生的知识面，提高了学生的工程实践能力。选派教师和研究生到行业龙头企业进行先进制造设备与技术方面的专题进修培训，提高青年教师的知识水平和创新训练的实践能力。近三年，参加各级各类工程训练中心建设与学术研讨20多批次。此外，中心还聘请了部分优秀研究生协助创新训练的指导。

经过多年建设，中心形成了一支专兼职相结合、素质优良、专业功底扎实、实践经验丰富并具有奉献精神的指导教师队伍，确保了创新培训的稳步、有序开展。

(3)数字教学资源建设。

补充、完善了数字教学资源，包括教学文档、教学课件、教学软件以及视频、音频教学案例等，开设了专门的创新课程，较大地丰富了创新训练的实践教学资源，提高了创新训练的人才培养质量。

3.8.3.3 创新训练体系建设

(1)建设理念。

创新训练中心的建设，在理念上，致力于以学生为中心，以学生学习成果为导向，以实践活动和创新活动为手段，理工、人文、社会学科相融合，知识传授、能力培养和价值塑造协调发展。在体系上，通过建设开放的训练体系和创客活动服务平台，面向全校学生，提供工业认知、基础训练、专业训练、综合训练、创新训练、产品开发、加工制作、管理咨询等方面的支撑条件。在规模效益上，通过一系列的基础建设以及常态性的“创意、创新与创业”三创活动，让创新训练覆盖更多学生。在机制上，形成灵活合作的运行机制，通过学校相关院系、教师、学生、国内外企业以及学生团队的主动参与，把中心建设成为一个充满活力的学习、创新训练场所。

(2)扩大创新训练覆盖面，改革创新训练方法。

进行人才培养方案改革，在部分专业设立“创新学习与实践”环节，在创新训练中心实施。“现代制造技术实习”与创新训练紧密结合，要求学生设计和制造能够在相应机床上加工的零件，从零件的结构参数设计、工程制图到零件数控加工工艺分析和数控编程，包括产品的质量检验，都由学生自主完成。

以创新竞赛主题为项目，进行机械原理的案例式教学。该班由学生自由报名，不选优。先进行基本知识串讲；然后由四位指导教师结合科研课题进行专题讲座，完成创新实验，再结合专题讲座，进行项目讨论——分组汇报项目/大作业进展、关键技术问题、技术难点等，共同讨论解决方案，集思广益，提高分析问题、解决问题的能力以及表达能力；最后以项目分组演示与答辩的形式进行项目展示。学生动手能力和创新意识普遍提高，反响强烈，要求更多课程进行类似改革。开设专门的创新理论课程《TRIZ 理论及应用》，打开学生创新意识的闸门，该课程已建设成为长沙理工大学 MOOC(大型开放式网络)课程。

(3)构建创新创业人才培养支持体系。

创新训练中心对创新能力分阶段培养，实施创新意识、创新精神和创新能力的分层次、不间断递进式培养。

初级创新训练阶段：以一、二年级学生为主，通过参加培训和进入学生团队外围活动，培养创新意识。

中级创新训练阶段：以三、四年级学生为主，以科研项目(科技作品)、大学生创新性实验项目、企业技术革新技术改造项目等为依托，以综合设计和开拓创新精神为训练目标。

高级创新训练阶段：以三、四年级和研究生学生为主，以工程项目为依托，以工程实践创新能力训练为目标。如大学生方程式赛车队，联网电动汽车研究等。

形成国家级、省级、校级和中心级的四级大学生创新性实验计划项目体系，以问题和项目为载体，调动学生学习的主动性、积极性和创造性，激发学生的创新意识，培养创新精神。

以大学生各类竞赛为抓手，竞赛与训练融合，激发创新动力。创新训练中心将竞赛训练模式引入到实践教学，以工程训练综合能力竞赛、机器人系列竞赛为抓手，向学生提供自主学习、交互学习和研究学习的创新实践平台。学生在参加各类竞赛活动的过程中，有目的性、有针对性、有方向性地学习，并产生浓厚的学习兴趣，加强了团队协作意识。实践证明，通过各类竞赛，学生不但运用自己已有的知识，而且能在竞赛的过程中探索、发现获得新的知识，有助于开拓学生视野，增强学生对新知识的渴望与探索，培养学生的科学思维和创新能力。

加强校企合作，借力企业资源，助推创新训练。创新训练中心与华曙高科、大连机床、上海景格、南车时代、比亚迪、金码高科等企业开展了稳定的合作，通过校企合作，争取企业投入资金，逐步形成了创新实训、联合攻关、企业实习与就业的完整人才培养链。

院校交流合作，共享创新资源。以创新培训为主题，建立与兄弟院校长期交流与合作的管道，吸收和接纳兄弟院校的老师和学生到创新中心开展实习和专题培训。中心定期派出指导教师深入兄弟院校进行交流，学习先进理念与成熟经验。

3.8.3.4 大学生创新团队建设

大学生创新团队建设是大学生适应社会发展的需要，有助于培养大学生的团队合作精神，更是培养创新人才的有效途径。创新训练中心多措并举加强学生团队建设：

(1)以大学生学科竞赛为平台组建创新团队，通过校企合作加强团队建设。如长沙理工大学方程式赛车队从成立之日起就得到了企业的支持，形成了持续稳定的校企合作机制。

(2)以专业建设为依托，迅速建设实验环境和设备，聚合专业力量，拓展应用深度；学生自我管理，在团队中逐步实现以老带新，形成多层次、迭代式创新梯队。

(3)以科学研究为引领，根据研究生导师指导组的课题需求开展科技创新活动，形成了持续研究型团队模式。

(4)以共同兴趣组建同心圆式学生团队，确定团队共同目标和宗旨、统一团队价值观共识，提炼团队精神，逐步形成团队文化。

3.8.4 优秀获奖作品示例

示例1：智能配送无人机

指导老师：周振华、向青青

学生团队：王戚帆、程楚南、陈沐千、颜欣

竞赛获奖：2021年第七届中国大学生工程实践与创新能力大赛金奖

作品简介：本团队设计开发的智能货物配送四旋翼飞行器，能够承载轻量货物并完成自主飞行、避障、轨迹规划、目标识别、定点投放等功能，以当前社会需求和比赛要求为背景，力图达到为未来无人机智能物流配送的要求。无人机选择NANO V5为无人机的飞行控制器，Jetson Xavier NX 开发板作为无人机的机载计算机，将双目相机、OpenMV、光流模块的数据融合处理后，向飞控发送位置状态信息，控制四旋翼飞行器执行飞行任务。通过分析题目，设计了飞行器的路径规划，在飞行过程中 OpenMV 拍照保存采集的目标图像，识别目标后，向目标靠近控制舵机进行货物投放，在投放过程中高度数据由双目视觉 T265 进行获取，通过路线规划进行避障，完成货物投放后飞行器返回起飞原点，如图 3-51 ~ 图 3-53 所示。

图 3-51　参赛作品

图 3-52　团队合影

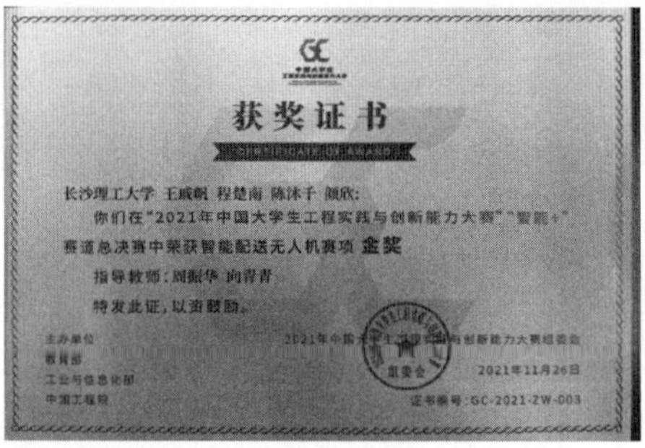

图 3-53　获奖证书

示例 2：双 8 字绕行无碳小车

指导老师：刘志强、向青青

学生团队：姜志昊、施朝坤、梁振明

竞赛获奖：2019 年第六届中国大学生工程实践与创新能力大赛一等奖

作品简介：根据竞赛命题"以重力势能驱动三轮结构的小车绕三个障碍桩按双8 字轨迹循环运动"要求及竞赛规则，本团队设计的小车具备以下功能：①将重力势能转换为小车运行和转向的动能；②小车运动为周期性循环运动；③小车运行时，两后轮具有差动功能；④转向机构可微调适应障碍桩变距；⑤运行轨迹闭合。小车采用绳轮传动将砝码的重力势能转化为小车的运行动能。砝码用细绳线连接，绳线经过一个变径滑轮绕在绕线轴上，驱动绕线轴转动，实现重力势能转换为转动动能。为确保小车启动和控制小车运行速度，在绕线轴上设计两段半径不同的绕线段并以平滑的圆锥面连接，以实现力矩的线性变化。重物下降，安装在绕线轴上的齿轮转动，通过中间齿轮传递给后轮轴驱动小车前进。转向由凸轮控制，根据比赛规则中各个桩之间的距离，运用 Matlab 软件拟合出小车的闭合轨迹，由轨迹得出整个行进过程中转向轮的偏转角，再将整个偏转过程的轨迹移植到 SolidWorks 软件中，建立转向凸轮的精确模型，如图 3-54 ~ 图 3-56 所示。

图 3-54　参赛作品

图 3-55　拆装

图 3-56　团队合影

3.9　全国大学生先进成图技术与产品信息建模创新大赛

3.9.1　赛事介绍及发展

"高教杯"全国大学生先进成图技术与产品信息建模创新大赛由原教育部高等学校工程图学课程教学指导委员会、中国图学学会制图技术专业委员会和中国图学学会产品信息建模专业委员会联合主办的图学类课程最高级别的国家级赛事，2018 年被中国高等教育学会列入全国普通高校学科竞赛排行榜。

大赛以培养学生的工匠精神，激发学生的创新意识，探索图学的发展方向，创新成图载体的方法与手段为宗旨。以"德能兼修，技高一筹"为主题，每年举办一届。目的在于以赛促教，以赛促学，以赛促改，全面提高大学生的图学能力，为中华民族全面复兴，为中国制造走向中国创造催生和助长大量优秀人才。大赛结合新工科建设和工程教育专业认证,设立机械、建筑、道桥、水利四个竞赛类别。主要围绕尺规绘图、产品信息建模、数字化虚拟样机设计、3D 打印、BIM(建筑信息模型)综合应用等项目进行命题竞赛。

3.9.2 本赛事学校成绩

2018 年 3 月,土木工程学院考虑到先进成图技术对于土木工程新工科教学改革的重要推动作用,主动组织了全校第一届大学生先进成图技术与产品信息建模创新大赛暨国赛选拔赛,首次组队代表学校参加了全国"高教杯"第十一届大学生先进成图技术与产品信息建模创新大赛中的道桥类竞赛项目,并于当年取得了全国道桥类建模二等奖 1 项。2019 年此项赛事被纳入全国创新人才培养暨学科竞赛评估排名竞赛项目,大赛受到各个高校的高度重视,我校也从单一的道桥类参赛项目,逐步发展到机械、建筑和水利类项目,最终实现了赛事四个大类项目全覆盖,参赛学生队伍数和人数逐年增加。据统计,从 2018—2021 年期间,我校在道桥、建筑和水利三个项目成图大赛中共获得国家一等奖 23 项、国家二等奖 23 项、国家三等奖 31 项。

3.9.3 赛事组织主要措施

大学生先进成图技术与产品信息建模大赛能激发学生的创新意识,探索图学的发展方向,三维建模技术也是 BIM 技术推广和应用的基础,为了组织好此项大赛,学院在土木工程科创中心专门设立了先进成图实训室,并指导成立了大学生成图协会组织,负责先进成图实训室的管理,同时组织部分学生参加各类成图交流学习活动。

学院每年寒假和暑假有针对性地组织大学生双创训练营活动,重点组织建筑、道桥和水利类二维和三维成图技术宣讲,成图技能从低年级学生抓起,学生的实践训练从工程识图开始,到二维绘图和三维建模,循序渐进,逐步提高。学校也每年组织全校大学生先进成图技术与产品信息建模大赛,通过校赛选拔队员参加省赛,通过省赛选拔队员参加国赛,实现三级赛事层层选拔。

积极开展成图师资培训,派遣老师对外交流和学习,组织学院感兴趣的老师们参加中国图学学会和湖南省图学学会各项工作,目前学院已有 9 位老师成功取得湖南省图学学会会员资格,付果老师当选为省图学学会理事,并担任湖南省水利类成图大赛工作组组长,负责筹备组织湖南省图学学会 BIM 专委会。通过各种对外交流和合作,持续改进和提高我校大学生成图技术与水平。

3.9.4 优秀获奖作品示例

示例 1:

桥梁轴线由贝兹曲线设计,再在 Matlab 中用傅里叶曲线拟合,得到拱轴线方程。便于后续力学模型计算,效果图如图 3-57 所示。

制作效果图时，主要分为两步：

（1）主体结构几何建模。

先在 Sketchup 中进行几何模型的建立，并赋予基本材质。同时利用 Photoshop 处理卫星图得到平面地形的路径，并用 Adobe Illustrator 将. ai 格式储存的路径文件转化为. dwg 格式的文件，再进行地形的建模，如图 3-58 所示。

图 3-57 参赛方案“栖凤”的效果图

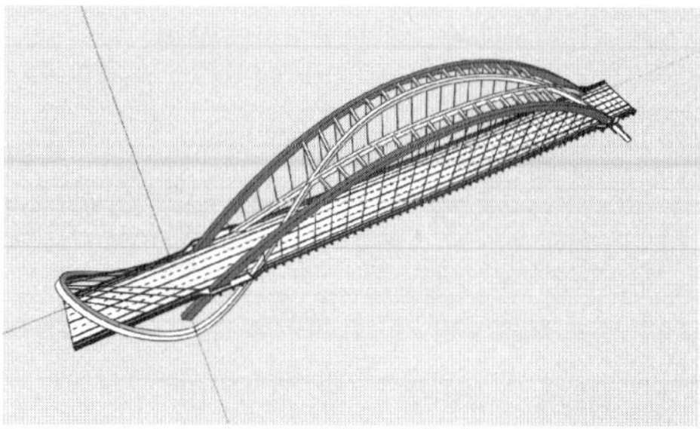

图 3-58 Sketchup 中的桥梁几何模型

（2）地形布置及渲染。

将地形模型和桥梁的几何模型导入到 D5 Render 渲染器中，并对齐坐标原点和坐标匹配，便于后续处理。然后在 D5 Render 中添加模型材质和其他景观模型，对模型进行完善。最后再调整整体模型的环境光线和渲染时镜头采集的相机参数，得到最后的模型，如图 3-59 所示。

图 3-59 经 D5 Render 渲染器处理之后的模型

示例 2：

在全国大学生先进成图技术与产品信息建模创新大赛（简称“成图大赛”）的道桥类竞赛中，由于三维建模的比赛时间仅为 2h，需要完成结构几何建模、地形布置和渲染的全部工作，故使用 Sketchup 建模、Enscape 渲染的即时渲染工作流，在保证效率的情况下兼顾渲染质量，渲染前后对比如图 3-60、图 3-61 所示。

图 3-60　渲染前的几何模型

图 3-61　渲染后的几何模型

3.10　全国三维数字化创新设计大赛

3.10.1　赛事介绍及发展

全国三维数字化创新设计大赛(Digital-Design-Dimensions Show,简称为 3D 大赛,3DDS 或 3DShow)是在国家大力实施创新驱动发展战略、推动实体经济和数字经济融合发展的时代背景下开展的一项大型公益赛事,体现了科技进步和产业升级的要求,是大众创业、万众创新的具体实践。

全国三维数字化创新设计大赛自 2008 年发起举办以来,已连续成功举办至第15 届,受到各地方、高校和企业的重视,赛事规模稳定扩大,参赛高校连续每届超过600 所,参赛企业每年超过 1000 家,初赛参赛人数累积突破 800 万人,省赛表彰获奖选手累积突破 18 万人,国赛表彰获奖选手累积突破 1.8 万人;参赛项目水平不断提升,涌现出了一大批优秀设计项目与团队,并快速成长为行业新锐与翘楚,备受业界关注;同时大赛一头链接教育、一头链接产业、一头链接行业与政府,产教融合不断深化,政产学研资用互动不断加强,技术、人才与产业项目合作对接及产业生态平台作用日益突显,已成为全国规模最大、规格最高、水平最强、影响最广的全国大型公益品牌赛事与“数字化 + 创新创造”行业盛会,被业界称为“创客嘉年华、3D 奥林匹克、创新设计奥斯卡”。对推动大众创业、万众创新,特别是引导广大青年学生积极投身数字化创新创造实践的时代洪流,有不可替代的作用。同时,“以赛促教、以赛促学、以赛促用、以赛促新”为宗旨的全国 3D 大赛也被教育部正式列入全国高校学科评估体系。

全国三维数字化创新设计大赛由 3D 动力发起举办,并先后得到国家科技部、工信部、教育部、中国科协等部门指导,联合国家制造业信息化培训中心、全国三维数字化技术推广服务与教育培训联盟(3D 动力)、光华设计发展基金会等单位共同主办,北京昆仑三迪科技发展有限公司与国家制造业信息化培训中心 3D 办联合承办。

全国三维数字化创新设计大赛设置开放赛项、命题挑战赛项、以及 3D/XR/元宇宙产业年度风云榜等板块,覆盖三维数字化应用各个领域和方向,鼓励多元应用,鼓励跨界融合。

3.10.2 本赛事学校成绩

2021 年长沙理工大学在全国三维数字化创新设计大赛国赛中,获得一等奖 1 项、二等奖 2 项、三等奖 3 项;大赛省赛中获得特等奖 6 项、一等奖 3 项、二等奖 1 项、三等奖 1 项。

3.10.3 赛事组织主要举措

(1)领导重视,支持有利;制度完善,宣传到位。

①组织保障。学院领导历来重视学科竞赛工作,始终把学科竞赛作为培养学生质量的一面镜子。学院成立了以院长为组长、教务办及相关人员为成员的参赛工作领导小组,负责学科竞赛的组织与协调工作。为把学科竞赛工作落到实处,院领导率先垂范,不但亲赴训练现场检查指导,还多次组织教务班子、指导教师和参赛选手参加专题会议,对参赛意义、作品创作、参赛具体事宜等做了明确要求,制定了详细的学科竞赛参赛方案,为参赛工作提供了坚实的组织保障。

②制度保障。为确保我校学科竞赛工作的顺利开展,学校先后出台了《关于推进学科竞赛工作实施方案的通知》《学科竞赛奖励办法》《学校学科竞赛考核实施方案》等一系列文件,健全了组织机构,统一了思想认识,明确了大赛目标,规范了运行程序,强化了工作措施,提高了奖惩力度,形成了院赛、省赛、国赛层层推进的三级参赛体系。

③资金保障。学校每年会安排一定的专项资金用于各级学科竞赛的设备购进、教师培训、学生训练、师生奖励等活动,确保了竞赛制度的落实,增强了师生参与学科竞赛的积极性和主动性。

④宣传保障。备赛期间,各专业主任、教师及学生干部积极将参赛通知下发至各个群,鼓励同学们积极参赛,在学生中掀起踊跃参赛的热潮;院团委组织宣传队,利用公众号、官微、宣传栏对参赛获奖选手进行采访报道,有效地提高了选手备赛的积极性;学校官网、学院官网及公众号公示了我院参加学科竞赛的获奖情况,树立了我院重专业、抓教改、促质量的良好社会形象。

(2)明确目标,积极筹备;信心十足,迎战大赛。

根据学科竞赛的相关要求,学院重点从教师宣传、学生组队、作品选拔三方面进行了积极有效的准备工作。

①摸底设备,争取资金,硬件筹备充足齐全。以“双一流”学科建设为契机,积极申请上级资金,购置了必备的专业设备,满足学生专业实训要求,学科竞赛要求的设备涵括数字媒体、视觉传达、工艺美术、影视制作、摄影等多个专业,所配设备性能完好,软件配套齐全,耗材充足。

②院内竞赛,逐级选拔,参赛作品涵盖广泛。近年来,学院对学科竞赛的重视程度越来越高,积极鼓励学生参加专业性赛事,用比赛作品的方式去呈现专业学习成果,将学科竞赛作为检验学生专业学习效果的方式之一。对于全国三维数字化创新设计大赛,鼓励各个专业的同学都行动起来,发挥专业优势,也可以跨专业合作,拿出最优秀的作品参赛。通过组织统一的院赛评选,评出一、二、三等奖,再将优秀的作品推选至省赛,逐级选拔,力求夺得国赛奖项。

③强化意识,模拟竞赛,作品质量不断提升。为了争取在大赛中获得好成绩,鼓励专业能力精湛、经验丰富、责任心强的教师担任大赛指导教师,发动更多的学生参加此项赛事。通过对设计方案的反复讨论和修改,最终定稿排版,投稿至比赛主办方,把师生联合起来,不断修改提升作品质量,以求在比赛中取得更好的成绩。

(3)赛场角逐,喜获殊荣;赛后交流,总结经验。

学院长期坚持对学生进行专业技能训练,以及开阔学生设计视野,组织相关讲座来提升学生对于设计的认知和审美,从根本上去提高作品的质量;同时,也会开展相关的展览,让同学们近距离感受到优秀设计作品的魅力,从中吸取精华,并运用到自身的设计作品当中。

①以学科竞赛为手段,促进教育教学改革。学科竞赛就如一个风向标,其对参赛学生能力和素质的要求,可以引导学院进行专业教育教学改革。首先,在课程实施过程中以学科竞赛为载体选取所需知识和技能,在教学中将理论和实践相结合,做中学,学中做;其次,加强学生的基础理论学习,注重合理调配理论知识与实践运用的比例,提升了学生的实践动手能力;再次,将学生的身心素质培养贯穿于课堂中,锻炼了学生沉着应对,灵活解决问题的能力,拓展思维,开阔视野。

②以学科竞赛为契机,提升教师教学能力。通过对优秀指导教师给予一定的奖励,并将学科竞赛作为工作考核之一,激励教师更新了教育理念、提升了专业水平和综合素质。教师们从平时的教学抓起、不断改进教学方法,相互之间协同工作,形成了跨专业的指导团队,增进了相互间的专业理解和认同度,同时,也产生出一些跨专业的新理念、新思想。

③以学科竞赛为引导,激发学生兴趣,提升学生技能。教师尝试在教学中有效地利用竞赛机制,通过竞赛参与来调动学生的学习兴趣,让学生在竞赛中增强自信、明确学习目的和任务。

④以技能竞赛为载体,提高学生就业能力。通过参加学科竞赛,学生们普遍达到了设计作品能够满足市场需求的能力,加之训练中对学生专业的培养、心理的磨炼、经验的累积、眼界的开阔,为其今后走向工作岗位,打下了良好基础。

(4)见贤思齐,寻找差距;积极改进,形成长效。

在赛后学校组织召开的学科竞赛经验交流会上,总结出我校此次参赛的不足,并借助学科竞赛这个契机,深入了解市场的设计需求和走向,明白自身存在的差距,进一步提高办学质量,深化教学改革,提高专业水准,实现教育教学培养目标。

设计实践能力与创新能力的培养是高等艺术设计教育的目标之一。在当前的教育教学中,教师针对学生的竞赛需求,结合项目教学理念,将以传授知识为主的传统教学模式转化为以完成项目、体验竞赛、解决问题为主的多维互动教学模式,最终使学生能够积极、主动地参与到实践教学中,从而提升学生艺术设计实践能力和创新能力。

提出基于项目教学理念的实践教学模式,构建知识传授与项目同步的教学模型,将艺术设计竞赛的要素融入项目教学过程中,以激发学生的好胜心与求知欲,使所有学生都能够胜任本专业领域内一定设计项目的策划、创意、组织及实施,强化对学生实践动手能力、合作能力、创新能力的培养,从而高效率地达成应用型人才的培养目标。教学方法上,将学科竞赛项目引入项目教学,把竞赛选题引入实践教学,学生通过一系列竞赛项目实践操作,能够了解企业产品开发需求和设计规则,积累宝贵的专业实践实训经验,从而实现专业技能与企业岗位需求零衔接。

竞赛结果的良性反馈,使学生不仅注重实践成果,更注重学习过程,特别是在比赛结果出来后,获奖的学生通过评委点评收获了自信,未获奖的学生通过与优秀作品的对比分析,实现了反思性成长。形成多维考核体系,构建了"反馈—改进"闭环机制,有效防止为了比赛而比赛的行为,让竞赛成为提升学生项目实践能力的手段和方式。

为了给学生营造良性竞赛环境,建立了合理的竞赛激励机制,将竞赛与学生期末综合测评、奖学金等相结合,对学生的创新实践予以鼓励,通过竞赛真正激发学生的学习主体性和创新性。

3.10.4 优秀获奖作品示例

示例1:智慧随身飞行设备

指导教师:王龙

学生团队:张毅博、戴君、彭令祯、李沛、底泊帆

竞赛获奖:国家级一等奖

作品简介:本作品在形态上运用仿生设计,采用飞鼠的张腿飞行滑翔设计,可以更好地运用于军事领域中的侦察工作;同时也运用了五感设计,因为人的生理特征导致其生物感知与作用的范围(如视觉高度、广度和深度等)都是有限的,因此在特殊环境中,单靠人的自然机能,无法完成(或者更有效地完成)某些复杂的操作。在设计的理念上采用了人工智能技术与无人机技术。人工智能技术是一种新的能以人类智能相似的方式作出反应的智能机器,该领域的研究包括机器人、语言识别、图像识别、自然语言处理

和专家系统等。无人机技术是利用无线电遥控设备和自备的程序控制装置操纵的不载人飞机,具有体积小、造价低、使用方便、对作战环境要求低、战场生存能力较强等优点。产品制作材料采用了钛合金以及碳纤维。军用领域使用方式是在作战阶段,对敌人使用小型炸弹和瓦斯,进行环境勘测,扰乱对方;在作战后期,进行人员治疗以及救援行动,进行战场侦察追踪敌人。民用领域的使用方式是在野外探险及游玩时可以进行救援,环境勘测、充当医疗箱等,在救援行动中可以及时发现火情,及时控制,如图3-62、图3-63所示。

图3-62　智慧随身飞行设备作品

图3-63　获奖证书

示例2:新一代城市救援无人机

指导教师:王龙

学生团队:俞敏杰、赵福娟、周昱宁、尤钚涵、刘熙子

竞赛获奖:国家级三等奖

作品简介:新一代城市救援无人机作品的设计思路是利用无人机的特性制定独特的救援方案。无人机提前进入受灾区域进行勘探、扫描废墟结构,探测生命方位,分析支撑环境,然后将信息传送至救援指挥部做出科学数据分析,既提高了救援效率,又保护了救援人员,同时给予受灾人员希望和补给。机身由卡口、桨叶、A Iot芯片组、数传天线、机架、搜索雷达、起落架、探照灯组、救援球、舱体、散热部件、电量指示灯、配件组、电机组、螺旋桨部件、可拆卸电池组、尾舵和固定架组成,兼具智能,便携和移动灵活性,可实现高效率工作,选取铝镁合金、碳纤维、LINE-X涂料为主要材料。目前,地震搜救机器市场还处于发展起步阶段,设计一款多功能、智能、人性化的、能在有限时间拯救生命的城市救援无人机是必然趋势。设计的城市救援无人机主要以微型化的核能电池为能源,或者通过太阳能无线充电,整个过程无有毒气体排出,对环境无任何污染;采用低负压真空吸附地面,无噪音。同时,本产品的使用环保性非常好,可以回收利用,是一款低碳环保,符合可持续发展的设计,如图3-64～图3-67所示。

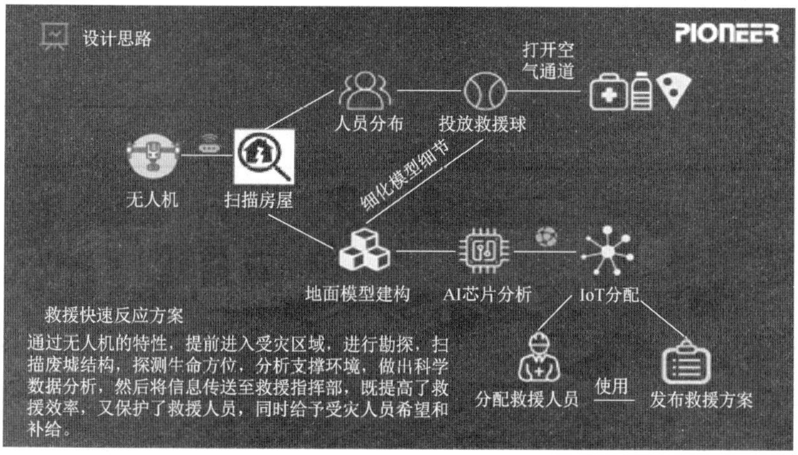

图 3-64　设计思路

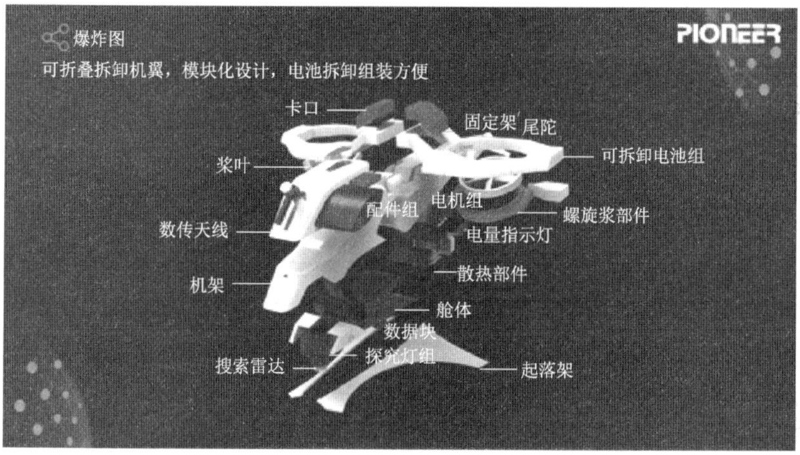

图 3-65　爆炸图

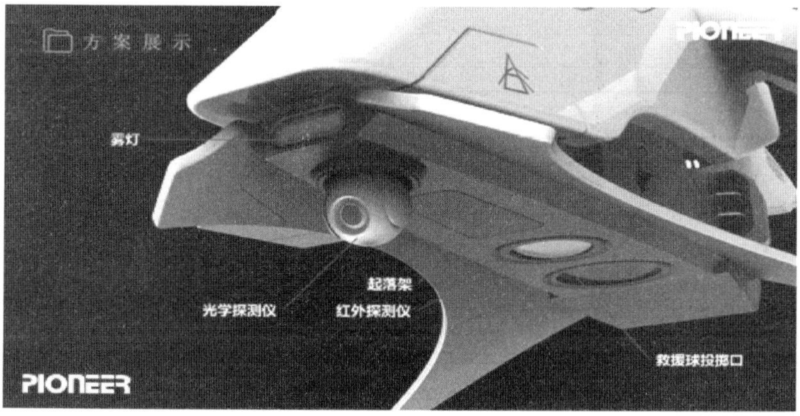

图 3-66　方案展示

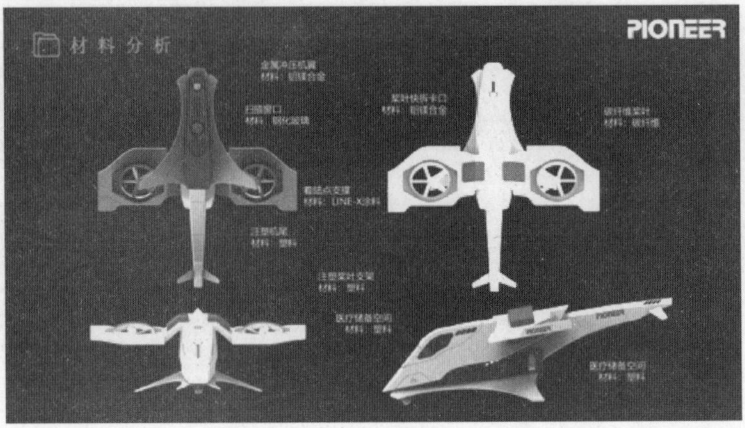

图 3-67　材料分析

示例 3:模块化叉车

指导教师:王龙

学生团队:马威、李沛、杨玲、彭令祯、王子鹤

竞赛获奖:国家级三等奖

作品简介:可分离式子母叉车在功能性的设计上是采用子母型巡回式装卸方式,母车创新地采用了 360°旋转底盘和前端传感器及摄像头,子车的两侧具有激光雷达传感器用于导航和人员提示,同时它的前旋转轴距使它能在狭小的空间里操纵,母型巡回式装卸方式在直线运输和大量运输等场景提高 70% 左右的运输效率,通过子车的巡回运输能大量节约母车的能源消耗,如图 3-68、图 3-69 所示。

图 3-68　模块化叉车设计图

图 3-69 获奖证书

3.11 中国大学生服务外包创新创业大赛

3.11.1 赛事介绍及发展

中国大学生服务外包创新创业大赛是响应国家关于鼓励服务外包产业发展、加强服务外包人才培养的相关战略举措与号召而举办的每年一届的全国性竞赛。大赛由中华人民共和国教育部、中华人民共和国商务部和无锡市人民政府联合主办，由国家服务外包人力资源研究院、无锡市商务局、无锡市教育局、江南大学承办。中国大学生服务外包创新创业大赛创办于 2010 年，是服务外包领域唯一的创新、创业国家级赛事。第一、二届大赛的名称是“中国大学生服务外包创新应用大赛”，从第三届起更名为“中国大学生服务外包创新创业大赛”。自 2010 年以来，大赛已连续举办了 13 届，累计吸引 1600 多所院校、40 多万名大学生参赛，为服务外包产业输送了 15 万名创新人才，有力推动了服务外包人才培养和产业创新发展。

大赛开创了服务外包领域以竞赛促进高校育人、企业选人用人的先河，成为高等教育改革和服务外包产业发展融合的典范。2019 年 2 月，大赛成功纳入中国高等教育学会发布的全国普通高校大学生学科竞赛排行榜，成为评估全国高校创新创业人才培养质量的“指挥棒”。近年，以产业为导向优化赛题，促进校企合作是中国大学生服务外包创新创业大赛鲜明的主题。大赛邀请行业领军企业参与命题，以竞赛反哺产业，增强产业发展动能。大赛还组织企业走进高校，召开校企合作对接会和高校巡讲活动，撮合校企在人才培养、科研项目等方面进行深度合作,全面助推产教融合。

3.11.2 本赛事学校成绩

近五年,我校在该赛事上主要成绩如下:

(1)2018 年:全国二等奖 2 项、三等奖 2 项。

(2)2019 年:全国二等奖 1 项。

(3)2020 年:全国二等奖 2 项、三等奖 5 项;中部区域赛一等奖 2 项、二等奖 5 项、三等奖 6 项;参赛 18 支团队。

(4)2021 年:全国一等奖 1 项、二等奖 1 项、三等奖 3 项;中部区域赛一等奖 2 项、二等奖 3 项、三等奖 9 项;参赛 40 支团队。

(5)2022 年:国赛二等奖 2 项、三等奖 4 项;中部区域赛一等奖 3 项、二等奖 7 项、三等奖 15 项;参赛 53 支团队。

3.11.3 赛事组织主要举措

大赛从启动到全国总决赛历时 7 ~ 8 个月,时间跨度大,赛题难度较大,在赛事组织上主要采取了如下举措:

(1)报名前预热。

大赛组委会于前一年年底发布赛题,双创学院、计通学院积极配合,在全校范围广泛宣传,同时,针对重点团队,组织赛题研讨。

(2)分区决赛前集中辅导。

团队作品通过网络评审进入到分区决赛,分区决赛前组赛老师、指导老师将对参赛团队作品进行集中辅导,观摩优秀案例、打磨作品、优化细节。

(3)全国总决赛前专业优化。

如团队作品获得参加全国总决赛资格,学院将提供协助,帮助提升 PPT、视频演示效果,以及答辩技巧,帮助冲击奖牌。

(4)扩大研究生参与面。

近年大赛赛题越来越多地倾向智能计算、消费互联、智能制造、视觉设计等新一代信息技术和热门领域,很多赛题涉及的问题需要远超过本科生所掌握的知识和技能,为此,积极鼓励研究生参与竞赛,增强团队创作能力和竞争力。

3.11.4 优秀获奖作品示例

示例 1:Web3D 短视频教育平台

指导老师:王静,王进

学生团队:肖天舜,肖锦攀,罗娇,付航

获奖:第十二届中国大学生服务外包创新创业大赛一等奖(图 3-70)

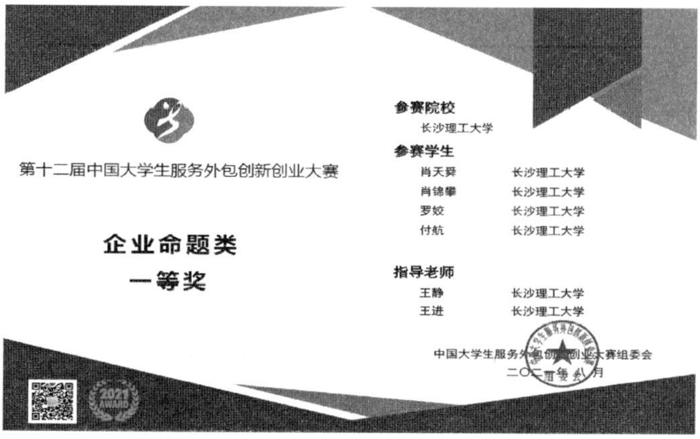

图 3-70 获奖证书

作品简介:本系统采用基于 Web3D 的全新虚拟化技术,结合 3D 游戏闯关的形式,给在线学习人员全新的学习体验。使用 Thing. js 3D 技术构建虚拟化建筑(图 3-71),将有关知识体系划分为初级、中级、高级三个层次,环环相扣,不同等级的知识体系对应不同学习室,只有在达到通关条件时才能顺利进入下一个学习室。学习室内包含短视频和相应题目,同时,本系统所设计的金币奖励体系会根据在线学习人员的学习情况进行金币奖励,在提高用户学习兴趣的同时,促进学习效率。在完成一阶段的学习任务之后,可选择在 PK 台上和其他用户进行做题 PK,这可以极大地调动用户的积极性。此外,本系统还可对在线学习人员一段时间的学习情况进行综合性评价,用户可通过评价了解到自身最近的学习状态,了解不足之处并加以改正,实现了督促用户及时调整学习状态的作用。这种方式使得在线学习人员仿佛能身临其境,可视化的短视频学习更加吸引在线学习人员。同时本系统还提供了嵌入式虚拟仿真功能,通过元器件图纸真实还原了嵌入式元器件,可以实现跟真实的嵌入式电路板一样的功能。

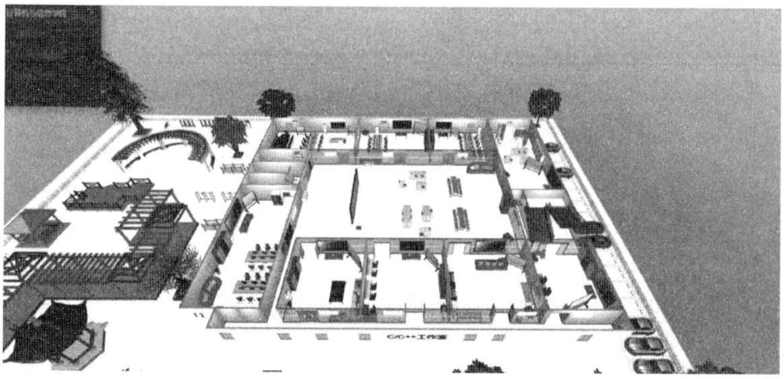

图 3-71 楼层建模

示例2:基于非特定类别的图像前景主体分割算法

指导老师:王静,李文军

学生团队:李航,梁承涵,王攀,刘森,孟鸿芸

获奖:第十二届中国大学生服务外包创新创业大赛国家二等奖(图3-72)

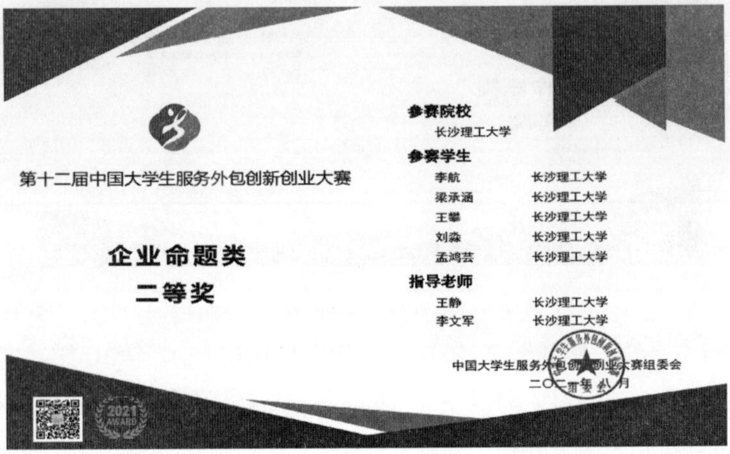

图3-72 获奖证书

作品简介:随着深度学习在各行各业的不断应用和创新,智能软件和智能硬件为人们的生活带来了极大的便利。图像语义分割是机器视觉的重要研究领域,随着图像语义分割算法的逐步成熟,图像分割被广泛应用到各个领域。该项目是基于非特定类别的图像前景主体分割算法,着力于图像的主体与背景的分割,分离出图像中目标的前景物体,通过增强边缘分割的准确性,确保能在前景和背景对比度低、背景复杂、主体形状复杂等各种复杂环境下,依然能保证主体边缘的精准分割。根据需求收集、筛选和数据增强的方式整合可训练图像数量集,以及对深度学习的模型进行设计、训练以及优化,对其网络模型工程化,生成本地化可执行程序,达到了不依赖网络也能精准分割出图像前景主体的目标。

传统的人工分割图像前景主体的处理方式对人员的专业技能有特定的要求,存在工作量巨大、速度慢,效果慢等问题。另外,基于人像的分割算法也被应用,但仅仅局限于有人像的图片,无法适用于无人像的图片。而本项目基于非特定类别的图像前景主体分割算法,可以不分图像类型进行图像的前景主体分割,能在图片中快速定位感兴趣的目标,在各种复杂情况下依然保证主体边缘的精准分割,且每张图片处理时间快,同时可以不依赖网络进行图像分割,系统界面如图3-73所示。本项目基于U2Net对其进行算法的优化以及再训练,满足了用户期望的同时,还对前景与背景图像难以区分的情况进行了优化处理,使其在复杂情况下分割图片前景及后景方面获得更高的精确度以及处理速度。

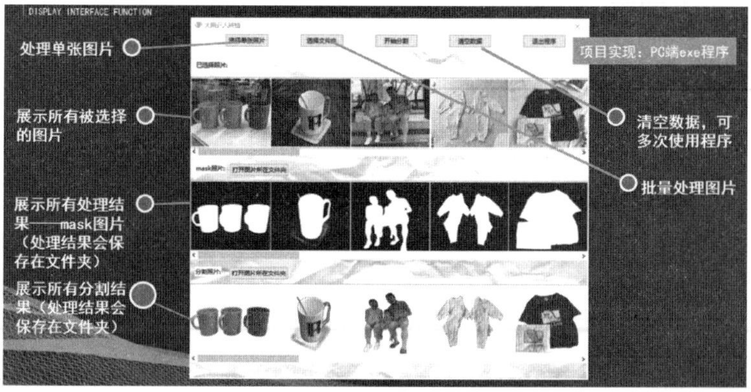

图3-73 系统界面

3.12 蓝桥杯全国软件和信息技术专业人才大赛

3.12.1 赛事介绍及发展

蓝桥杯全国软件和信息技术专业人才大赛是由工业和信息化部人才交流中心举办的全国性IT学科赛事。2009年举办首届赛事。大赛以个人赛事的形式进行比赛,主要包括如下类别:

(1)C/C++程序设计(研究生组、大学A组、B组、C组)。

(2)Java软件开发(研究生组、大学A组、B组、C组)。

(3)Python程序设计(研究生组、大学A组、B组、C组)。

(4)青少年视觉艺术设计赛项。

(5)青少年数字科技创新赛项。

蓝桥杯全国软件和信息技术专业人才大赛全国赛题目要求具有实际意义和应用背景,并考虑到教学的基本内容和新技术的应用趋势,同时应对教学内容和课程体系改革有一定的引导作用;题目的难易程度,既应使一般参赛学生能在规定时间内完成基本要求,又能使优秀学生有发挥与创新的余地;总决赛由蓝桥杯全国软件和信息技术专业人才大赛命题专家组统一命题;由蓝桥杯全国软件和信息技术专业人才大赛专家指导委员会审题组专家对所有备选题目进行审核,指定审核标准。

自赛事开展以来,共有北京大学、清华大学、上海交通大学等全国1200余所高校参赛,累计参赛人数超过40万人。2020年,蓝桥杯大赛被纳入中国高等教育学会发布的全国普通高校大学生学科竞赛排行榜,是高校教育教学改革和创新人才培养的重要竞赛项目。

3.12.2 本赛事学校成绩

我校从2013年开始参加蓝桥杯湖南省省赛、全国软件和信息技术专业人才总决赛。自2020年被列入中国高等教育学会发布的“全国普通高校学科竞赛排行榜”之后，学校积极蓝桥杯组委会联系，分别在2020年、2021年承担了湖南省省赛、全国总决赛，如图3-74所示。

图3-74 “蓝桥杯”竞赛现场

同时，以计算机与通信工程学院ACM竞赛团队为依托，组织了蓝桥杯竞赛教练团队，主要包括邓泽林、邓广慧、章登勇、蔡烁、王静等教练，并针对性组织队员学习、训练，取得了优异的成绩。其中2021年获得国家级一等奖4项、二等奖6项、三等奖13项；2020年获得国家级一等奖7项、二等奖10项、三等奖5项，如表3-14和表3-15所示。

第12届蓝桥杯全国软件和信息技术专业人才大赛总决赛获奖情况 表3-14

赛事名称	教练姓名	获奖学生姓名	级别	等级
第12届蓝桥杯全国软件和信息技术专业人才大赛总决赛	邓广慧	周倩男	国家级	一等奖
第12届蓝桥杯全国软件和信息技术专业人才大赛总决赛	蔡烁	刘康为	国家级	一等奖
第12届蓝桥杯全国软件和信息技术专业人才大赛总决赛	王静	陈彬彬	国家级	一等奖
第12届蓝桥杯全国软件和信息技术专业人才大赛总决赛	李骥	周博	国家级	一等奖
第12届蓝桥杯全国软件和信息技术专业人才大赛总决赛	左经文	邓俊	国家级	二等奖
第12届蓝桥杯全国软件和信息技术专业人才大赛总决赛	罗元盛	贺达	国家级	二等奖

续上表

赛事名称	教练姓名	获奖学生姓名	级别	等级
第12届蓝桥杯全国软件和信息技术专业人才大赛总决赛	邓广慧	刘帅	国家级	二等奖
第12届蓝桥杯全国软件和信息技术专业人才大赛总决赛	黄园媛	杨凯	国家级	二等奖
第12届蓝桥杯全国软件和信息技术专业人才大赛总决赛	邓广慧	王智峰	国家级	二等奖
第12届蓝桥杯全国软件和信息技术专业人才大赛总决赛	邓泽林	郑伟	国家级	二等奖
第12届蓝桥杯全国软件和信息技术专业人才大赛总决赛	罗元盛	胡洋	国家级	三等奖
第12届蓝桥杯全国软件和信息技术专业人才大赛总决赛	黄园媛	楚英杰	国家级	三等奖
第12届蓝桥杯全国软件和信息技术专业人才大赛总决赛	刘翌南	黄舒怡	国家级	三等奖
第12届蓝桥杯全国软件和信息技术专业人才大赛总决赛	罗奕	肖芊芊	国家级	三等奖
第12届蓝桥杯全国软件和信息技术专业人才大赛总决赛	向永生	钱程	国家级	三等奖
第12届蓝桥杯全国软件和信息技术专业人才大赛总决赛	章登勇	李春杰	国家级	三等奖
第12届蓝桥杯全国软件和信息技术专业人才大赛总决赛	刘翌南	彭本仁	国家级	三等奖
第12届蓝桥杯全国软件和信息技术专业人才大赛总决赛	邓泽林	杭帆	国家级	三等奖
第12届蓝桥杯全国软件和信息技术专业人才大赛总决赛	章登勇	熊谦	国家级	三等奖
第12届蓝桥杯全国软件和信息技术专业人才大赛总决赛	黄园媛	王鼎亿	国家级	三等奖
第12届蓝桥杯全国软件和信息技术专业人才大赛总决赛	黄园媛	杨琰	国家级	三等奖
第12届蓝桥杯全国软件和信息技术专业人才大赛总决赛	龙际珍	黄垒	国家级	三等奖
第12届蓝桥杯全国软件和信息技术专业人才大赛总决赛	刘翌南	许金涛	国家级	三等奖

第 11 届蓝桥杯全国软件和信息技术专业人才大赛总决赛获奖情况　　表 3-15

赛事名称	教练姓名	获奖学生姓名	级别	等级
第 11 届蓝桥杯全国软件和信息技术专业人才大赛总决赛	邓泽林	龙佳	国家级	一等奖
第 11 届蓝桥杯全国软件和信息技术专业人才大赛总决赛	刘翌南	唐代敏	国家级	一等奖
第 11 届蓝桥杯全国软件和信息技术专业人才大赛总决赛	邓泽林	潘成	国家级	一等奖
第 11 届蓝桥杯全国软件和信息技术专业人才大赛总决赛	陈曦	杭帆	国家级	一等奖
第 11 届蓝桥杯全国软件和信息技术专业人才大赛总决赛	李骥	李文龙	国家级	一等奖
第 11 届蓝桥杯全国软件和信息技术专业人才大赛总决赛	邓泽林	刘帅	国家级	一等奖
第 11 届蓝桥杯全国软件和信息技术专业人才大赛总决赛	邓泽林	李行	国家级	一等奖
第 11 届蓝桥杯全国软件和信息技术专业人才大赛总决赛	章登勇	刘康为	国家级	二等奖
第 11 届蓝桥杯全国软件和信息技术专业人才大赛总决赛	王新	郑伟	国家级	二等奖
第 11 届蓝桥杯全国软件和信息技术专业人才大赛总决赛	蔡烁	王智峰	国家级	二等奖
第 11 届蓝桥杯全国软件和信息技术专业人才大赛总决赛	邓广慧	杨琰	国家级	二等奖
第 11 届蓝桥杯全国软件和信息技术专业人才大赛总决赛	章登勇	周倩男	国家级	二等奖
第 11 届蓝桥杯全国软件和信息技术专业人才大赛总决赛	罗奕	陈彬彬	国家级	二等奖
第 11 届蓝桥杯全国软件和信息技术专业人才大赛总决赛	罗奕	李春杰	国家级	二等奖
第 11 届蓝桥杯全国软件和信息技术专业人才大赛总决赛	罗奕	贺达	国家级	二等奖
第 11 届蓝桥杯全国软件和信息技术专业人才大赛总决赛	王新	申扬	国家级	二等奖
第 11 届蓝桥杯全国软件和信息技术专业人才大赛总决赛	蔡烁	李盾	国家级	二等奖

续上表

赛事名称	教练姓名	获奖学生姓名	级别	等级
第11届蓝桥杯全国软件和信息技术专业人才大赛总决赛	刘翌南	喻璋	国家级	三等奖
第11届蓝桥杯全国软件和信息技术专业人才大赛总决赛	陈曦	钱程	国家级	三等奖
第11届蓝桥杯全国软件和信息技术专业人才大赛总决赛	陈曦	李嘉豪	国家级	三等奖
第11届蓝桥杯全国软件和信息技术专业人才大赛总决赛	邓广慧	易斯龙	国家级	三等奖
第11届蓝桥杯全国软件和信息技术专业人才大赛总决赛	邓泽林	陈恩泽	国家级	三等奖

3.12.3 赛事组织主要举措

针对蓝桥杯全国软件和信息技术专业人才大赛主要的C/C++等程序设计赛道,以ACM竞赛团队为依托进行了赛事的组织、训练和参赛。为了提高赛事成绩,该团队常年处于训练中,通过各项基础训练和参加各类相关赛事来不断提高队员的编程求解问题的能力。

(1)以“问题求解”综合教学改革为依托,培养学生的问题求解能力。

为适应时代发展、切实提高计算机类专业学生问题求解能力,进行了持续的教学改革。2011年开始采用机试的形式来考察学生的问题求解能力;2015年开始,引入云教学平台,利用云平台的虚拟机进行学生程序设计能力训练过程的管控;2017年开始,整合优化程序设计、数据结构和算法等教学内容,系统构建“问题求解”课程群,在学校信息技术类专业开展综合教学改革。

①优化重构了教学内容,融合了问题求解相关课程内容,设计了学生能力进阶的教学内容和案例。

②形成了完整的教学设计、教学指导资料。根据学生自主学习、课堂授课、同步实训、分组研讨等环节设计完整的教学设计和教学指导资料。

③建设了云计算教学平台。教师在平台上发布教学资源、视频、作业;学生在该平台上获得学习资源、作业等,并提交作业。

④开发了考试系统。参考大学生程序设计竞赛系统进行开发,在线测评并实时显示学生做题情况。

⑤建设了实训、考试题库,选择了如数据压缩、基因序列、方程求解、迷宫问题等挑战度高的问题。为每道题在服务器上部署10组测试数据,从不同角度来验证程序的正

确性。

同时，强化了课程成绩的评价方式，课程的成绩由预习作业成绩、研讨表现、期末考试成绩、实训情况等因素决定。课程成绩评定重视形成性评价，进一步提高学生的问题求解能力。综合教学改革采用了创新的云教学平台来管理教学过程、重构优化了教学内容、实训与分组研讨等环节提升了课程的高阶性和挑战度。通过“问题求解”综合教学改革，提升了全体学生的问题求解能力，为进一步开展蓝桥杯全国软件和信息技术专业人才大赛培养了广泛的群众基础，为优秀队员的选拔提供了肥沃的土壤。

(2)以开展校级 ACM 程序设计竞赛为契机，在全校范围内推广程序设计竞赛，培养广大的学生群体。

蓝桥杯等程序设计类竞赛的队员没有专业限制，全校范围内所有有潜力的学生都可能是优秀的竞赛选手。因此，在每年的 3 ~ 6 月份组织举办校级 ACM 程序设计竞赛，在推广程序设计竞赛的同时，发掘有潜力的非计算机类专业的学生，如数学、物理、电气、土木等专业。

(3)以 ACM 协会为主体进行队员招募和培养，通过传帮带的方法培养新队员。

ACM 协会创建于 2010 年，主要是在学校推广 ACM 竞赛，每年该协会都会组织活动，引导新生进入程序设计的学习和竞赛。每年新生开学，协会的成员都会在老师的指导和支持下为新生做宣传，介绍 ACM 协会的主要目标及协会所获得的荣誉。在学校的食堂、教室等地方投放宣传册，通过易拉宝等宣传媒介，大力推广程序设计竞赛，并通过路演的方式进行成果展示，并与有兴趣的同学进行交流沟通，将程序设计竞赛精神传达给每个有兴趣的同学。

同时，在新生军训结束时，协会同学会在计算机与通信工程学院的每个班级宣传协会，吸收新生参与协会，并为新生的培养安排课程，建立广泛的学生群体。

为学校爱好编程的同学进行课外授课并选拔新生进入协会。协会在接受新生报名后即开始安排程序设计课程，组织队员和竞赛教练为新生周末授课。同时，协会成员会对新生的学习进行指导，通过互动沟通，解决新生的编程问题。通过持续的接触，培养新生的编程兴趣，并接受最终表现出明确兴趣的新生进入协会。教练以及队员对新生进行辅导和支持，将新生与老队员进行多对一的分组，一个老队员负责多个新队员的学习。通过大一第一学期的培养，可以将新生的编程能力提高到算法设计阶段，此时，新生就具备了一定的问题求解能力。

同时，队伍内部会经常参与国内外网上的比赛，教练组织新队员参与竞赛或者赛后补题，引导新生完成一定数量的问题求解实践，使新生能够在极短的时间内接触高水平的赛事。在一年一学期结束后，教练负责选拔这些新生进入集训队。每个寒假期间，教练组织集训队为新生进行一年一度的寒训，分主题进行线上内容讲解、题目分析及求解,新生跟随学习,并进行队内的比赛。

(4)以集训队暑训为重要能力培养环节,全力提高队员的竞赛状态和水平。

为充分准备一年一度的省赛和下半年的各项比赛,教练组织队员开展为期2个月的暑训。学生在暑训期间进行集中管理,集训队通过近2个月的刷题、对内比赛、分组训练等环节的训练,竞赛水平得到了明显的提升。

在暑期结束时,队内进行省赛参赛队伍的选拔,并在8月底参加湖南省程序设计竞赛。通过与省内的强队,如国防科技大学、中南大学、湖南大学等学校的队伍进行竞争,为学校获得荣誉。同时,也使队员了解省内的水平,为后期的ACM-ICPC(美国计算机-国际大学生程序设计竞赛)、天梯赛、蓝桥杯的比赛打下坚实的基础。

(5)以天梯赛、ACMICPC为阶梯,逐步提高队员的大赛心态和竞赛水平。

队员们在经过了省赛之后,将开始着手准备国内的赛事,主要是ACMICPC、天梯赛和蓝桥杯。每年的下半年,队伍的主要任务是参加ACMICPC区域赛,每年参加的区域赛在6个左右,每个区域一般由2支队伍参赛,每个区域可以锻炼6人。经过多轮区域赛的历练,队员逐步具备了与国内高校同台竞赛的能力。

每年的上半年4月份左右,集训队会组织2支队伍共20人参加全国高校团体赛天梯赛的角逐,进一步锻炼团队合作能力。然后,队伍将进入蓝桥杯的省赛和国赛。由于前面众多环节的锻炼,队伍中的个人在参加蓝桥杯全国软件和信息技术专业人才大赛时具有较高的竞争能力。

3.12.4 优秀获奖作品示例

示例1:2021年全国总决赛一等奖,如图3-75所示。

图 3-75

蓝桥杯大赛

获奖证书

长沙理工大学李骥：

指导周博荣获第十二届蓝桥杯全国软件和信息技术专业人才大赛全国总决赛 C/C++程序设计大学 B 组一等奖，被评为优秀指导教师。

特发此证，以资鼓励。

证书编号：021237223

证件号码：432501198104030055

蓝桥杯大赛

获奖证书

长沙理工大学蔡烁：

指导刘康为荣获第十二届蓝桥杯全国软件和信息技术专业人才大赛全国总决赛 C/C++程序设计大学 B 组一等奖，被评为优秀指导教师。

特发此证，以资鼓励。

证书编号：021237227

证件号码：430921198210230013

图 3-75　2021 年全国总决赛一等奖

示例 2:2020 年全国总决赛一等奖,如图 3-76 所示。

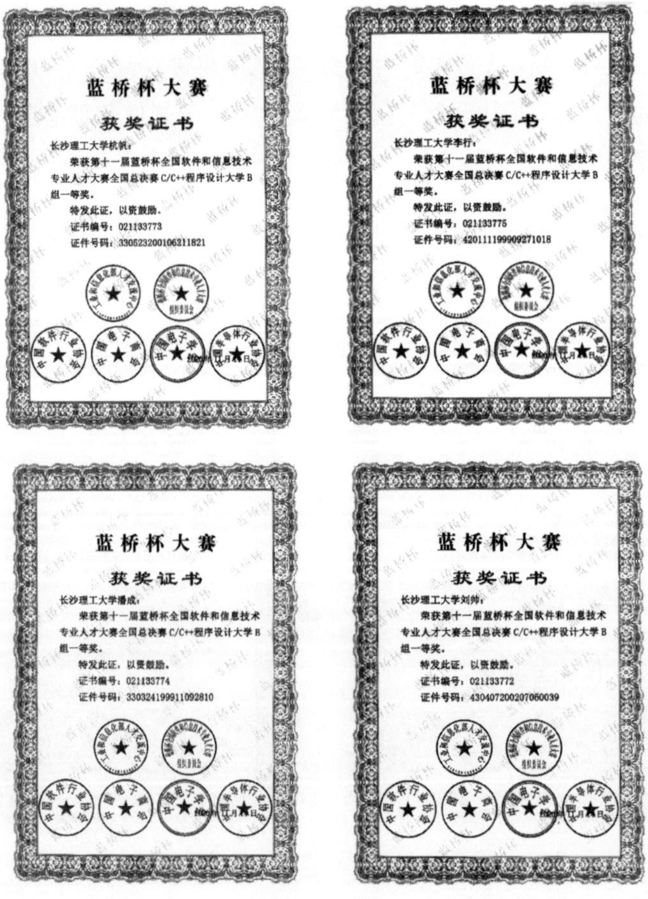

蓝桥杯大赛

获奖证书

长沙理工大学杭帆：

荣获第十一届蓝桥杯全国软件和信息技术专业人才大赛全国总决赛 C/C++程序设计大学 B 组一等奖。

特发此证，以资鼓励。

证书编号：021133773

证件号码：330523200106211821

蓝桥杯大赛

获奖证书

长沙理工大学李行：

荣获第十一届蓝桥杯全国软件和信息技术专业人才大赛全国总决赛 C/C++程序设计大学 B 组一等奖。

特发此证，以资鼓励。

证书编号：021133775

证件号码：420111199909271018

蓝桥杯大赛

获奖证书

长沙理工大学潘成：

荣获第十一届蓝桥杯全国软件和信息技术专业人才大赛全国总决赛 C/C++程序设计大学 B 组一等奖。

特发此证，以资鼓励。

证书编号：021133774

证件号码：330324199911092810

蓝桥杯大赛

获奖证书

长沙理工大学刘帅：

荣获第十一届蓝桥杯全国软件和信息技术专业人才大赛全国总决赛 C/C++程序设计大学 B 组一等奖。

特发此证，以资鼓励。

证书编号：021133772

证件号码：430407200207060039

图　3-76

蓝桥杯大赛

获奖证书

长沙理工大学唐代敏：

荣获第十一届蓝桥杯全国软件和信息技术专业人才大赛全国总决赛 C/C++程序设计大学B组一等奖。

特发此证，以资鼓励。

证书编号：021133771

证件号码：431025200001300852

蓝桥杯大赛

获奖证书

长沙理工大学龙仕：

荣获第十一届蓝桥杯全国软件和信息技术专业人才大赛全国总决赛 C/C++程序设计大学B组一等奖。

特发此证，以资鼓励。

证书编号：021133770

证件号码：430821200012040053

蓝桥杯大赛

获奖证书

长沙理工大学李文龙：

荣获第十一届蓝桥杯全国软件和信息技术专业人才大赛全国总决赛 C/C++程序设计大学B组一等奖。

特发此证，以资鼓励。

证书编号：021133776

证件号码：362201200001230017

图 3-76　2020 年全国总决赛一等奖

3.13　中国大学生机械工程创新创意大赛

3.13.1　赛事介绍及发展

中国大学生机械工程创新创意大赛是由中国机械工程学会主办，在教育部高等学校机械类专业教学指导委员会、教育部高等学校材料类专业教学指导委员会、教育部高等学校工业工程类专业教学指导委员会指导下，联合有关社会团体、高校、地方政府和企业共同举办，是面向全国高校涉及机械工程和材料科学与工程等专业大学生的一项公益性竞赛活动。

（1）“中国大学生机械工程创新创意大赛专业赛项——铸造工艺设计赛”由中国机械工程学会主办，中国机械工程学会铸造分会承办。该赛事旨在为材料成型相关专业在校学生提供社会实践平台，鼓励学生主动跟踪科技发展，学习铸造专业知识，提高铸造工艺设计和操作技能，提升科技创新与工程实践能力，为铸造行业培养优秀专业人才。铸造工艺设计赛自 2009 年举办以来，历经 12 届，已累计有 100 余所高等学校的 2 万余名学生参加了这一赛事。赛事参与人数多，影响范围广，专业技术培养效果好，并连续 3 次入选《全国普通高校学科竞赛排行榜》(2015—2021 年)。

(2)过程装备实践与创新赛是中国大学生机械工程创新创意大赛之一，是全国大学生竞赛排行榜榜单内竞赛项目，至今已成功举办十二届。过程工业是国民经济的支柱产业，是发展国民经济，提高国际竞争力的重要基础。我国装备制造业的工业增加值虽已居世界第四位，但劳动生产率远低于发达国家，很多重大过程装备还依赖进口，技术创新能力薄弱是主要原因之一。《国家中长期科学和技术发展规划纲要(2006—2020 年)》明确提出了建设创新型国家的发展目标，核心就是要增强自主创新能力，走中国特色自主创新道路，推动我国科学技术的跨越式发展。因此，培养勇于承担责任、专业知识丰富、富有创新思想与创新能力、能胜任国际竞争的专业化人才是新时期高校所必须承担的历史责任和使命。为了鼓励过程装备与控制工程专业的学生了解我国过程装备技术发展的前沿，积极投身于科技创新与实践活动，华东理工大学在中国机械工程学会压力容器分会、中国化工学会化工机械专业委员会、化学工业出版社的大力支持下，于 2006 年倡议发起了“全国大学生过程装备实践与创新大赛”。活动的开展为我国过程装备与控制工程等相关专业大学生的工程实践能力、创新能力及团队合作精神的培养和锻炼搭建了很好的平台。

(3)中国大学生机械工程创新创意大赛物流技术(起重机)创意赛是由中国机械工程学会主办的“中国大学生机械工程创新创意大赛”系列专业赛事之一，其宗旨是通过大赛增强大学生的科技创新意识，鼓励大学生积极投身科技创新与工程实践活动，提高大学生针对实际需求进行物料搬运设备(起重机)设计和工艺制作的动手能力，拓宽大学生的科技创新视野，提升大学生对物料搬运设备(起重机)在国民经济各领域的应用意识。

(4)材料热处理创新创业赛是中国大学生机械工程创新创意大赛下设的专业赛项，由中国机械工程学会热处理分会和高校共同承办。“中国大学生机械工程创新创意大赛——材料热处理创新创业大赛”作为材料领域的专业赛事，是一项面向高校材料科学与工程及相关专业在校生的全国性竞赛活动。大赛内容覆盖了新材料开发、热处理、表面改性工艺技术及应用成果，作品形式有论文、实物和专利等，涉及到关键件的选材、工艺制定、设备选择、质量控制及检验。是高校培养优秀工程技术人才和创新性人才、为行业储备后备力量、为我国制造强国战略提供智力支撑的优质平台。大赛竞赛宗旨：以“厚基础、强融合、重突破”为指导思想，以“学以致用、触及巅峰”为理念，旨在激发大学生对金属材料及热处理基础理论学习与实践的热情，创新热处理技术，为新材料与高端装备制造培养热处理卓越人才，服务国家建设制造强国战略。

3.13.2 赛事组织主要举措

(1)精心组织、广泛宣传、提高学生参赛积极性。

做好前期的宣传工作十分重要。该赛事的竞赛宗旨是为机械相关专业在校学生提供社会实践平台,鼓励学生主动跟踪科技发展,学习机械工程专业知识,提高操作技能,提升科技创新与工程实践能力。因此,校内赛事负责人以汽机学院大三学生为重点宣传对象,专门组织召开了该赛事的校内宣讲会。

(2)对标参赛要求和评分标准、做好培训指导。

该赛事属于专业性较强的竞赛,而参赛对象主要是大三学生,他们基本上还未系统学习过机械工程相关知识,因而做好培训指导尤为重要。通过开展线上讲座、课堂讲授、课外指导等方式,让同学们尽快深入学习相关知识。为此,特邀请其他高校中在前几届取得过优异成绩的具有丰富赛事指导经验的指导老师,进行线上宣讲和指导,校内指导老师亦做好时间安排,每周抽出时间给学生答疑,共同探讨,力求设计的合理性及总体进度的可控性。

(3)注重队伍的分工协作和梯度建设。

该赛事所涉及的专业知识和具体任务较多。一支参赛队伍,只有分工明确,并通力协作,才能较好地完成所有工作。因此,在组建队伍时,要做好人员搭配,这样,在后续工作开展时,就可以发挥各自专长,确保设计工作的顺利开展。同时,各组员之间还须时刻保持良好沟通,组内每位成员皆应具备相关的基础知识,并加强沟通与协作,遇到问题时能够快速响应,共同探讨,找寻有效的解决方案。

(4)学科交叉团队协作。

每一届大赛都有不同的主题,并且参赛作品也有严格限制。通过学科交叉团队协作,能结合各指导老师和团队的优势,能够让专业的人做专业的事情,以最快的速度产生最好的效果。

(5)注重理论联系实际、避免闭门造车。

该赛事要求同学们在设计的时候,除了按照书本所学,遵循设计基本原则之外,还应充分考虑实际生产的诸多因素,总之,方案设计不能仅仅依靠书本知识,还应充分考虑实际生产情况,将理论与实际相结合,方能设计出切实、可行、合理的工艺方案。

3.13.3 优秀获奖作品示例

示例1:E件-床头箱

设计的对象是E件-床头箱。其铸件的材质为HT200,该零件属于箱体零件,是机床的重要基础件,主要作为其他零件的载体,将一些轴、轴套、齿轮、端盖、紧固件等组装在一起,使其保持正确的装配关系,构成机床的重要部件。其质量对设备的精度、性能和寿命均有直接的影响。因此在铸造工艺设计中，应先充分保证铸件精度与质量，在此基础上，考虑生产成本、经济效益及环境保护等方面。

在铸造工艺设计之初，首先根据零件图分析其铸件的结构特点可知，其属于典型的箱体零件，由许多精度要求不同的孔及平面组成。其零件质量为 147. 59kg，轮廓尺寸为 400 × 345 × 487mm，最大壁厚约 30mm，最小壁厚约 15mm，主要壁厚约 20mm，最大孔径为 ϕ190mm，最小孔径为 ϕ8mm。

通过广泛查阅资料，确定零件的重要表面，以及根据零件的工作环境，充分考虑在铸造过程中应重点注意的工作部位。

完成零件分析后，在零件图的基础上确定铸造工艺参数，并以确定的工艺参数，使用 SolidWorks 三维软件绘制铸件毛坯的三维图，将毛坯三维图作为后续工艺设计的基础。

通过比较多种造型材料及涂料的优缺点，本次工艺设计选择酚醛尿烷树脂自硬砂及水基涂料。

对于铸造工艺的选择，首先根据铸件的工作环境及结构特点，分析确定了浇注位置、分型面，如图 3-77 所示，在确定浇注位置、分型面后，通过计算与查阅资料书籍等确定了各项铸造工艺参数。

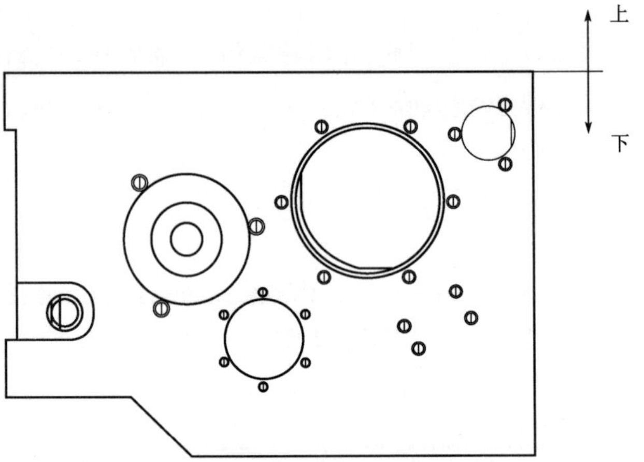

图 3-77　浇注位置及分型面方案示意图

在浇注系统的设计上，分析设计了顶注式浇注系统及底注式浇注系统两种方案，如图 3-78 所示，并根据铸件尺寸及材质确定浇注系统采用封闭式浇注系统。

对于两种浇注系统方案，使用 ProCAST 仿真模拟软件分别进行了模拟，并对充型过程、缺陷分布进行了分析，其缺陷分布如图 3-79 所示，最终确定浇注系统选择底注式浇注系统。

考虑到本次铸件材质为 HT200，其凝固时的膨胀和液态收缩趋于互相补偿，故补缩时需要的铁水量少，而且本次设计零件壁厚较均匀，所以可利用浇注系统进行补缩，而不设置冒口。

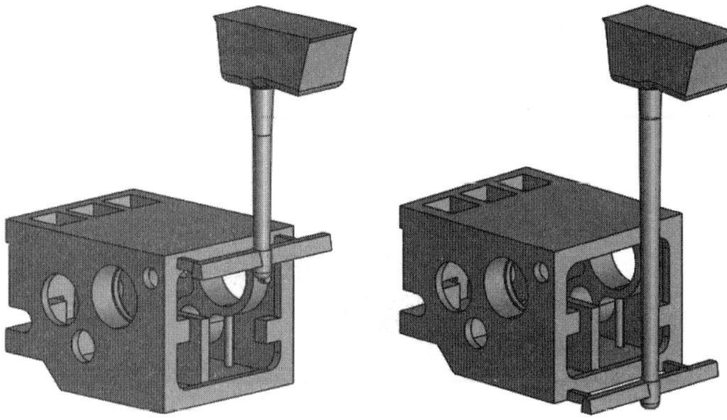

a)顶注式浇注系统　　b)底注式浇注系统

图 3-78　浇注系统方案示意图

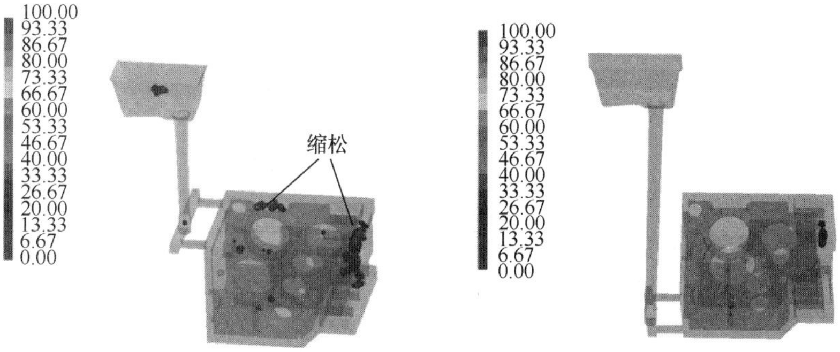

a)顶注式浇注系统缺陷分布　　b)底注式浇注系统缺陷分布

图 3-79　浇注系统缺陷分布图

最后是铸造工艺装备及生产技术控制部分，该部分主要是根据前面的设计以及零件用途等进行设计与检测。经过完备的铸造工艺设计过程，最终形成工艺图、工艺卡片等工艺文件用于工业生产指导。

示例 2：电磁-摩擦协同复合车路能量采集装置，如图 3-80 所示。

本作品是一种基于电磁-摩擦复合发电的道路俘能减速带，其技术关键在于发电效率、装置可靠性和电能处理三个方面。在发电效率上，通过齿轮传动放大和永磁体圆周阵列的方法提高能量的转换效率，利用横向堆叠的方式增大摩擦材料的有效激励面积，同时保证各摩擦发电板互不干涉，提高摩擦电的输出功率。在装置可靠性上，充分考虑零部件设计时的制造误差和装配误差，并在关键部位使用滚珠轴承和滚针轴承，使装置运行流畅。使用钢轴、亚克力板为主要支撑材料，保证装置的强度，不易损坏。在电能处理方面，设计能量处理电路，对采集

图 3-80　电磁-摩擦协同复合车路能量采集装置

的电能进行整流滤波，使装置能够进行电能储存并等待输出应用。

示例3：特仑苏搬运工-Plus，智能堆码起重机器人

主要原理：此作品由行走机构、起升平移机构、控制模块、视觉识别模块、循迹定位模块以及抓取机构共六大部分组成。

(1)本作品的行走机构采用麦克纳姆轮进行全方位移动，能够实现自由转动、平移、原地转弯等功能，实现了货物的精准抓取和放置。在过障碍物阶段，首先车通过麦克纳姆轮的运动，使大车旋转45度，然后驱动麦克纳姆轮安全地通过障碍物。

(2)起升平移机构。起升部分由铝管、直流电机、打印件及限位轴承组成，能最大化保证货物起升、放置的稳定性。平移部分由电机、同步带、亚克力板及定位模块组成，使得同步带能实现精准平移控制。

(3)控制模块：控制模块以myRIO模块为主实现整车灵活位移及抓取机构的开合控制，外接直流驱动器来控制起重、平移机构的精准工作以及循迹定位和识别工作。

(4)视觉识别模块：视觉识别模块使用OpenMV模块，采集大量的数据集，利用神经网络进行训练，增加了图像识别的准确性。

(5)循迹定位模块：采用三线红外传感器，能有效保证循迹的准确和小车行走的稳定。

(6)抓取机构：由气泵和吸盘组成，气泵驱动双吸盘，使之能够迅速且稳定吸附住奶箱。

本作品的创新点包括：(1)基于NImyRIO的智能控制系统设计：以NImyRIO为开发平台，搭配OpenMV、空气泵和红外传感器完成识别、抓取以及循迹定位功能，实现了起重机的智能化、自动化。(2)基于神经网络的图像识别技术：以OpenMV4H7Plus为摄像头，采集大量的标识物图片作为数据集，对其进行信息获取、预处理、特征抽取和分类，建立网络模型对图像进行识别，识别速度更快，准确性更高。(3)双气泵吸盘：抓取结构中选用双气泵吸盘，相比爪子，具有更高的容错率与稳定性。

本作品(图3-81)具有以下特点：(1)结构简单轻巧，稳定性高，承载力强，一次可进行六箱抓取，且能在功耗较低的条件下，保证搬运的速度和稳定，适用于各类小型搬运场合。(2)配备红外循迹模块，可自动循迹运送货物，有效避开障碍物，无须人工干预，使搬运智能化自动化，节约成本。(3)采用神经网络进行视觉识别，大大增加了识别的准确度，适用于各类工厂、仓库及图书馆以实现货物分拣、物品归类。

经过校赛前的不断优化，本作品以优异的成绩完成比赛，并且车身自重较轻，在全国比赛中综合成绩排名第八(图3-82)。此次比赛的取胜关键在于车身结构稳定，重量轻，标识物识别准确。在平时的练习中(图3-83)，也没有因为车身结构、标识物识别，以及控制方面问题而导致失败，从而证明了本作品有很强的智能性、稳定性以及较高的容错率。

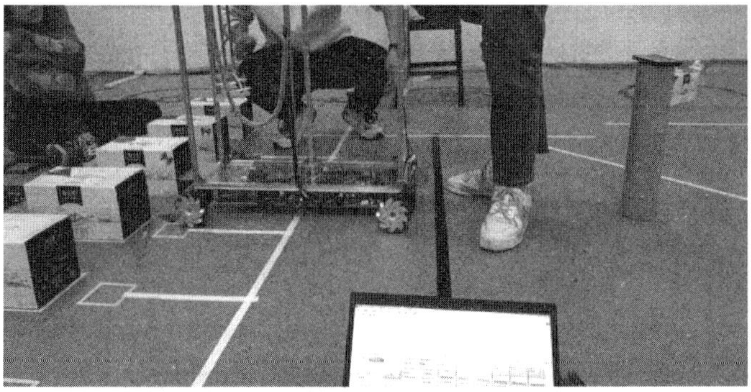

图 3-81　比赛作品

图 3-82　获奖证书

图 3-83　训练照片

示例 4：旋风冲锋龙卷风，智能堆码起重机器人

本作品（图 3-84）主要包括六个部分：底盘行走机构、XL 形同步带底盘伸缩机构、同步带平移机构、舵机抓取机构记忆、摄像头图像识别以及电控系统。本作品机构简单，执行元件少，整机质量轻，运动灵活、行驶速度快，除了实现小车的前进和后退，还能够实现平面内的左右平移及旋转运动。XL 形同步带底盘伸缩机构主要由 42 步进电

机、同步带(轮)、亚克力板、阻尼缓冲轨道组成,同步带固定在亚克力板上,亚克力板依靠在阻尼缓冲轨道上,通过步进电机作为动力源,驱动同步带轮旋转,从而同步带可以做前后运动,最终实现货物的前后移动,实现了空间的高效利用。步进电机具有自锁功能,无须外部的制动机构。舵机抓取机构安装在悬臂端部,爪子直接固定在舵机的法兰盘上,通过舵机可实现爪子开合运动,实现牛奶箱子的稳定抓取。电控系统安装在起重机底盘的下方,主要由锂电池组、Arduino 开发板、树莓派 4B、步进电机驱动器等组成。视觉检测利用的硬件是树莓派 4B,通过摄像头连接到树莓派,对标识物进行拍照,基于 Opencv 上植入视觉检测算法程序对标识的图形与颜色进行识别,Opencv 是一个基于 BSD 许可(开源)发行的跨平台计算机视觉和机器学习软件库,由一系列 C 函数和少量 C + +类构成,同时提供了 Python、Ruby、MATLAB 等语言的接口,实现了图像处理和计算机视觉方面的很多通用算法;底层控制是基于 Ardunio 单片机控制的,实现起重机的循迹运动;在机械结构方面,起重机的抓取结构利用机械爪以实现对物体的抓取,通过同步带轮实现机械爪的前后运动进行抓取与放置物体。并设计了底盘伸缩装置,它的作用是用来码放和运输货物并且承担运输车轮的部分重量。作品获第六届物流技术(起重机)创意赛一等奖,如图 3-85 所示。

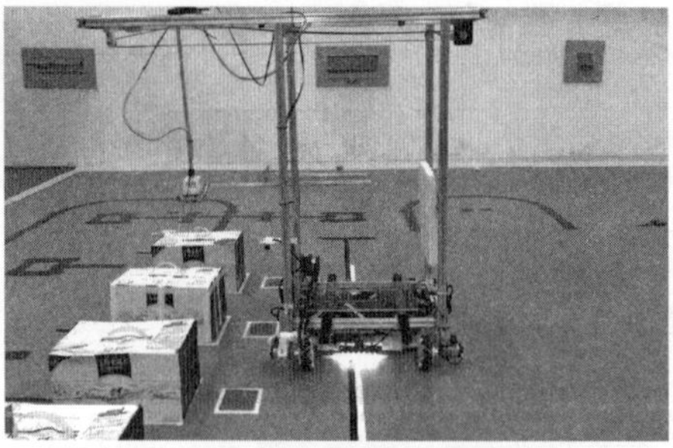

图 3-84　比赛作品

图 3-85　获奖证书

本作品的创新点包括:

(1)以欧标铝型材做机架,底盘等各部件通过标准化的角码连接,便于模块化拆卸和安装,运输方面,现场搭建迅速。整机的结构刚度基本可以满足搬运要求,充分利用了避障的空间余量,起重机可以以较快的速度通过障碍物。

(2)双电机结构:起升机构由 2 个电机作为动力来源,可以实现对舵机抓取机构的垂直运动以及水平运动。

(3)分层控制:在控制策略方面,树莓派作为上位机与下位机 Arduino 通信,分层控制,将各个抓取部分和行走部分分开利于实现视觉识别功能和循迹,进行底层运动控制和抓取,以及方便调试设备。

(4)前后循迹相结合:在底层控制模块加装双路循迹传感器,起重机前端为循白传感器,后端为循黑传感器,实现运动的全方位控制,对起重机进行定位以记录搬运箱子的位置。

(5)底盘伸缩装置：由于比赛场地小，搬运货物数量多，对搬运的精度要求高，因此影响搬运效率的主要因素是起重机的空间利用率，即单次的搬运数量，所以本作品设计了一个底盘伸缩装置，以提高起重机运输效率，还减轻了起重机的重量，同时执行元件少，操作简便。

本作品采用框架式的结构，稳定性高，承载能力强，一次可进行六箱抓取。配备前后循迹传感器，搬运智能化自动化，无须人工干预，节约人工成本。基于 Opencv 设计视觉识别算法，标识识别准确率达到了100%，该算法适用于实现货物分拣、物品归类。

示例5：一种高性能高熵合金板材的加工热处理工艺

一种高性能中熵合金板材的加工热处理工艺，涉及高性能合金板材的制造与热处理技术，加工热处理流程如图3-86所示。本发明利用轧制和热处理工艺相结合，通过控制轧制变形量、轧制温度、退火温度和时间等参数成功获得高强度、高韧性的 CoCrNi 中熵合金板材。CoCrNi 中熵合金在低温和室温下剧烈的塑性变形使材料内部产生较大的缺陷密度，强度明显提高，而三次热处理使材料组织均匀，解决了成分偏析和晶粒粗大等问题，使晶粒更加细小均匀。两种工艺的巧妙结合使得 CoCrNi 中熵合金板材具有优异的力学性能，屈服强度和断裂强度分别超过1.2GPa 和1.6GPa，断裂应变大于30%。

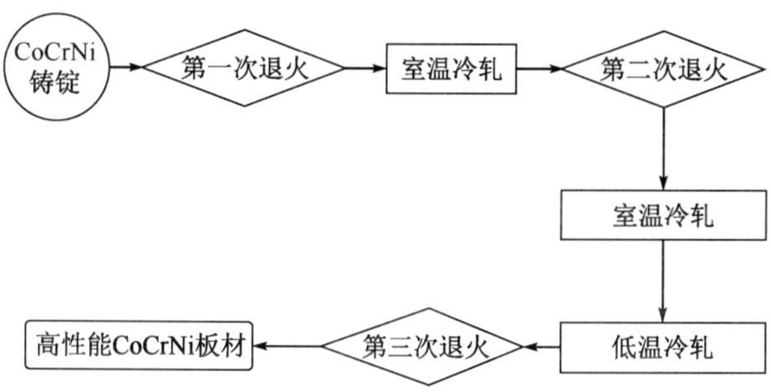

图3-86 高性能 CoCrNi 中熵合金板材加工热处理流程图

本作品的创新点包括：

(1) CoCrNi 合金在低温下具有较高韧性，利用室温和超低温的剧烈塑性变形，使材料内部错位和孪晶容易开动，从而产生大量缺陷提高板材力学性能。较传统的加工工艺而言，板材强度和塑性明显提高。

(2)轧制结合三次热处理，有效消除了材料内部的成分偏析和晶粒粗大等问题，获得细小均匀的微观组织结构，具有十分优异的力学性能。

(3)此方法可靠并且工艺相对简单，适用于其他成分的合金，可制备出直接用于零部件制造的高强度合金板材。

3.14 全国高校商业精英挑战赛——品牌策划竞赛

3.14.1 赛事介绍及发展

全国高校商业精英挑战赛品牌策划竞赛，由中国国际贸易促进委员会商业行业委员会、中国国际商会商业行业商会、中国商业经济学会和中国会展经济研究会共同主办。品牌策划竞赛经过数年培育发展，已成为我国品牌教育领域中，院校覆盖全面、校企合作深入、国际交流广泛的赛事活动，形成了集学科竞赛、产学合作与国际交流三位一体的创新实践平台。

3.14.2 本赛事学校成绩

在2022年全国高校商业精英挑战赛品牌策划竞赛中，我校十支代表队获得了一等奖六项，二等奖三项，三等奖一项的优异成绩，其中“千年湘楚，百年老蔡”湘老蔡品牌策划书入围2022年“新加坡”全球品牌策划大赛，同时我校再次荣获“最佳院校组织奖”，如图3-87所示。（详细名单如表3-16所示）

证 书

长沙理工大学：

贵校在2022年全国高校商业精英挑战赛品牌策划竞赛全国总决赛暨（新加坡）全球品牌策划大赛中国地区选拔赛中，荣获

最佳院校组织奖

特发此证，以资鼓励。

图3-87 2022年全国商业精英挑战赛最佳院校组织奖

2022年全国商业精英挑战赛长沙理工大学获奖名单 表3-16

序号	策划方案	团队成员	指导老师
全球品牌策划大赛入围奖			
1	“千年湘楚，百年老蔡”湘老蔡品牌策划书	唐超雯、任孜杨、张芊芊、严孟寒、彭恋	戴双凤、李丽

续上表

序号	策划方案	团队成员	指导老师
全国总决赛一等奖			
1	蓝山之下、赛美东麓	韩福廷、毛通、贺璇、周芩宇、杨天瑞	夏李君、朱晋
2	楚风湘绣——一面前世，一面今生	盘宣婷、谭斌、明佳莉、刘泽经、边钰洺	张庸萍、唐志良
3	早康枸杞原浆策划案	王星婷、曾佳、任楚月、谢新妍、张传帅	张新华、黄华
4	桑桑药蜜品牌策划案	石亦轩、朱远达、聂倩、陈思雅、傅锦程	邹翔、何昊
5	每食每嗑唤起“童年记”——以新媒体引流塑造品牌知名度	袁琦、袁浩文、张梦馨、禹恒、蒲俊秀	李祝平、欧阳强
6	“千年湘楚，百年老蔡”湘老蔡品牌策划书	唐超雯、任孜杨、张芊芊、严孟寒、彭恋	戴双凤、李丽
全国总决赛二等奖			
1	大球泥瓷艺品牌策划案	陈妍、陈超强、康心、银文恺、付永歌	刘坚、张凤萍
2	柏木科技——致力于成为 BIM 行业最认可的企业	李悦、冉高阳、尹湘艺、丁月钦、周晓洁	解冠慧、唐志良
3	不懂茶品牌策划	王颖、韦骁桐、杨晓娟、赖紫玲、周玥彤	李丽、张新华
全国总决赛三等奖			
1	弌弌素——清欢至味，尽在弌弌	粟雨琳、陆奕霏、王小燕、桂成、罗傲雄	谢新梅、卿志和

3.14.3 赛事组织主要举措

品牌策划竞赛必须选择真实存在的产品品牌或服务品牌为策划对象撰写品牌策划方案，同时鼓励参赛团队选择中小微企业的产品品牌或服务品牌为策划对象。在产教融合、校企合作，推动营销专业建设及专业人才培养模式等方面受益不少。

（1）深化校企合作。品牌策划竞赛根据国赛要求，必须获得企业的品牌授权。促使学生在品牌策划前，多方联系企业，获得企业品牌授权。在品牌策划中，深入企业和市场，了解企业经营现状和企业发展愿景，做出适合企业发展需要和符合市场需求的品牌策划方案。

（2）专业合作和知识融合的强化。一份优秀的品牌策划，在市场调研、品牌定位、品牌理念和核心价值的确定、品牌有形要素的设计、品牌的推广和沟通等方面，需要从营销、管理、设计、财务、传播等多专业领域进行合作。

(3)优化市场营销专业学科建设。企业品牌授权，给学生提供很好的商务洽谈的实践机会；品牌策划的市场分析，从企业高管深访、消费者访谈到调查问卷的设计和数据收集分析，是对市场调研课程最好的实习；品牌市场推广和沟通，营销经典4Ps(产品、价格、渠道、促销)策略自媒体时代下公域和私域流量的应用。这一系列内容和措施，给市场营销专业学科建设提供了整合优化的时机，给大数据时代下新商科中的市场营销专业建设和发展创造了实践环节。

3.14.4 优秀获奖作品示例

示例1："千年湘楚 · 百年老蔡"湘老蔡品牌策划书

本品牌策划书的品牌策划对象为新晃老蔡食品有限责任公司(以下简称：老蔡食品)旗下品牌"湘老蔡"。

"湘老蔡"是老蔡食品的旗下品牌，老蔡食品为怀化市农业产业龙头企业，是怀化市最大的牛肉食品深加工企业，并获得多项荣誉称号。近年来，市面牛肉零食销售环境良好，湘老蔡品牌拥有独特的品牌底蕴和品质，市场前景广阔。经过多年的发展，老蔡食品对"湘老蔡"品牌已经初步构建了品牌概念，但由于目前品牌策划的不足导致品牌营销、品牌设计和品牌宣传不到位。因此，整体看来"湘老蔡"在品牌策划方面不系统、不完善。于是团队根据目前品牌存在的弱点和缺陷，同时把握市场机会，对"湘老蔡"品牌进行修改和调整，策划书设计的品牌LOGO和吉祥物，如图3-88和图3-89所示。由于春节等因素的影响，居民牛肉需求较大，牛肉价格会形成"凸点"。因此，本策划书计划在明年春节从品牌角度进行发力营销。

图3-88 策划书设计的品牌LOGO

图3-89 策划书设计的品牌吉祥物

本策划书对“湘老蔡”品牌进行了重新策划,大致内容如下:

品牌关键词:湖南老字号新晃草饲。

品牌自述:我来自湖南新晃,不仅是“国家地理标志保护产品”,还是贫困县新晃走出去的一张名片;我的父亲是新晃当地鼎鼎有名的企业家——蔡正付,大家都亲切地叫他“老蔡”;虽然我的名字注册时间短,但老蔡一家卖牛肉已经有百年历史了,这么算起来我也是个老字号品牌。

品牌故事:夜郎,今新晃县,是“湘老蔡品牌”的出生地。如今,扎根在贫困县的老蔡唱着这样一首歌曲:幼时老蔡爱牛心;少时老蔡创梦想;成年老蔡兴家事;如今老蔡振乡村,如图 3-90 所示。

图 3-90　湘老蔡品牌故事四宫格漫画

作品获 2022 年(新加坡)全球品牌策划大赛入围奖(图 3-91)、2022 年全国高校商业精英挑战赛品牌策划竞赛全国总决赛暨(新加坡)全球品牌策划大赛中国地区选拔赛一等奖、2022 年全国高校商业精英挑战赛品牌策划竞赛全国总决赛暨(新加坡)全球品牌策划大赛中国地区选拔赛优秀企业奖(图 3-92)。

证　书

长沙理工大学的参赛作品《“千年湘楚 百年老蔡”湘老蔡品牌策划书》荣获 2022 年（新加坡）全球品牌策划大赛

入围奖

团队学生成员：唐颖雯、张芊芊、任孜楠、严孟熹、彭彪

最佳辅导教师：戴双凤、李丽

图 3-91　2022 年(新加坡)全球品牌策划大赛入围奖奖状

证　书

新晃老蔡食品有限责任公司：

在2022年全国高校商业精英挑战赛品牌策划竞赛全国总决赛暨（新加坡）全球品牌策划大赛中国地区选拔赛中，荣获

优秀企业奖

特发此证，以资鼓励。

图 3-92　全国总决赛优秀企业奖奖状

示例2：楚风湘绣——一面前世，一面今生

湖湘文化传承千年，其中以“湘”字命名的传统工艺屈指可数，湖湘儿女精心创造的传统刺绣工艺——湘绣正是其中一颗耀眼的明珠。作为我国首批非物质文化遗产，湘绣有着珍贵的文化价值、艺术价值和经济价值。随着市场竞争愈发激烈，品牌正日益成为企业生存和发展的核心要素之一，强势的品牌意味着市场地位和经济效益。新的发展趋势下，我国不断推动高质量发展、深化供给侧结构性改革，新时代的竞争更加趋向于品牌的竞争。

“楚风”是我们团队为湖南美宏商贸有限公司打造的一个湘绣品牌，本团队致力于传承国风、传承非遗、探索创新，打造具有非遗文化底蕴、有韵味的独特中国国风生活美学品牌。本团队采用实地走访和网络调研的方法，通过对湘绣行业机会、湘绣产业竞争、消费者进行分析，再结合企业自身的优势与条件，我们将“楚风”品牌的消费人群定位为20～35岁的中高端消费人群，将产品类型定为湘绣日用品，主打国潮风，基于中国传统元素、湖湘文化，融合现代化元素，打造年轻化、符合现代审美的风格，策划书封面如图3-93所示。

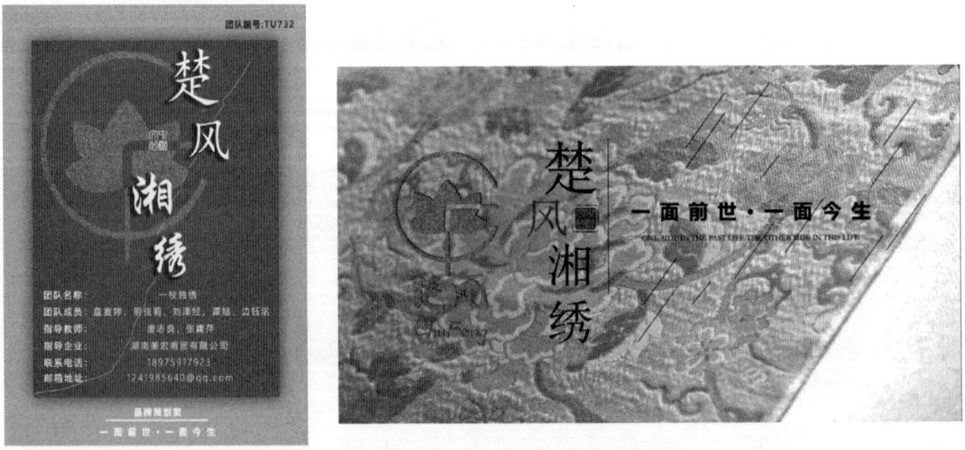

a)　　b)

图 3-93　策划书封面

产品以双面异绣为特色，展现湘绣技艺之美。楚风品牌的核心元素为国风、创新、传承、美学，品牌调性为探索、独特、美好。除此之外，我们还对楚风进行了 VI（视觉识别）应用系统设计和线下门店设计，并对品牌进行了相应的营销推广策划。最后，我们还对品牌进行了风险管理、资产保护以及财务预算。本策划旨在为企业打造全新的自有湘绣品牌——楚风，精准占据消费者心智，以提高企业在湘绣行业的竞争力，并将优秀的传统湘绣文化推向国内国际大众视野。

此作品荣获 2022 年全国高校商业精英挑战赛品牌策划竞赛全国总决赛暨（新加坡）全球品牌策划大赛中国地区选拔赛一等奖。

示例 3：早康枸杞原浆推广策划案

“世界文化看中国，中国枸杞看宁夏，宁夏枸杞看中宁”早康枸杞股份有限公司，由宁夏中宁县早康枸杞开发有限公司改制而来，已在全国各大城市成立了 15 家分公司或办事处，以其特色产品占领了全国各大连锁超市。

公司拥有上渠有机枸杞基地、欧盟出口备案花豹湾基地以及余丁绿色食品基地近万亩，其中 1500 亩基地已获得国内以及美国 NOP（国家有机工程）、欧盟 EC（符合性说明）、犹太洁食等有机认证。公司注重专利技术开发和创新，已拥有液态枸杞和枸杞浓缩鲜汁等多方面的发明专利和核心技术。

公司拥有进出口自营权，和国内一些知名企业均有合作，产品也已出口英、日、美、澳、欧盟等 30 多个国家和地区。其营销网络多样，拥有国内、国际渠道和招商加盟三种销售方式，通过线上互联网销售、线下实体店面打通国内市场，并积极响应国家对外开放政策，成立国际贸易部参与国际竞争。

公司在 2019 年率先开发出便携式袋装枸杞原浆，创新“无加水、无加糖、无防腐”+“无农药、无化肥”（注：无农残枸杞礼盒）的“新五无”产品，因其营养价值高、设计时尚化、口感佳，赢得了年轻朋友的喜欢，迅速成为网红爆款，如图 3-94 所示。

图 3-94　演讲 PPT 图

然而,随着现有竞争者实力的增强和潜入竞争者的增多,将面临更多的挑战。从国内枸杞加工行业发展的阶段来看,枸杞行业产品同质化较为普遍。百瑞源、中粮等本土企业以及雀巢、沃福百瑞等国际品牌的崛起,使枸杞市场竞争激烈。竞争对手较多,市场供过于求,这使得消费者对某一品牌的忠实度低,消费者的流动性强,固定消费者少。加之某些品牌为了销量而加糖加调味剂破坏枸杞本身口感等现象,更是挤占了早康枸杞原浆产品的市场份额。

因此,提高早康枸杞原浆产品的市场竞争力成为当前亟须解决的问题。早康枸杞应升级品牌,大力扩张本公司枸杞原浆市场规模,宣传宁夏中宁枸杞的“全球枸杞核心产区”和“中国农产品气候品质类国家气候标志”,维护市场的有序竞争和良性发展,策划案封面如图 3-95 所示。

图 3-95　策划案封面

此作品荣获 2022 年全国高校商业精英挑战赛品牌策划竞赛全国总决赛暨(新加坡)全球品牌策划大赛中国地区选拔赛一等奖(图 3-96)、2022 年全国高校商业精英挑战赛品牌策划竞赛全国总决赛暨(新加坡)全球品牌策划大赛中国地区选拔赛优秀企业奖(图 3-97)。

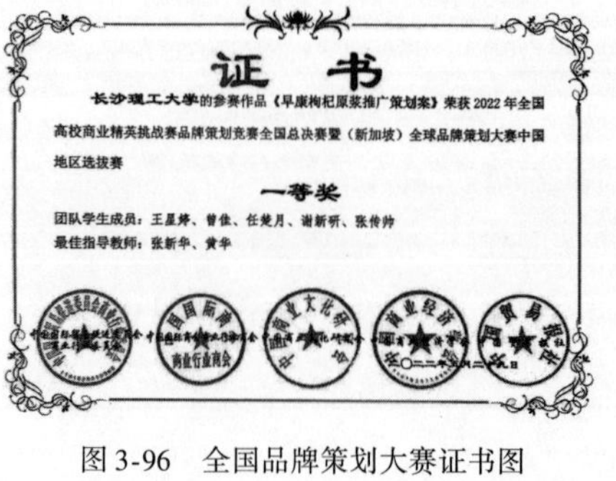

图 3-96　全国品牌策划大赛证书图

图 3-97　优秀企业证书图

3.15 中国高校智能机器人创意大赛

3.15.1 赛事介绍及发展

中国高校智能机器人创意大赛是一项有广泛影响的全国性学科竞赛。中国高校智能机器人创意大赛创办于2017年。首届大赛由中国高等教育学会、教育部工程图学课程教学指导委员会、中国高校智能机器人创意大赛组委会共同主办，浙江大学机器人研究院、中国高等教育学会工程教育专业委员会承办，决赛由浙江省余姚市人民政府承办。之后大赛每年举办一次，至今已经连续举办4届。大赛以“更好、更快、更强”为主题，以培养学生提出问题能力为起点，形成问题提出、解决方案、具体创作和后期孵化一体化的人才培育链条，助力机器人相关人才培养。高校参赛积极性高、参与面广。大赛于2020年列入中国高等教育学会发布的全国普通高校大学生竞赛排行榜。

3.15.2 本赛事学校成绩

长沙理工大学在2021年第四届中国高校智能机器人创意大赛荣获国家级一等奖3项、二等奖4项、三等奖1项。

3.15.3 赛事组织主要举措

长沙理工大学对中国高校智能机器人创意大赛高度重视，大力动员学生积极参赛，提高学生的科技创新能力和个人专业素养。长沙理工大学对报名中国高校智能机器人创意大赛的队伍进行严格的筛选，选拔的要求包括学生个人专业能力以及团队协作能力。选拔出合格的队伍后，配备专业素质过硬的指导老师对学生队伍进行指导，解决学生队伍在比赛中遇到的各类问题。

长沙理工大学为参加中国高校智能机器人创意大赛不同项目的学生分别配备了专门的场地和机器人，定时检查比赛项目的进度以及定时开会讨论学生的问题以及需求，及时沟通、解决。为准备这项比赛，参赛队伍的学生和指导老师暑假留校为比赛认真进行准备。参赛队伍前期会对去年比赛的规则和资料进行学习，观看去年比赛的视频，以及请教上一届的获奖参赛队伍。接下来，按照今年的比赛规则和要求进行学习，认真了解学习自己使用的机器人的配套资料。

比如，参加轮式自主格斗的机器人的参赛队伍，从外形、机械结构部分、控制部分三个方面对机器人进行设计。参赛队伍以博创尚和公司的元器件为材料，运用仿生学原理自主设计机器人机械结构。通过组装、调试、编写程序代码，设计出了格斗机器人，如图3-98所示。在外形方面，参赛队伍为机器人设计好特定角度的上台模块并用3D打印。机器人的上下两块板子设计为特定材料的PP(聚丙烯)板和亚克力板，具有很好的承重能力，也方便打孔进而安装各种器件。为使机器人圆满完成任务，在机器人上设计了合理的上下各种传感器的安装位置。

图3-98 轮式自主格斗机器人

参加统一部件仿人体感格斗的参赛队伍设计了一款仿人机器人通过规避障碍物，进行乒乓球的击打进行得分，考验机器人与操控者的协同控制的能力。参赛队伍侧重于通过体感实现人与机器的交互融合，达到“仿人”的最终效果。参赛队伍提前对机器人行进路线与击打方式进行了规划，以提升完成任务的效率。

参加不同比赛项目的参赛队伍在参赛期间都积极努力地认真训练机器人完成比赛的指定要求和任务，团队成员之间互相讨论沟通，认真做好分内的工作。其中统一部件组视觉对抗A组参赛作品如图3-99所示，基于机器视觉的智能无人机如图3-100所示。

图3-99 统一部件组视觉对抗A组参赛作品

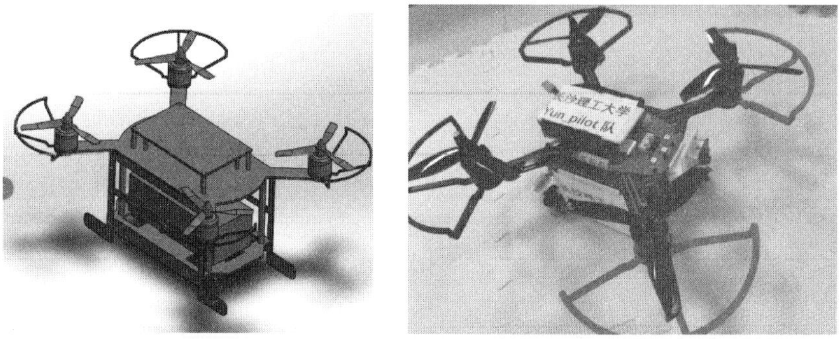

图 3-100　基于机器视觉的智能无人机

3.15.4　优秀获奖作品示例

示例 1：轮式自主格斗机器人——小阳龙

本作品用于参加统一部件组轮式格斗比赛，设计者在充分借鉴参考一些格斗机器人的外观及相关器件功能后，三人合作设计制作出符合比赛条件且满足比赛相关要求、能完成比赛任务的机器人。

设计的机器人参数为：长度投影 30.0cm，宽度投影 30.0cm，高 20.0cm，重3.31kg，所有参数和相关部件均符合规则要求。接下来，从外形设计、设计目标、机械结构部分、控制部分三个方面对机器人进行介绍。

（1）外形设计。

①机器人上台所用模块为设计好特定角度、3D 打印而成，简化了上台程序，使上台更加快速、简便；

②上下两块板子为特定材料的 PP 板和亚克力板，具有很好的承重能力，也方便打孔进而安装各种器件；

③上下各种传感器的安装位置既满足了机器人完成任务的要求，也尽量美观，符合对称要求。

（2）设计目标。

①机器人通过灰度和上方光电传感器所测返回值判断台上台下位置，若在台下可实现快速登台；

②机器人自主检测擂台边缘，接近边缘时后退转弯，防止掉落；

③机器人具有利用摄像头识别能量块、炸弹和普通箱子上的二维码的功能，通过进行识别调整自身状态完成任务进行得分；

④机器人具有根据场地、箱子位置等条件做出自我调整的能力。

（3）机械结构部分。

①机器人上台所用模块为 3D 打印而成，可帮助机器人快速简便进行登台；

②机器人采用四轮驱动,具有一定的驱动力且速度足够大,轮胎对称分布产生的力矩利用效率高。

(4)控制部分。

①RaspberryPi 树莓派 4B 控制器:对传感器接收的信号进行判断,并发出控制信号对机器人状态实现控制;

②红外传感器、光电传感器、灰度传感器、距离传感器:接收外界信号,传回控制器;

③直流电机(带编码):接收控制器的控制信号,对机器人的运动状态做出相应的调整;

④程序设计:用 Python 对机器人要实施的策略进行编程;

⑤电池模块:利用两块电池分别对树莓派和传感器、电机等进行供电。

该格斗机器人完全达到了设计目标,并可以出色地完成机器人大赛给出的任务。获奖证书如图 3-101 所示。

图 3-101　获奖证书

示例 2:统一部件组仿人视觉对抗 A 组——小绵羊

本团队参加的是统一部件组仿人视觉对抗 A 组,根据比赛规则,参赛机器人采用官方指定元素格斗机器人。视觉对抗 A 组决赛任务为机器人在指定赛道内完成自动驾驶并在停止判定区完成打靶动作。

机器人硬件部分:图像采集装置采用高清摄像头模组;图像处理终端采用树莓派 3B,操作系统为 Linux;运动部件采用三轮全向移动底盘。软件部分采用卷积神经网络图像分类模型和基于机器人视觉巡线策略实现机器人自动驾驶并打靶。

本文采集赛道图像,并标定每张图片对应的机器人动作标签(前、左、右)。为提高模型的识别准确率,对所有图像进行二值化处理,对于迷彩区,由于分类模型容易将其和停止区域混淆，本组做了特别的预处理。首先通过选取一张典型的迷彩区图片的像素值概率分布作为基准概率分布，然后通过计算分布距离的 KL（相对熵）散度作为判断指标，判断图片是否属于迷彩区（经实验，是否属于迷彩区的识别准确率达到 100%），接着通过轮廓填充和多次腐蚀膨胀图像处理技术，将迷彩部分转化为白色，从而减少机器人识别图像种类，进而提高模型预测准确率。最后，利用处理后赛道图像训练卷积神经网络，将预测准确率最高的模型载入机器人，完成起始区到迷彩区的赛段，模型预测准确率达到 99%。

为使机器人在靶前准确停止，进而提高机器人打靶击中率，本文提出机器人通过巡线程序完成直行区赛段。本文通过上述计算 KL 散度方法判断机器人是否由迷彩区驶出进入直行区；通过拉普拉斯算子对摄像头采集图像进行边缘检测；通过计算机器人与道路中心的偏移量，使机器人做出相应动作，使机器人始终正对标靶；在检测到停止区边缘时，定向移动固定距离，定点击靶。

本文进行 10 次实验，机器人完成自动驾驶成功率为 100%，完成自动驾驶总时长均在 70s 以内，平均用时 45.00s（除去最小值和最大值）。单次击中靶子黑圈以内的成功率为 100%，连续两次成功击中靶子黑圈以内的概率为 100%。本机器人击靶精度较高，击中靶子红心以内概率为 70%。

综上所述，本机器人较为出色地完成了比赛任务，并且击靶精度高于比赛完成要求。团队训练照片及获奖证书照片如图 3-102 所示。

图 3-102　团队训练照片及获奖证书照片

3.16　中国好创意暨全国数字艺术大赛

3.16.1　赛事介绍及发展

“中国好创意”暨全国数字艺术设计大赛（China creative challenges contest，简称“3c

大赛”或者“中国创意挑战大赛”)是由全国高等院校计算机基础教育研究会共同主办的全国数字艺术设计创意及电子技术创新领域综合类赛事,旨在促进“产、学、研”结合,深度挖掘创意精英,搭建高端、公平、公正、公开的选拔平台。

2021年3月22日,中国好创意暨全国数字艺术设计大赛成功入选中国高等教育学会发布的《2020全国普通高校学科竞赛排行榜》,成为高校教育教学改革和创新人才培养的重要竞赛项目。

大赛为落实国家“十四五”规划,建立全国性的数字艺术设计专业交流平台,促进高等院校教学水平的提升,转化高等院校知识产权,深度挖掘、选拔和推广中国创意界的精英人才和优秀作品。鼓励原创,激发创新思维,展示数字艺术与科技创新的最新成果,传播数字艺术设计、电子科技创新和产学研融合的最新理念。是目前国内数字艺术设计创意领域规模大、参与院校多的专业赛事,从2007年起,已连续举办十五届,累计有1800多所国内著名院校系的数十万名学生携数十万件作品参赛。

3.16.2 本赛事学校成绩

2021年长沙理工大学在中国好创意暨全国数字艺术设计大赛中,国赛中获一等奖5项、二等奖5项、三等奖13项,大赛省赛中获一等奖7项、二等奖29项、三等奖25项。

3.16.3 赛事组织主要举措

(1)以赛促学。

艺术设计本身是一个实践教学占比非常大的专业,简单的“赛学并行”推进并不能完全满足该专业的需求。因此,引入更加具有创新性的学科竞赛和实践教学结合方法就是促进赛事发展的良好举措。高校艺术设计类专业教学本就有作品创作、创新的要求,同时数字化、远程教学方式逐渐普及,远程实践教学的需求量不断增加,学科竞赛顺势成为教学效果提升最有力的抓手。随着学科竞赛催化的方法被更多应用到实践教学上来,参与学科竞赛本身必然会演变成为教学、考核过程的一部分,这对于提高艺术设计类专业的教学质量具有重要意义。

(2)学赛结合。

将学科竞赛作为教学效果提升的抓手,过程实施中需要分析过往实践教学过程、设计新教学方案、践行方案、前后结果对比验证、方案查缺补漏。这个过程既是实践过程也是理论总结的过程,总体来说可以归纳为两个环节的循环。

①实践方案设计。

结合课堂教学、远程教学以及混合教学并存的现状,面向艺术设计类专业,筛选对口竞赛项目,设计针对艺术设计专业课程群、加入学科竞赛提效策略的实践教学可行性方案,使学赛融合有完整的实施方法;在实践中不断填充有效润滑学科竞赛和实践性教学的内容，其中如何用教学活动联结竞赛和教学双方的固有模式，使之互相增益是研究重点；二合一的事件过程必然会遇到矛盾，分解每一步步骤，查询矛盾产生原因并有所取舍，增益学科竞赛对于实践教学的催化作用，并解决实践类教学中的学赛矛盾。

②提效结果验证。

学科竞赛融入的方案对实践性教学的催化是否生效，需要结合具体目标进行观测：专业竞赛结果作为效果的部分参考，同时通过观察专业教学过程、学生实践创作的作品数量、选题范围、创作周期变化、团队组织结构、分工合作方法和创作流程等方面，都可以进行阶段性观测与记录。通过观测实践教学过程、验证提效结果以及学生访谈，探索学赛相互促进的有效联结点，总结竞赛推动学生自主学习的有效因素。

（3）实践教学过程分析。

艺术设计类教学中，实践教学一直是重头戏，指导实践创作与竞赛相结合是一种很好的指导形式，通过在往届学生的教学过程中逐渐加入学科竞赛元素，对实践教学过程和结果进行记录，分析发现了一些问题，积累了部分学赛结合过程中可以介入的锚点。教学实施过程中逐年变化的要素从表面来看有：人数、团队组织、工具、任务数量、选题与指导、考核方法和疫情等意外事件的影响。学赛结合的研究主要集中在前六个方面，总结实践教学经验这六个方面都有一定的范围和现象可以参考。

人数：单组人数 3 ~ 5 人，人少会对于任务负担有心理恐惧的暗示（特殊情况会有例外），人多会有责任均摊惰性。小组数量不超 7 组，单个指导教师同时能够顾及的数量有限，组量越大越难顾及细节。

团队组织：单人创作思路更完整，但心理压力大，情感更极端；团队创作效果取决于团队组织模式，集权式团队作品完成更快速，但作品带有极浓的队长个性特征，其他成员容易有“摸鱼”现象或明显的依赖性。集体式团队（队员性格均衡）创作过程比较慢，创作内容考虑更加完善，但时有拖沓到不能完成的现象。

工具：学生在艺术类实践创作中，往往由工具拓展思路，也由工具制约思维，过于完善提供工作环境、软件会使学生形成惰性，怵于探索新工具；完全不提供工具反而能激励学生自己探索解决方案，增加学习动力，但创作会增加试错的过程，面临不同的创作形式，给最终公平考核带来困难。

任务数量：单学期任务数量以 2 ~3 个为佳，量大来不及打磨作品，量少会有拖延现象，双学期连续授课可以持续创作。

选题与指导：指导方式与选题内容取决于专业和学生团队特性，方案需要灵活。对于学生团队选题需要有范围限制和主题引导，过大自由度会让学生不知所措，过小自由度会压制创新思维；指导实践从浅到深可以归结为解决问题、选题建议、作品流程结构建议、项目管理等多种程度。

考核方法：竞赛成绩加入成绩考核对于创作的确有激励作用，但会存在心理反弹和过度用力后的疲惫期。融入的方式可以用奖励、提醒,不可以用惩罚。

(4)创新实践教学模式。

以“中国好创意”暨全国数字艺术设计大赛为例,采取真题真做形式推行项目化教学模式,能够系统化地组织学生参与实践技能锻炼,在完成优质课程体系建设的同时,取得实践成果,推动产教融合循环、良性发展。

(5)产学联动强化实践。

引入学科竞赛,利于在设计专业实践教学中加强产学联动,实现专业人才培养目标和企业用人需求的顺利连接,促使高校实践教学与市场人才需求相吻合。将学科竞赛当成设计专业实践教学体系建设的切入点,搭建平台促进师生、企业与高校等各方相互交流,能够为企业开展创新、创造活动提供动力,使企业主动参与专业人才培养,为企业选择人才和学生就业提供更多选择,提高专业对口率和学生就业率,实现共赢。在学科竞赛驱动下,高校和企业共同思考人才培养问题,面向市场需求开展实践教学活动,可以结合经济运行规律实现理论与实践充分融合,引导学生在实践创新活动中发挥最大价值,推动学生的全面发展。

(6)产教深融发展能力。

将学科竞赛当成导向构建实践教学体系,能够推动实践教学成果多元化,为产教深度融合提供助力。按照竞赛时间、条件等合理设置相关课程,打好实践基础,在组织学生参与竞赛的同时,充分发挥学生主观能动性,强化学生团队合作意识培养,促使学生各方面能力取得发展。在主题设置上,不同学科竞赛拥有各自特点,可以从专业出发培养各行各业特色人才。除此之外,设计最终目标为完成产品开发与生产,需要多学科融合。将学科竞赛当成产教深度融合契机,可以组织多专业人员一同参与竞赛活动,以团队形式共同完成开发任务,真正参与产品从构思到实现的整个过程,引导学生形成岗位需要的职业能力和素养。

(7)以成果为导向完善教学体系。

以学科竞赛成果为导向,可以完善设计专业实践教学体系,重新构建实践教学课程体系和评价体系,培养产业发展需要的创新人才。参与学科竞赛,在设计能力、实践技能、心理素质、团队精神等多个方面对学生提出一定要求。将竞赛对学生提出的各项能力要求转化为实践教学模块,建立专项课程开展教学,为学生提供专项指导,通过因材施教加强对学生创新能力、合作能力等各项能力培养,使学生能够顺利参与到学科竞赛等各类产学研实践活动中。如在大一、大二阶段,可以选择简单竞赛项目设计课程实践教学内容,组织学生学习广告设计、图像处理等基础内容。进入大三阶段,可以引入更复杂的项目内容开展综合性实践教学,强化学生实践技能锻炼。大四阶段考虑到学生的毕业需求,可以将学科竞赛和毕业设计、大学生创新创业项目等融合在一起,指导学生将参与竞赛的经验、经历等转化为创新创业目标等,通过做好项目来帮助学生明确未来的就业方向。

(8)分层建立校企联合培养基地。

建立实训实习基地,目的在于加强学生实践技能培养。实践操作中,可以与不同地方特色企业建立合作,分层建立项目实践平台,共同加强实训实习基地建设。通过分级别、分类型地建设不同实训场地,组建各类实践教学队伍,使师生参与不同级别和类型项目,尝试将专业理论与设计实践结合在一起,通过引进前沿知识和技术推动实践创新,形成不同的项目成果。充分借助“中国好创意”暨全国数字艺术设计大赛等学科竞赛课题项目,整合各类资源,为学生提供真正动手实践的机会。建立项目实施工作坊、实训室,使基地形成各类艺术设计实训场所,为师生提供真实工作环境。将学科竞赛当成载体,在成果转化过程中组织学生参与深层次的设计实践,真正将教学与企业实践结合在一起,充分激发学生的创新、创造动力,推动成果多元化转化。与此同时,高校也能通过基地项目研究获得理想竞赛成绩,在提高学校影响力和扩大生源的同时,加强对学生实践能力、创新能力的培养,实现人才培养目标。

(9)增强合作共建带队师资力量。

将学科竞赛当成契机,可以结合比赛项目开展需求组建专门负责带队竞赛的教师团队,由高校和企业共同选派指导教师,从理论和实践两个层面组织学生开展项目活动。以“中国好创意”暨全国数字艺术设计大赛的视频设计类赛道为例,明确提出可组成1～4人团队分别担任导演、编剧、摄像和后期制作四类角色,并且各团队可以配备三名指导教师。对于高校而言,通过组织学生团队获得理想比赛成绩,将加强与有实力企业的深入合作,借助企业资源获得理想项目成果。对于企业而言,一旦获得好的项目资源,可以直接转化为技术成果和新型产品,会产生强烈合作意愿。为在项目研究领域、比赛规划等各方面达成共识,将共同组建带队团队,在专业理论、生产实践等方面提出专业意见,为参赛作品制作和实现提供保障。

3.16.4 优秀获奖作品示例

案例1:Continue断臂人士辅助型餐具

指导教师:王龙

学生团队:张兆曦、刘圣文、石楚峰、周钰琼、敖勒

竞赛获奖:国家级一等奖

作品简介:Continue是针对行动力较差的残疾人设计的自食餐具,解决双臂残疾人士的独立吃饭问题,Continue采用热塑塑胶材料即可以调节穿戴大小,同时成本较低,模块化的设计使它具有延长或缩短的可调节式功能,适用于左右双臂及不同程度的截肢者,勺子的再设计也使使用者吃到的食物更加丰富多样,Continue分离后也具有美观的作用,同时可以遮掩伤疤、提升自信。Continue断臂人士辅助型餐具如图3-103所示。

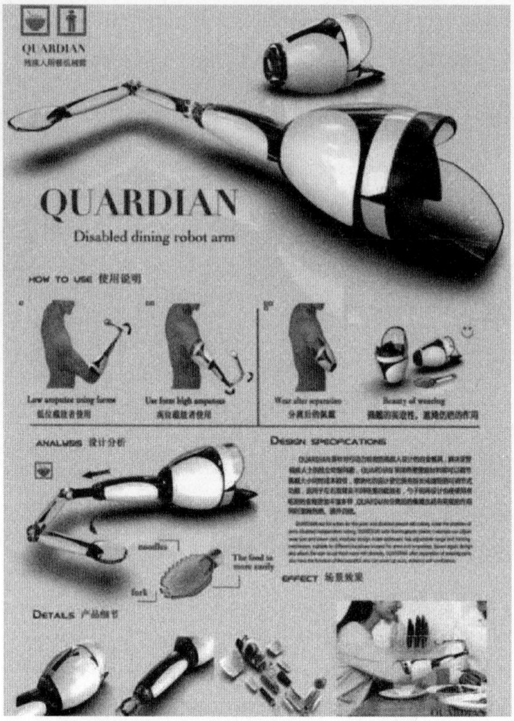

图 3-103　Continue 断臂人士辅助型餐具作品

案例 2:苏州“运河十景”品牌视觉系统

指导教师:李莉

学生:王晓涵

竞赛获奖:国家级一等奖

作品简介:“运河十景”品牌 LOGO 提取苏州建筑飞檐翘角的元素,整体色调是淡雅的碧色,用红色符号加以点缀,显得灵动,江南韵味十足。

景点 LOGO 如图 3-104 所示,采用扁平插画风格,在外轮廓加以苏州园林的花窗形式,简洁明了,识别性强。主视觉图如图 3-105 所示,是十个景点的融合。

运河十景

Ten Views of the Grand Canal

图 3-104　运河十景 LOGO

图 3-105 运河十景主视觉

导视系统提取苏州古建筑飞檐翘角元素，配以黑白色，形成粉墙黛瓦的视觉效果。并且加入了园林花窗元素，让我们重新感受到了在大运河的滋养下，苏州所呈现出的独特文化风貌。运河十景海报如图 3-106 所示。

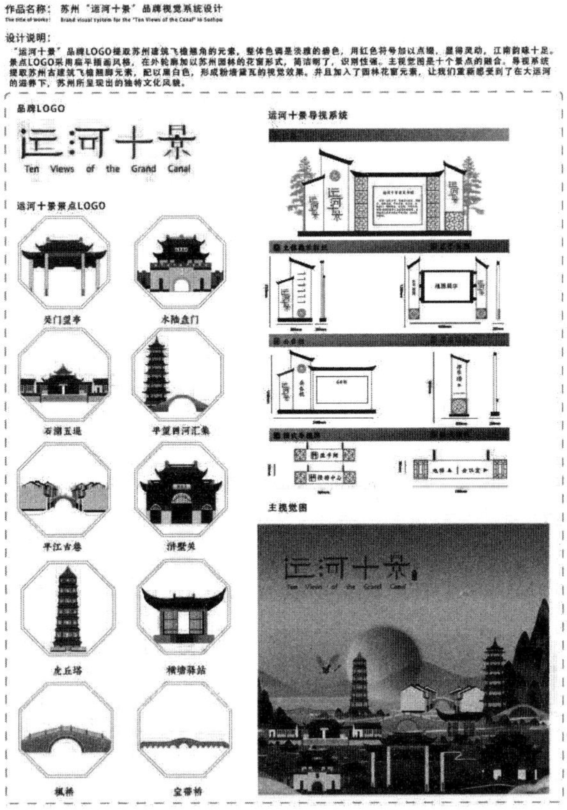

图 3-106 运河十景海报

3.17 中国机器人及人工智能大赛

3.17.1 赛事介绍及发展

中国机器人及人工智能大赛由中国人工智能学会主办，大赛始于1999年至2021年已成功举办了23届，是一项历史悠久、规模宏大、影响广泛的全国性机器人竞赛，是国内首个提出在机器人及人工智能领域，将关键技术的研发与应用有机结合的比赛，大赛的主要目的是引导和激励广大青年学生弘扬创新精神，搭建良好的科技创新赛事平台，助力人工智能、机器人产业发展，推动“人工智能+”“机器人+”新经济产业体系建设，积极推动广大学生参与机器人、人工智能科技创新实践，提高团队协作水平，培育创新创业精神。目前已列入中国高等教育学会发布的《2020全国普通高校学科竞赛排行榜》。其宗旨是通过组织机器人比赛和技术研讨，让更多的群众尤其是青少年学生了解机器人，喜爱机器人，向他们普及现代科学知识，为我国的机器人事业培养出一批爱创新、会动手、能协作、勇拼搏的科技精英人才。同时通过机器人比赛和技术研讨，推动和促进机器人与自动化技术的发展与创新，为我国的快速持续发展贡献力量。机器人研究涉及多个学科，如力学、机械学、电子学、控制论、计算机科学等，学生在参加机器人比赛过程中不仅可以扩展知识面，还能促进学科交叉，迅速提高学生动手能力，培养学生的创新能力。

参赛对象分为普通高等教育组和职业教育组，其中普通高等教育组包括：研究生、本科生；职业教育组包括：中职、高职（高专）、职业本科。

比赛分三类主题，分别是创新类、应用类和竞技类。其中，创新类包括：机器人创新赛、人工智能创新赛、智能文化创意赛、产业热点赋能（智能家电方向）赛、智能制造数字孪生创新赛。应用类包括：仿人机器人全能赛、自动驾驶虚拟仿真赛、人形机器人全自主挑战赛、全地形小车设计制作赛、智能驾驶、智能车F1挑战赛、助老服务机器人赛、智能家居服务、四足机器人赛、小型机器人应用场景赛、智能分拣挑战赛。竞技类包括：无人车智能挑战赛（自主巡航、目标射击）、深度学习智能车、多足异形集体舞、室外无人车赛、iLoboke足球机器人、智慧农业赛、机器人火线突袭赛、仿生机器人赛、轮式足球机器人仿真赛、微型无人机自主飞行赛。

比赛分为校赛、区域选拔赛（省赛）、全国总决赛。中国机器人及人工智能大赛组委会负责国赛竞赛工作；区域选拔赛（省赛）组委会负责区域选拔赛（省赛）竞赛工作；学校竞赛工作委员会负责校赛竞赛工作。区域选拔赛（省赛）或全国初赛必须有竞赛通知和办赛方案报备全国大赛组委会。各参赛院校必须进行校赛，排名在30%进入区域选拔赛（省赛）；全国大赛组委会按工作计划在全国设立区域选拔赛（省赛）组委会，负责各地区大赛选拔推荐工作。原则上一、二等奖推荐参加国赛（排名前40%），不需要参加国赛初赛；举办区域选拔赛（省赛）地区的参赛队，必须通过区域选拔赛（省赛）推荐至国赛。不举办区域选拔赛（省赛）的地区，参赛院校必须参加国赛初赛，进入决赛入围名单后，可参加国赛；国赛初赛和区域选拔赛（省赛）评审标准、专家组执行统一标准。每个队伍可报1～3人，可报1～2名指导教师。每所学校（含不同二级学院，不含分校）参加同一个比赛项目的队伍数量：省赛不能超过10个，国赛不能超过3个。奖项设置比例为：一等奖获奖比例不超过2%；二等奖获奖比例不超过3%；三等奖获奖比例不超过5%。

3.17.2 本赛事学校成绩

由中国人工智能学会主办的2021第二十三届中国机器人及人工智能大赛采取线上赛方式举行，本届大赛设置了助老服务机器人、救援机器人、医疗机器人、四足仿生机器人、智能车挑战赛、无人机挑战赛等18项符合机器人发展热点和难点的比赛项目，吸引了来自清华大学、国防科技大学、浙江大学、上海交通大学、北京理工大学、长沙理工大学等在内的全国193所高校的710支队伍参加，报名人数超3700人。本次大赛，长沙理工大学代表队参加了5个项目的比赛，参赛队伍经过刻苦训练，扎实准备，在全国总决赛中齐心协力、顽强拼搏一举夺得2项国家一等奖、4项国家二等奖、9项国家三等奖及2个省级三等奖的优异成绩。

3.17.3 赛事组织的主要措施

长沙理工大学一贯非常重视大学生学科竞赛及其对学生创新能力培养的重要作用，陆续出台并不断更新有关大学生学科竞赛的组织管理政策和措施，教务处和校赛工作组委会在中国机器人及人工智能大赛的组赛及参赛全过程中给予了大力支持及指导。在创新创业教育学院的直接领导下成立了长沙理工大学机器人学科竞赛工作组。基于工作组机器人学科竞赛要求高、难度大、多学科交叉、多专业融合等特点，在以下方面进行了大量探索与实践。

（1）改革理论教学与实践训练的内容及形式：遵循科学原理与工程应用的协调机制，强化机器人学科竞赛所需专业课程、技术模块的学习与培训，着重夯实理论基础及专业知识；以机器人竞赛项目为驱动、以竞赛实战为背景，着力训练学生的实践能力和工程能力，培养学生的合作精神、创新意识及竞技能力。

（2）优化配置师资队伍、筛选打造学生战队：顺应机器人学科竞赛多学科交叉、多专业融合的特点，从全校范围内整合一支年龄、专业等结构合理、爱岗敬业、乐于奉献的高水平指导教师队伍，跨学院跨专业选拔培养一批基础扎实、勤奋好学的学生精英，组建不怕苦、爱比拼的机器人学科竞赛战队群。

(3)完善机器人竞赛群的管理制度及参赛方案:建立科学合理的仪器设备、场地设施、采购加工及物料管控体系,改善资源利用及共享措施;构建机器人学科竞赛群内部成员的知识分享与传承机制,以竞赛活动为中心,培养学生的文档撰写能力、沟通表达能力、组织管理能力和积极主动心态。

(4)根据机器人赛事要求制定科学合理的训练体系:需要综合研究分析机器人赛事的特点,梳理能力要求及对应知识清单。结合本校人才培养目标制定具体的参赛计划、培训及指导方案,提升参赛团队的理论水平及实践能力。

(5)整合资源统一组建高水平的竞赛指导师资队伍:根据竞赛知识需要整合或募招对应学科专业的教师组成指导队伍,以夯实学生各知识模块的理论基础、构建学生的机器人整机概念及系统能力,锻炼学生运用特定理论知识解决对应工程问题的能力。

①根据机器人学科竞赛作品特征及规则要求,梳理知识清单、重构能力矩阵,结合专业教学与人才培养工作目标,进行任务分解并制定参赛计划及指导方案,明确任务与要求;开设《结构分析与设计》《机器人学》《运动控制》《计算机视觉》《深度学习》《人工智能》《设计方法学》《嵌入式系统》等核心选修课程用于夯实学生的理论基础、构建其专业知识体系、抓住共性知识、掌握核心技术、理顺知识模块间的联系与特性,提高机器人作品在智能识别、自主判断、优化决策等方面的竞争能力。

②根据参赛计划及指导方案组建优化师资队伍。选用计算机、运动控制、人工智能、机械设计等专业方向的资深教师担任竞赛群的理论教学;可根据学校实际采用多种方式全面构建丰富宝贵的教师资源,为学科竞赛群提供强有力的智库保障。在现有指导老师中择优选贤承担各专业教学工作;组织老师到领域内知名大学参加专业师资培训;前往赛绩优异的兄弟院校进行沟通交流,获取相应的学习资料或参赛经验;邀请校内博士或领域专家开展热门主题讲座或技术沙龙,开办学科竞赛培训班。

③全校范围内选拔培养优秀学生组建顶尖竞赛队伍。充分利用长沙理工综合性大学、学科丰富专业齐全的优势,在现有机器人训练营的成员基础上,从计通、电气、物电、数计、汽机及相关学院,广泛宣传层层筛选积极主动、基础扎实、学习能力强、综合素质好的精英学生扩建训练队伍,真正意义上组建跨领域跨专业的综合战队。在学生中加强赛事宣传,增加学生对赛事的了解程度及参与的积极性,扩大学生参与学科竞赛面,建立规范的管理和激励机制,鼓励更多的学生参与到学科竞赛中来,充分刺激学生的参赛积极性和主动性,提高专业认同感。竞赛群应将学生能力培养渗透进日常教学中,特别是计算机、自动化控制、电子技能、机器视觉、深度学习等课程,加强实验实训环节,采用项目驱动教学方式,促使学生养成勤于思考、乐于动手、善于学习的习惯。

④以人才培养为目标加强机器人竞赛群的建设与管理。对资源进行信息化管理,提升仪器设备、场地设施的利用率,建立完整可靠的设备加工及物料供应关系,满足竞赛的实时性和稳定性要求;提升物资采购水平和常规物料库存能力,实现学科竞赛群资

源共享及整体效益最大化；根据竞赛实践需要设计参赛团队管理、知识分享、团队合作及能力传承制度，打造具有恒定战斗输出及提升能力的钢铁战队；完善竞赛培训指导机制，在赛事的不同阶段给予相应的指导，校赛主要以自主训练和优秀作品选拔为主，进入省赛后可有针对性地对作品进行优化与打磨，进入国赛以后应召集领域专家对团队及作品进行全方位的指导和优化，赛后应及时进行经验总结和分享。

在2021年的大赛中，我校创新创业学院组织计通学院、汽机学院、电气学院、国际学院等多家单位参加了包括助老服务比赛、深度学习智能车、ROS智能车F1挑战赛等为代表的多个赛项。

(1)组建队伍阶段：因为是首次参加中国机器人及人工智能大赛，以郑斌、付成宏等为代表的老师积极组织组建项目团队，最终确定了唐吕、侯鸿儒、邓联盛分别为助老服务、深度学习智能车、ROS智能车F1挑战赛负责人并开始组建11支人工智能队伍，在项目开始初期，各队组长积极招揽实验室内对智能车项目感兴趣的同学，并根据项目所需要完成的子功能进行人员的合理安排，并在小组内细分功能模块小组，如：运动控制组、视觉处理组等。在项目初期，小组内成员通过积极观看学习往届比赛现场视频同时详细了解比赛规则并在队内进行规则的解读，使团队成员基本了解此次竞赛主要考察智能车在道路行驶过程中，对红绿灯、车道线、障碍物、烟雾等目标的识别。助老机器人还要做到语音唤醒与语音交互功能。在充分了解比赛规则以后，小组成员开始着手开展项目的实施。

(2)在项目进行阶段：各个参赛小组组内与组外之间积极沟通与交流，就此次项目的关键技术部分展开积极讨论，小组内定期召开组会，通过沟通与交流及时了解各小组组内分小组的进度情况以及当前所遇到的困难，并进行及时的解决，通过定期召开组会与组间的沟通与交流，两个项目组解决了技术上的难题，包含但不局限于：算法的优化、场地的搭建、技术点的突破以及创新点的实现等问题，同时，在项目进行期间，小组内成员充分关注国内外自动驾驶相关新技术的发展与实现，为后续创新点的提出提供了来源。

(3)在项目中后期：小组基本完成比赛方所需要完成的规定内容，并通过对代码的不断迭代，就SLAM(同步定位与建图)建模、自动导航、红绿灯识别等方面的问题提出了创新性的算法思路。在此期间，小组成员搭建并实现了嵌入式智能小车平台，并结合深度学习、模式识别等人工智能技术对数据信息进行学习处理，实现环境的全面感知，引导小车实现红绿灯、信号牌识别、避障、停车入库等功能，在方法技术上具有较大的创新性。团队不断积累改进，克服了方法理论、技术实现上的诸多难题，达到了较好的自动驾驶效果。通过小组内各个成员对代码内各项参数的调整以及部分的代码优化，使得小车能够较好地实现比赛方所规定的各项功能，实现了比赛所设定的目标。在比赛期间，各个小组成员团结一致，充分发挥了小组成员的积极性，使得比赛圆满结束，并取得较为优异的成绩。

(4)比赛结束后：小组内成员积极响应实验室的传统，及时对本次赛事就比赛发展历程、队员心态历程、代码迭代历程等各个方面进行了及时的总结，对于项目进行期间所遇到的困难进行了汇总,并提供了解决办法,小组内成员也就对于自身的不足积极进行了相关的总结,并形成文字说明与项目源码一起打包上传至实验室的网盘中,为下一届的比赛队伍提供了一定的借鉴意义。

同时,小组成员对于硬件设备进行了及时维护,就智能车所出现的磨损问题以及硬件设备老化问题,及时进行了报备,并对智能车硬件的相关设备进行了包装并及时进行封箱,防止硬件产品受到损坏,并对项目所用地毯、拱桥等器材进行了及时的保存,为下一届的比赛提供了设备基础。

3.17.4 优秀作品示例

示例1:助老服务(助老机器人)

作品简介:本作品旨在实现一款基于物联网技术、能够进行语音交互的智能助老机器人。结合赛题要求以及实际应用情况,有以下几个技术点要求:

①实现设备之间的互联,并且能够实现机器人对设备的远程调控。

②语音唤醒与语音交互功能。设备能够在听到指令后完成相应的功能,并且能够完成与使用者之间基本的交流。

③自主导航功能丰富。能够在多个不同的房间中自行导航,到达目的地。

通过搭载ROS操作系统,实现了最基本的定位以及自动导航技术,并且结合实际的应用情况,团队以机器人为终端设备,结合物联网通信技术,实现了对室内相关家具的互联与控制,实现了对室内风扇以及灯光的控制,方便老人的生活。该作品获得助老服务一等奖获奖证书,如图3-107所示。

第二十三届中国机器人及人工智能大赛

荣誉证书

HONORARY CERTIFICATE

长沙理工大学 代表队:

在第二十三届中国机器人及人工智能大赛全国总决赛中,表现优异,荣获 服务机器人:助老服务比赛

一等奖

参赛队员:唐吕、苏浩、唐琛、谭润清、于家麟

指导老师:郑斌、付成宏

特发此证,以资鼓励。

证书编号:CRAIC2021-NF-S1JVTC

图3-107 助老服务一等奖获奖证书

1）主要功能

（1）地图构建。

地图构建是基于激光雷达进行 SLAM 建图。初始时小车在出发点，在场地运行通过激光雷达扫描障碍物进行建图，如图 3-108所示。

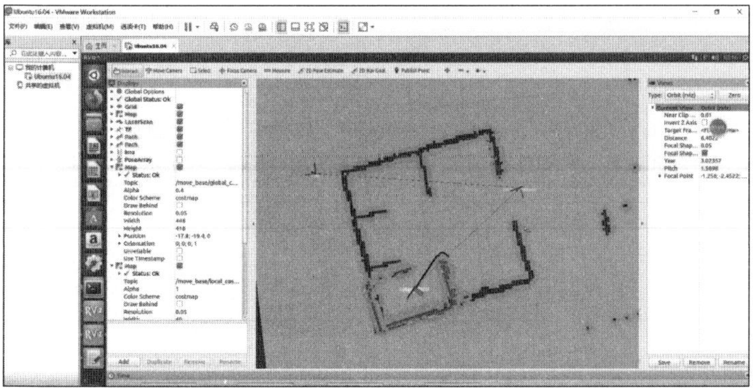

图 3-108　SLAM 建图

（2）多点自主导航。

地图创建好之后该赛项人员就可以通过算法进行自主导航功能的实现，此处使用 amcl 算法进行自主导航的实现。为了实现机器人更加丰富的功能，此处增加了机器人多点导航的效果，可以使机器人按照设置好的位置实现自主的多点位移效果，如图 3-109 所示。

图 3-109　多点位移效果图

创新点：语音的交流有很多的优势，首先它非常快速，非常自然，另外它的表达内容十分丰富，甚至还涉及到细微的情感区分，这就是语音交互越来越受到欢迎的原因。本产品语音交互已经实现了基本的对话功能和语音控制功能。语音部分采用的是在线语音包，需要连接互联网。通过语音唤醒机器人，并通过语音实现运动功能与物联网模块通信功能，实现智慧操作及检测。语音交互效果图如图 3-110 所示，语音交互语音控制图如图 3-111 所示。

图 3-110　语音交互效果图

```
cmd_word_params.yaml (~/ros_voice_system/src/tuling_nlu/config) - gec
打开(O) ▾    保存(S)

# Description:语音控制小车移动的参数

# control move key word
move_forward: 往前走
move_back: 后退
turn_left: 左边转
turn_right: 右边转
move_left: 左边走
move_right: 右边走
stop_move: 不要动

# voice control navigation destination
back_home: 回来
go_away: 出去
```

图 3-111　语音交互语音控制图

(3)视觉跟随。

待机器人完成基本的移动功能之后,就可以加入更多的传感器,丰富机器人的功能。在此加入了视觉跟随的功能,如图 3-112 所示。

图 3-112　视觉跟随效果图

机器人通过摄像头完成识别,识别之后机器人会随着人的移动而跟随移动。可以通过视觉跟随观测到老人的实时情况,对老人摔倒等情况也能及时采取对应的措施。

(4)物联网联通。

物联网可以获取更多的环境信息,机器人和物联网的结合必将是未来的方向,本产品已经可以通过机器人去获取物联网设备的信息,实现机器人和物联网的结合。其中物联网模块图、物联网联调效果图如图 3-113、图 3-114 所示。

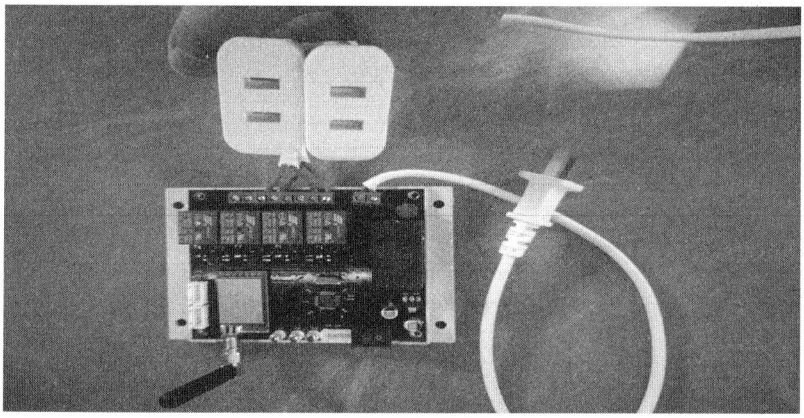

图 3-113　物联网模块图

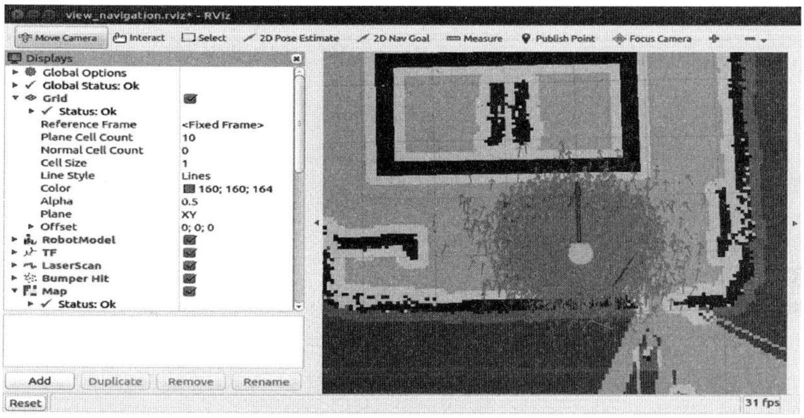

图 3-114　物联网联调效果图

有了物联网设备的加入,小车将按照预先设定的位置开始多点导航,到达指定位置之后会播报指定位置物联网模块接收到的数据信息。机器人也会对于得到的信息进行判断,如果当前设备出现故障或者设备运行的参数不正确,机器人会及时生成对应的命令发送给物联网设备,从而实现对设备的保护,防止危险发生,给老人更好的安全保障。

2)实现方案及原理

(1)实现方案。

这一款助老机器人是基于 STM32 的 ROS 智能移动机器人,机器人的具体实现过程可分为三个部分:下位机是基于 STM32F4 芯片设计的,主要控制电机的转动,并将最重要的里程计数据(X坐标、Y坐标、方向角、线速度、角速度)实时地传递给上位机;中间层负责处理通信提前制定好与下位机的通信协议、模式的选择、相应数据的发送(如cmd中的线速度、角速度转换成下位机左右轮的速度)以及数据的接收(如下位机上传的数据以固定的形式发布);上位机负责融合下位机传递的里程计数据和外传感器采集的数据,减少累计误差后,计算出机器人当前的位置信息并实时传输,为下一步的机器人导航动作做出规划,从而实现构建地图、定位、以及导航功能。

(2)实现原理(略)。

示例2:人机交互系统

随着人工智能和深度学习的快速发展,机器学习的技术越来越成熟,使得人机交互得以实现。作为助老服务机器人,考虑到实际情况中受众对象的需求,采取了简单且对老人和残障人群较为友好的语音交互方式。系统采用的语音交互主要由语音数据采集层、智能语音系统层和语音数据处理层三部分组成,如图3-115所示。

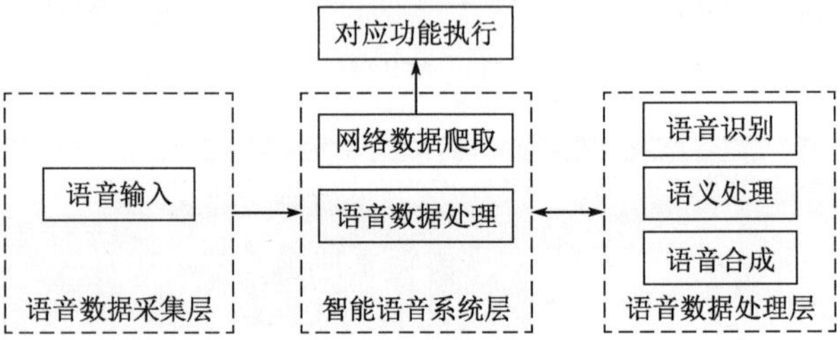

图3-115 语音交互系统组成

为了语音交互功能便于实现,采用了Snowboy开源语音唤醒库,它具有高度可定制性,并且可以离线使用;另外,该赛项人员也加入了百度语音的语音识别、语义理解及语音合成模块完成语音交互功能。具体实现流程如图3-116所示。

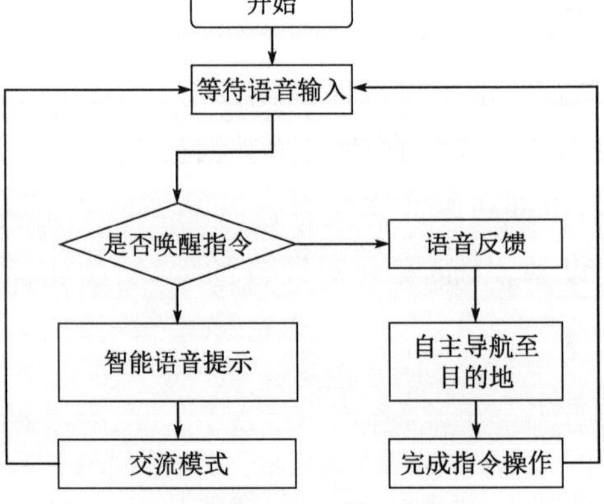

图3-116 语音交互功能流程

(1)语音唤醒。

Snowboy 是一款高度可定制的唤醒词检测引擎,可以用于实时嵌入式系统,并且始终监听(即使离线),它可以运行完整的自动语音识别(Automatic Speech Recognition)来执行热词检测。利用 Snowboy 的主要特性及其优势如下：

①高度可定制性。可自由创建和训练属于自己的唤醒词。可离线使用,无须联网,保护隐私。

②精确度高,低延迟、轻量可嵌入。耗费资源非常低(单核 700MHz 树莓派只占用 10% CPU)开源跨平台。

③开放源代码,支持多种操作系统和硬件平台,可绑定多种编程语言。

Snowboy 库的使用流程如图 3-117 所示。

图 3-117 Snowboy 语音唤醒功能实现图

(2)语音识别。

语音识别模块主要任务是为实现用户的语音操作提供基础支持。该赛项是通过对语音识别出来的信息进行解析,再来完成相关的操作。通过在网上进行相关资料的查询与了解,最后打算采用 WiFi 联通网络,借助互联网上的开放平台提供的实时语音识别功能来实现语音的识别。

通过了解,当前能提供智能语音在线识别的平台有很多,实现的方式也很多,经过多方面的比较与实验,最终该赛项采用了基于 WebSocketAPI 的数据流传入方式,将实时获取的音频数据以数据流的形式发送到云服务器,由服务器进行识别之后,再将识别结果返回。WebSocket 是一种基于 TCP 协议的全双工通信的协议。其轻量级的特点支持可用于基于协议开发的嵌入式设备以及采用云对云的方式,接入 DUI 实时语音转写服务的产品。

各类语音识别开放平台支持状况如表 3-17 所示。

各类语音识别开放平台支持状况表 表 3-17

开放平台	实现难度	支持格式	采样率(k)	位长(bits)	语言模型自训练功能	特点
百度 AI	低	pcm、speex speex-wb、mp3	8、16	16	支持	支持离线语音识别和在线语音识别
腾讯	高	Pcm、speex-wb、mp3	16	16	支持	支持在线识别、离线语音识别及长语音识别
阿里	中	Pcm、speex、mp3	8、16	16	支持	支持长语音识别、实时语音识别及一句话识别
讯飞	高	Pcm、speex	8、16	16	支持	支持在线语音识别、长语音识别、实时语音转写

目前来看科大讯飞的产品比较完善,但是相比收费也是最高的;其次阿里相对比较完善,但是线上使用价格依旧较高;百度完全免费,只支持60秒以内识别;而腾讯只支持两种模式识别。

相比之下,该赛项人员更倾向于采用百度AI进行识别,一般录音文件不会超过60秒,同时也可以对超过部分进行剪裁。

(3)设备互联与控制。

在本方案设计的设备互联部分,该赛项人员选择的传感器模块有:SUNSTECH公司HTMC3系列的温湿度模块与安华高科技的APDS-9007亮度传感器,并将这些传感器模块装在机器人机身上。在实现设备相互之间的关联性过程中,考虑到蓝牙连接存在不稳定性,于是采取了在需要互联的设备上搭载了WiFi模块,通过家庭路由器实现设备的互联与控制。

首先,助老机器人通过传感器监控家庭环境中的温度和亮度,当检测到异常的环境情况时,立即将相应的指令按照预先制定好的格式发送到路由器,然后中控设备从路由器转发的信息中解析出需要执行的指令,最后执行指令实现对设备的控制。

预先指定的指令报文格式如表3-18所示。

指令报文格式表 表3-18

格式	TP:8	Seconds:16	Res:8
报文 包含内容	StacksID:32		
	ClientIPAddress:32		
	InuseIPAddress:32		

①TP:即报文类型(type),包括需求和响应:Request和Reply;

②Seconds:相邻两次请求之间相差的秒数;

③Res:执行结果或者执行反馈;

④StacksID:执行任务的ID,是一个由客户端生成的随机数字,Request中的Stacks会相应地拷贝到Reply报文中;

⑤ClientIPAddress:当前客户端的IP地址,如果当前客户端没有IP地址,则置为0;

⑥InuseIPAddress:服务器向客户端提供IP地址时,会把IP地址填入本字段。

3.18 全国高等学校大学生测绘技能大赛

3.18.1 赛事介绍及发展

全国高等学校大学生测绘技能大赛由教育部高等学校测绘学科教学指导委员会、国家测绘地理信息局职业鉴定指导中心、中国测绘学会测绘教育委员会主办的大学生测绘技能竞赛，迄今已经举办六届。

举办全国高等学校大学生测绘技能大赛旨在检验学生的实践能力和对基础知识的掌握水平，提高大学生解决生产实践问题的综合能力。举办大赛为在校学生提供一个充分展示技术水准和操作能力的竞技舞台，交流各校开展实践教学方面的经验与成果，达到鼓励大学生努力实践、积极实践的目的。通过比赛，提高参赛学生实践操作的能力，达到“以赛促学、以赛促练、以赛促训”的目标，同时提高学生团结协作的自觉性和锻炼学生不怕苦不怕累的精神，从而提高教学质量，提高人才培养质量。

国家高度重视高等教育发展，出台了一系列推进高等教育创新发展的政策措施，技能大赛就是其中最具代表性的品牌工程。测绘地理信息高等教育界率先垂范，自2009年以来，已成功举办了六届测绘技能竞赛活动，很好地展示了测绘地理信息高等教育的创新成果，有力推动了产教融合、校企合作，促进了人才培养与地理信息产业发展的结合，增进了高等教育院校之间的交流，成为促进测绘地理信息高等教育改革发展的重要抓手，成为广大师生展示风采、追梦圆梦的广阔舞台。

3.18.2 本赛事学校成绩

长沙理工大学组织参加了五届比赛，共获得国家特等奖2项，一等奖4项，二等奖4项，三等奖6项，获奖数量在湖南省内位居前列。

第一届：团体三等奖、水准测量三等奖、导线测量三等奖、数字测图测量三等奖各1项。

第三届：团体三等奖、1∶500数字地形图测绘二等奖、四等水准测量三等奖各1项。

第四届：测量程序设计大赛二等奖1项。

第五届：团体一等奖、数字测图一等奖、二等水准测量一等奖、测量程序设计二等奖各1项。

第六届：团体二等奖、1∶500数字地形图测绘特等奖2项、一等奖1项。

3.18.3 赛事组织主要举措

(1)加强赛事组织领导和资源保障。

交通运输工程学院领导班子历来重视大学生学科竞赛组织和保障工作。学院由主管学科竞赛的专职副院长负责对接测绘工程系，为测绘技能大赛所需的训练场地、设备资源提供了充分保障；在工科二号楼测量实验室和工科三号楼国家虚拟仿真教学实验中心均设置了竞赛内业训练专用场所；对于外业测量训练，均配备了目前国内一流的现代化测量仪器设备。同时在训练团队日常物资保障、跨校交流、省内集训等方面提供了经费支持。

(2)构建稳定合理的指导教师队伍。

指导教师团队建设是大赛取得优异成果的重要保障。我校测绘技能大赛指导教师团队包括团队负责人和核心教师,均具备国家注册测绘师资格。团队负责人通过合理搭配项目指导老师,明确人员分工,使团队有统一的目标、较强的凝聚力。

从技能大赛选手的选拔,到选手培训过程中的全程辅导,再到选手正式参赛及赛后的总结反思等,都是通过指导教师团队进行统一的规划和设计,从目标、内容、步骤实施、问题解决措施等方面做到周密的部署,保证学生顺利参加大赛活动。

指导教师团队具备较高水平的专业知识和技能,为比赛辅导提供专业保障,是大赛取得优异成绩的保障。比赛中紧密而强化的训练需要学生具备较强的心理素质,而经验丰富的教师更能够帮助学生稳定心理素质。指导教师团队在辅导比赛中关注选手的心理变化,巧用方法,培养学生适应变化的环境、遇到挫折不气馁的品质,使得选手具备良好的心理承受能力,在正式比赛中稳定发挥,取得优异的成绩。

测绘技能大赛同时也促进了教师职业能力和素质的提升。在专业能力方面,教师对《测量学》《数字测图原理》等课程内容、教学方法进行积极改革探索,将技能大赛内容和标准融入课程建设中,将参赛的经验和积累提炼为教学改革项目,真正实现以赛促教,以赛促改,提高专业理论水平和实践能力的目的。

(3)构建“校赛—省赛—国赛”多级人才培育体系。

基于测绘技能大赛校赛,营造测绘竞赛浓郁氛围。2004 年,在公路工程学院(交通运输工程学院前身)领导和测绘工程系教师的指导下,学院成立了学生社团“长理测绘协会”。从 2005 年起,测绘协会在校、院团委的领导下,每年上半年组织一次测绘技能大赛,迄今已经举办 17 届。参赛对象为全校上过《测量学》的工科类专业本科生和测绘工程专业本科生,参赛人数年均 500 人左右。通过校赛可以提高学生运用常规测量仪器解决实际问题的综合能力,培养学生的动手能力和团队合作意识,营造良好的学科竞赛氛围。

着力测绘技能大赛省赛和国赛,赛训结合、教学相长。将“教、学、练、赛”有机结合,测绘工程系以测绘技能竞赛为抓手,推动测绘类课程教学改革、创新、师资培养。通过参与、指导测绘技能和创新开发等竞赛,教学团队的教学水平、科研能力、综合素质有明显提升。每年学院均安排教师外出学习交流,提高其素养;邀请长沙市内院校的测绘技能大赛参赛学生及教师开展同城友谊赛,交流经验。

3.18.4 优秀获奖作品示例

示例:BDSPlanning 与北斗星座 3D 动态仿真(2021 年,全国大学生测绘创新开发大赛 A 组特等奖,如图 3-118 所示)

1. 引言

北斗星座在轨运行动态仿真为卫星预报、理论教学、工程应用等方面提供技术支撑。目前，卫星导航系统空间段仿真主要分为两种方式：一种是基于现有仿真软件的二次开发，如 STK、WorldWind、Unity3D 以及 ArcGISEngine 等。张大力利用 STK 软件进行北斗星座空间段仿真，进行卫星的可见性分析和地面覆盖分析。唐志虎基于北斗系统历书数据进行 BDS（北斗卫星导航系统）星座的空间段建模，实现卫星的星下点轨迹图和覆盖性分析。另一种是基于三维图形库的开发，如 Cesium、OpenGL 及 SharpGL 等。陈心兰基于 Cesium 数字地球引擎，采用 TLE（双行轨道根数）+SGP4（深空扰动的近似解析解模型）模型的方式，实现北斗卫星导航系统空间部分的模拟与可视化。董加强等基于 OpenGL 开发卫星在轨运行状态可视化仿真系统，实现卫星在轨运行状态以及覆盖分析的可视化。

图 3-118　获奖证书

尽管许多学者先后进行了 BDS 空间段仿真的研究，但相比美国 Trimble 公司研发的 GNSSPlanning 网站，国内缺少类似的在线网站或 App 提供北斗卫星状态预报等服务。因此，本文采用第二种开发方式，即利用 Three.js 开发基于 Web 的 BDS 星座在轨运行动态 3D 仿真程序。通过解析北斗系统历书数据，计算 BDS 星座卫星在轨坐标，构建北斗工作卫星在轨运行动态 3D 仿真场景，从而直观、全面地表达 BDS 星座中 GEO、IGSO 和 MEO 三类不同轨道卫星的空间运行轨迹及其空间几何关系；同时，面向 GNSS（全球卫星导航系统）工程服务，提供了基于 Web 的服务 IP，为用户自动生成动态星下点、动态测站天空图、可见卫星数等信息图表。

2. 历书和开发平台

（1）Almanac 卫星历书。

北斗卫星历书数据通过“中国卫星导航管理办公室测试评估研究中心-数据中心-数据下载-历书数据”进行获取。调用历书文件即可解读卫星历书中携带的轨道参数等信息，本文使用 UTC（协调世界时）时间为 2021 年 4 月 4 日 0 时 0 分 0 秒的北斗历书数据。

（2）开发平台简介。

本文使用 WebStorm2021 进行 Web 程序的开发，采用 HTML 以及 CSS（层叠样式表）语言进行网页内容的制作，采用 JavaScript 编写程序后台逻辑代码。

3D 场景部分使用 Three.js 创建，Three.js 是一个 JavaScript 库，它包含了一组预定义的类，用于在 WebGL 中创建和显示交互式 3D 图形，并提供了完整的动画机制以实现三维物体的动画效果。2D 图形部分使用 SVG（可缩放矢量图形）绘制，SVG 图形由于支持 JavaScript 和 DOM，因此具有强大的交互能力及良好的动画效果。卫星可见数与 DOPs 图表部分使用 ECharts. js 编写，ECharts. js 是一个 JavaScript 图表库，可提供直观生动的数据可视化图表。

3. 时间与坐标系统转换及 DOPs（精度强弱度）值计算

（1）UTC 与儒略日的相互转换。

北斗星座在轨 3D 坐标主要有 ECEF（地心地固坐标系）和 ECI（地心惯性坐标系）计算形式。在进行 ECEF 坐标到 ECI 坐标的转换时，需要用到卫星 UTC 时刻所对应的儒略日，因此需要进行 UTC 到儒略日的转换。

在利用 GPS 周以及历书基准时刻反推卫星某时刻 UTC（协调世界时）时，需要进行儒略日到 UTC 的转换。

（2）ECEF 转换到 ECI。

显示不同视角下的 BDS 星座，需要将由 Almanac 卫星历书计算得到的 ECEF 坐标转为 ECI 坐标。本程序基于 J2000 历元坐标系，进行 ECEF 坐标到 ECI 坐标的转换，主要有以下四个步骤：

①计算卫星某 UTC 时刻对应的儒略日；

②计算格林尼治平恒星时 GMST；

③计算格林尼治视恒星时 GAST；

④计算坐标系旋转角并进行坐标转换。

（3）地心大地坐标与站心坐标系。

绘制站点天空图、BDS 星座可见数、DOPs 图等时，需要将 BDS 星座坐标从地心大地坐标系转换到站心坐标系，以方便计算卫星相对于地面测站的方位角以及高度角，主要有以下两个步骤：

①将测站地心大地坐标转为 ECEF 坐标；

②将 ECEF 坐标转为站心坐标。

（4）DOPs 计算。

在卫星导航系统中，DOPs 值反映了卫星定位系统中几何效应对定位误差的影响。DOPs 的计算主要有以下三个步骤：

①构造可见卫星的方向余弦矩阵。

②利用方向余弦矩阵计算 DOPs 矩阵。

③利用 DOPs 矩阵对角线元素计算各 DOPs 值。

4. 程序设计与功能实现

（1）功能设计。

本 App 主要功能有：历书数据导入并计算、ECEF 坐标系下轨迹显示、ECI 坐标系下轨迹显示、BDS 星座动态运行、动态星下点轨迹图绘制、动态测站天空图绘制、站点卫星可见数和站点 DOPs 图生成，其具体显示界面如图 3-119 所示。

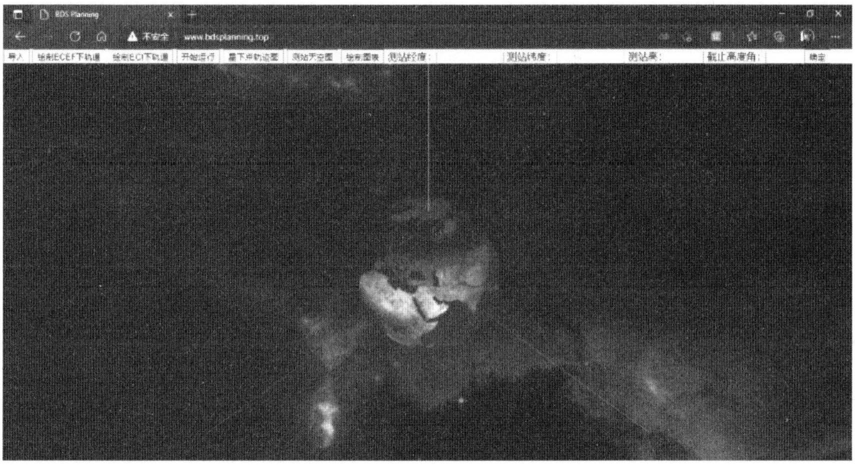

图 3-119　Web 程序主界面

(2)结构设计。

根据程序功能设计,程序结构设计图如图 3-120 所示。

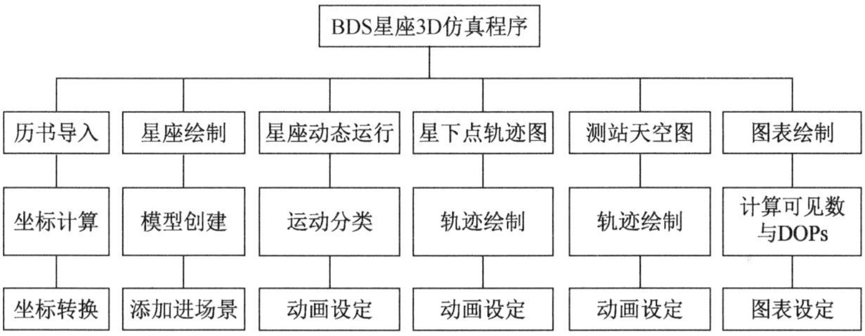

图 3-120　程序结构设计图

①历书导入:读取、解析和储存 Almanac 历书数据,随后进行卫星 ECEF 坐标自动计算以及 ECEF 坐标到 ECI 坐标的转换。

②星座绘制:利用 Three. js 绘制 BDS 星座 GEO、MEO 和 IGSO 卫星运行轨迹。

③星座动态运行:针对 3D 场景中的物体运动,编辑相应变化属性的关键帧并进行播放。

④星下点轨迹:根据卫星 ECEF 坐标,计算其星下点的大地经纬度,利用 SVG 绘制卫星星下点及其运行轨迹,并绘制 24h 动态星下点轨迹图。

⑤测站天空图:根据给定的测站信息,利用 SVG 绘制卫星在天空图中的投影点及其运行轨迹,绘制 24h 动态测站天空图。

⑥图表绘制:在设定截止高度角的前提下,计算测站卫星可见数及 DOPs 值,并将其绘制成二维图表。

(3)程序实现。

①历书导入模块。

此模块负责解析历书数据、计算卫星 ECEF 坐标以及将 ECEF 坐标转为 ECI 坐标,其各功能实现流程图分别如图 3-121 ~ 图 3-123 所示。

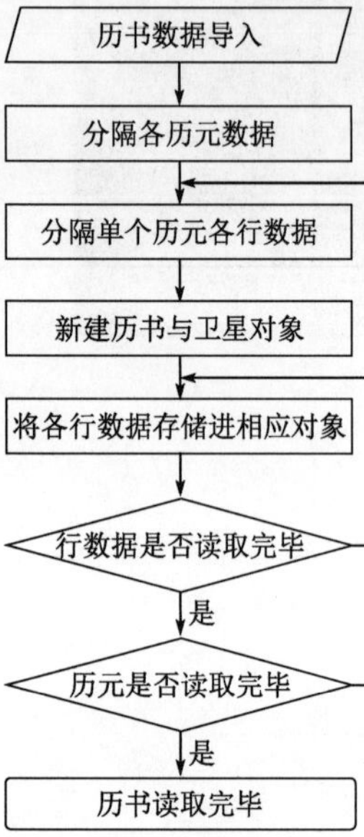

图 3-121　Almanac 历书解析

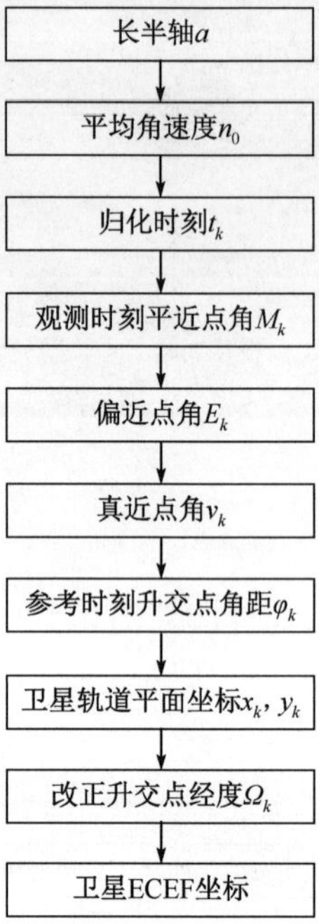

图 3-122　ECEF 坐标计算

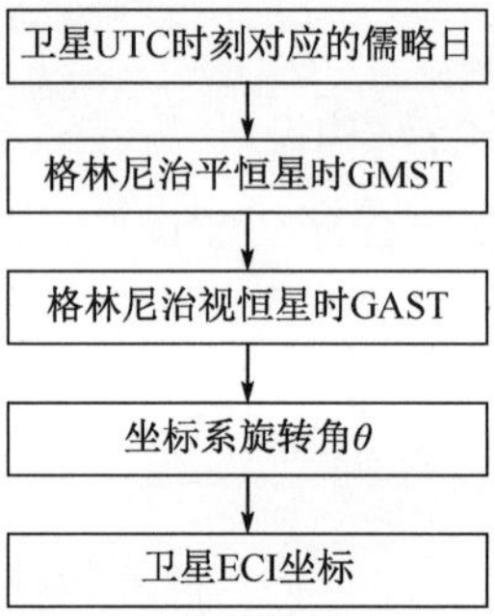

图 3-123　ECEF 坐标转为 ECI 坐标

②星座绘制模块。

此模块负责绘制北斗 GEO、MEO 和 IGSO 卫星及其运行轨迹。

本 App 视图中,北斗卫星模型使用蓝色立方体代替,轨道模型使用空间虚线段绘制。ECEF 和 ECI 坐标系下的卫星及轨道仿真效果如图 3-124 和图 3-125 所示。

图 3-124　ECEF 坐标系下的卫星及轨道仿真

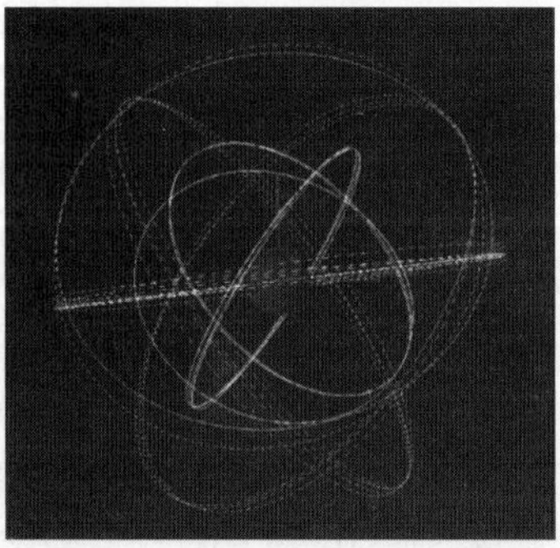

图 3-125　ECI 坐标系下的卫星及轨道仿真

③ECEF 和 ECI 坐标系下动态运行模块。

动态运行模块负责制作 BDS 星座在 ECEF 和 ECI 坐标系下的运动效果。该模块主要包括运动分类和动画设定两部分。

在 ECEF 坐标系下，三维场景内的运动分为三类，地球自转、卫星沿轨道运行以及 BDS 星座随地球自转。在 ECI 坐标系下，三维场景中的运动分为两类：地球自转以及卫星沿轨道运行。

星座动画设定流程图如图 3-126 所示。

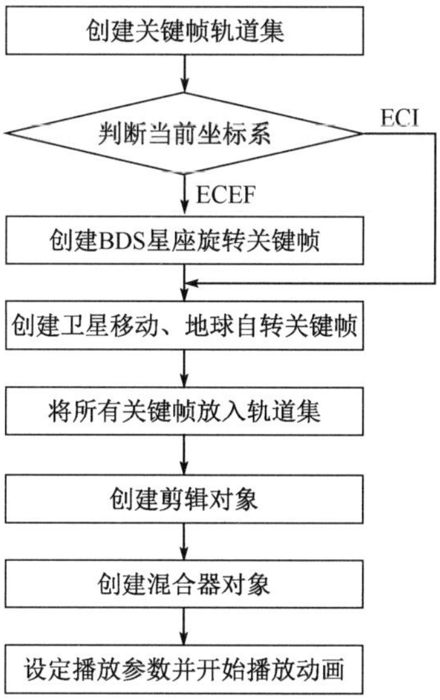

图 3-126 星座运行动画设定流程

④星下点轨迹图模块。

此模块负责绘制北斗 GEO、MEO 和 IGSO 卫星星下点及其运行轨迹，并实现 24h 动态运行效果。该模块主要包括星下点轨迹图初始化、绘制星下点轨迹和星下点动画设定三部分。

星下点轨迹图初始化包括经纬划分线的绘制以及 UTC 时间文本的绘制。星下点轨迹绘制流程、星下点轨迹图和星下点动画设定流程分别如图 3-127 ~ 图 3-129 所示。

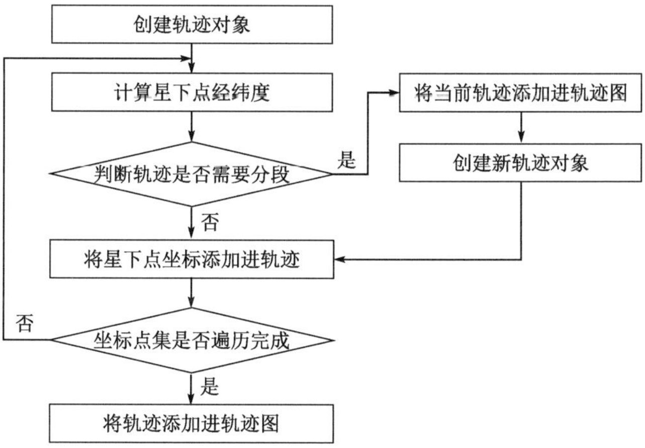

图 3-127 星下点轨迹绘制流程

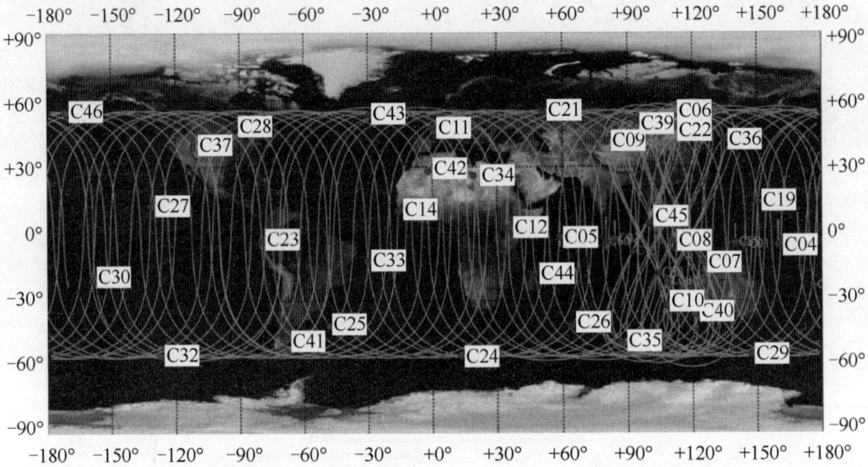

图 3-128　星下点轨迹图

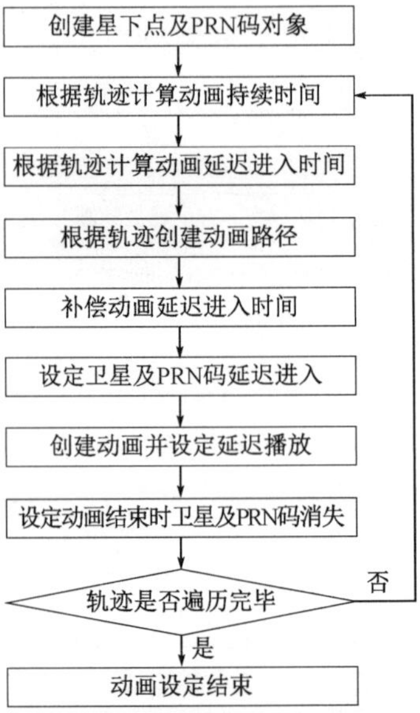

图 3-129　星下点动画设定流程

⑤测站天空图模块。

此模块负责绘制北斗 GEO、IGSO 和 MEO 卫星在天空图中的投影点及其运行轨迹，并实现 24h 动态运行效果。该模块主要包含测站天空图初始化、天空图轨迹创建及其动画设定三部分。测站天空图初始化包括坐标轴及注释绘制、高度角圆绘制以及 UTC 时间文本绘制。天空图动画设定流程与星下点轨迹图动画设定流程基本一致，天空图轨迹绘制流程如图 3-130 所示。动态测站天空图显示效果如图 3-131 所示。

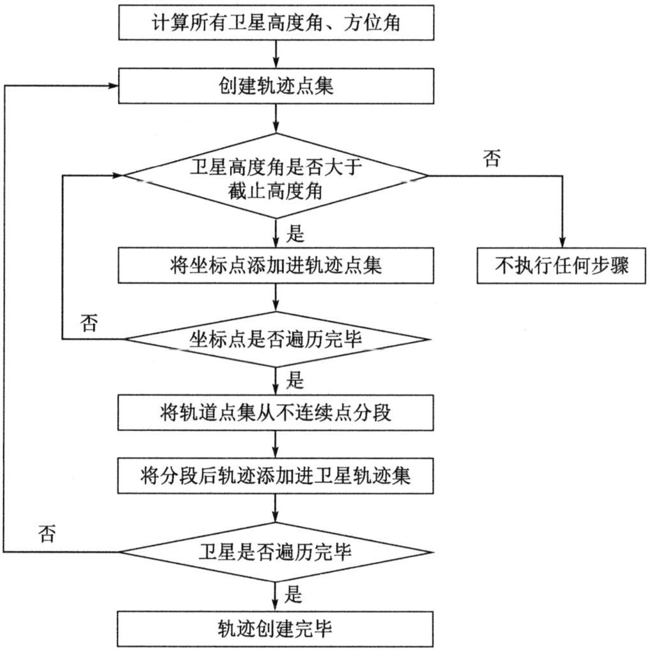

图 3-130　天空图轨迹绘制流程

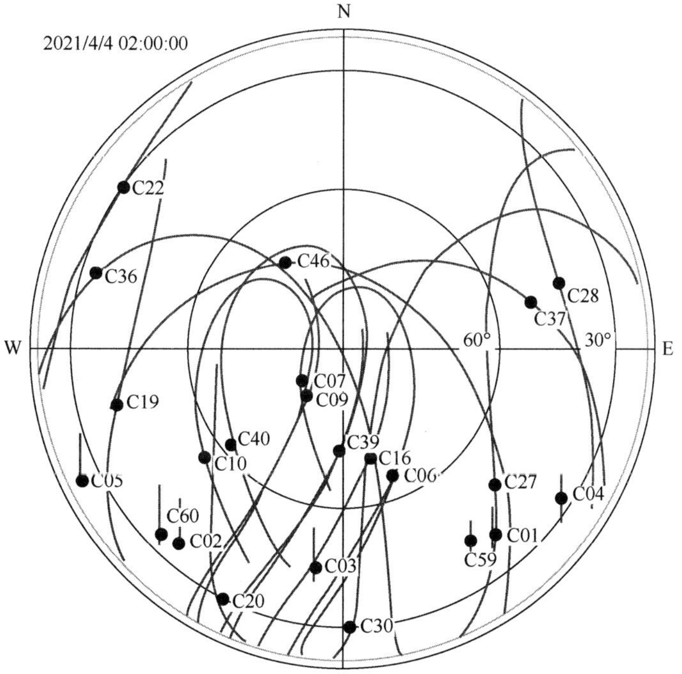

图 3-131　动态测站天空图显示效果

⑥DOPs 值、可见数图表绘制模块。

此模块负责绘制测站的 24h 卫星可见数和 DOPs 值的图表，可用于进行卫星可见性分析。其核心部分在于正确计算出用户给定位置上指定时间段内的卫星可见数和DOPs值,然后按一定的数据格式设定图表参数,绘制相应的图表。卫星可见数和DOPs值图表的绘制流程分别如图3-132和图3-133所示。

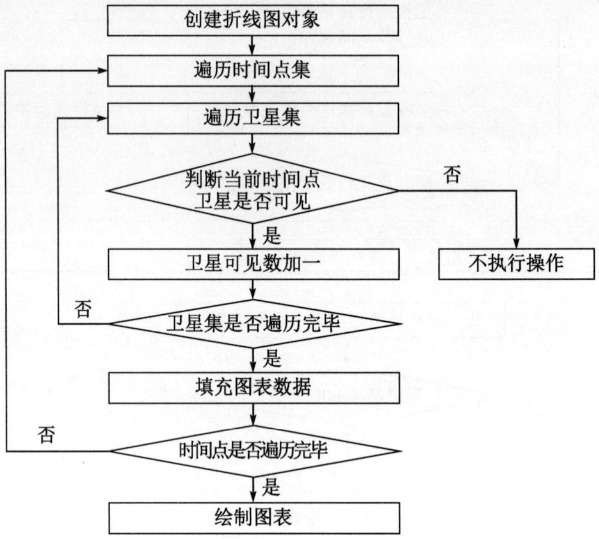

图3-132　卫星可见数绘制流程

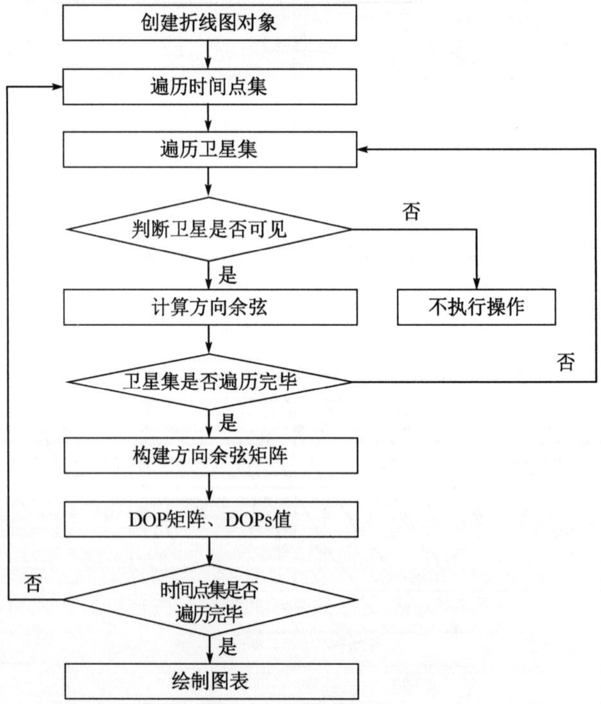

图3-133　DOPs图绘制流程

通过与美国Trimble公司给出的图表信息进行对比,本App输出的信息在卫星可见数和DOPs值上,与前者趋于一致,如图3-134~图3-137所示。

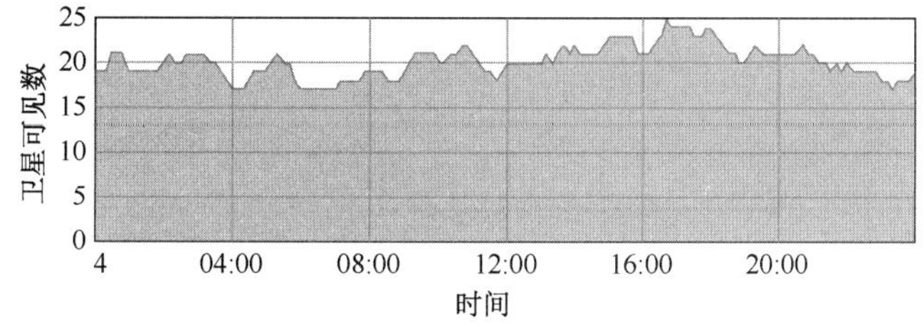

图 3-134　卫星可见数(本 App)

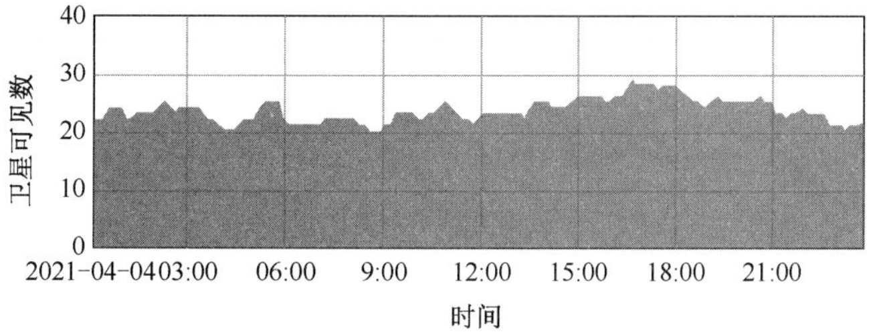

图 3-135　卫星可见数(Trimble)

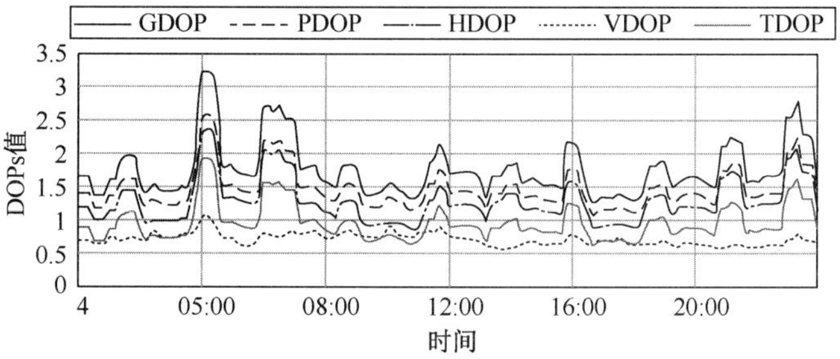

图 3-136　DOPs 值(本 App)

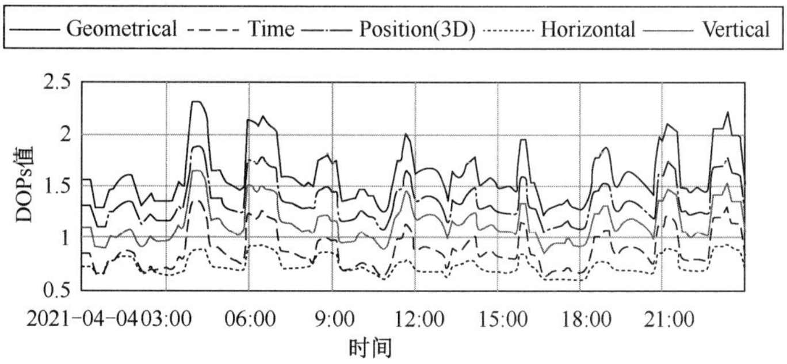

图 3-137　DOPs 值(Trimble)

两者的细微差异,主要因选取的 Almanac 历书中卫星数的不同。中国卫星导航管理办公室测试评估研究中心提供的历书数据中只有 44 颗北斗卫星的轨道参数,而同一时间 GNSSPlanning 网站给出的是 49 颗北斗卫星的轨道参数。

5. 结语

本文使用中国卫星导航管理办公室测试评估研究中心发布的 Almanac 卫星历书数据，基于 JavaScript 开发北斗星座 3D 可视化与在线卫星状态预报 App。文中对程序功能与结构设计做出了阐述，并给出了关键功能的开发流程。测试结果表明，该 App 在北斗星座 3D 可视化方面显示正确且显示效果良好；MEO、GEO 和 IGSO 三类卫星对 ECEF 与 ECI 坐标系下的空间几何关系表达准确，动态运行符合客观；星下点轨迹图、测站天空图、卫星位置预报、卫星可见数及 DOPs 值计算正确。因此，本 App 在 GNSS 控制网观测、“北斗 +”工程应用和相关课程理论教学等方面具有一定的实际应用价值。